... wenn Gott Gewalt macht!

GEORGIANA
Neue theologische Perspektiven Bd. 1

Herausgegeben im Auftrag der
Ev. Bruderschaft St. Georgs-Orden (St.GO)

...

wenn Gott Geschichte macht!

1989 contra 1789

Herausgegeben von Ulrich Schacht
und Thomas A. Seidel

EVANGELISCHE VERLAGSANSTALT
Leipzig

Bibliographische Information der Deutschen Nationalbibliothek
Die Deutsche Nationalbibliothek verzeichnet diese Publikation in der
Deutschen Nationalbibliographie; detaillierte bibliographische Daten
sind im Internet über http://dnb.dnb.de abrufbar.

© 2015 by Evangelische Verlagsanstalt GmbH · Leipzig
Printed in Germany · H 7971

Das Buch wurde auf alterungsbeständigem Papier gedruckt.

Gestaltung: FRUEHBEETGRAFIK, Thomas Puschmann · Leipzig
Coverfotos: »Prise de la Bastille, 14 juillet 1789« (Künstler unbekannt) /
Berliner Mauer am Brandenburger Tor, 1990 Foto: Gisela Stappenbeck,
beides: © akg-images
Druck und Binden: CPI books GmbH · Leck

ISBN 978-3-374-04132-9
www.eva-leipzig.de

Warum dieses Buch?

Der Ursprung von „Wenn Gott Geschichte macht! 1989 contra 1789" liegt in einer Tagung der Ev. Bruderschaft St. Georgs-Orden (St.GO) und des ihr angeschlossenen Bonhoeffer-Hauses e. V. im September 2009 begründet. Unmittelbarer Anlass zu dieser Konferenz im Rahmen des 9. „Erfurter Gesprächs zur geistigen Situation der Zeit" und des gleichzeitigen XXXVI. Ordentlichen Konvents der Bruderschaft war die ebenso sinnfällige wie symbolische Doppelung der Jubiläumsdaten: 20 Jahre *Friedliche* und 200 Jahre *Französische Revolution*. Unter dem bewusst aporetisch intendierten Titel „Geist und Revolution" stellte die Tagung in mehreren Haupt- und Impulsreferaten sowie in einer dicht besetzten Podiumsdiskussion forciert „geschichtstheologische Fragen an die gesellschaftlichen Umbrüche von 1789 und 1989" – mit dem Ziel, solchem Fragen nicht nur eine *erneuerte* Legitimität zuzusprechen, sondern zugleich kritische Reaktionen darauf in den Diskurs vor Ort einzuspeisen, um die in intensiven ordensinternen Gesprächen zuvor entwickelte Ausgangsthese letztlich zu schärfen. Zu schärfen im Sinne fundierter Selbstbegründung, was den in diesem Binnengespräch erkannten wie behaupteten heilsgeschichtlichen *Antwortcharakter* der Friedlichen Revolution von 1989 auf die blutige von 1789 und ihren gewaltsamen Folgeumbrüchen in der ersten Hälfte des 20. Jahrhunderts in Russland (1917) und Deutschland (1933) betrifft. Insofern war es kein Zufall, dass nicht nur Theologen (Altbischof Dr. Hans Christian Knuth, Dr. Thomas A. Seidel, Spiritual St.GO, Ulrich Schacht, Großkomtur St.GO) auf der Tagung zum Thema sprachen oder Philosophen wie Prof. Dr. Harald Seubert (Universitäten Posen und Erlangen/Nürnberg, heute STH Basel) und Prof. Dr. Klaus Michael Kodalle (Universität Jena). Auch der aus einem evangelischen Pfarrhaus stammende Philosoph und langjährige Chefredakteur der Zeitschrift „Sinn und Form" der Akademie der Künste Berlin, Dr. Sebastian Kleinschmidt, entwarf mit großer geistiger Souveränität und Pointierung eine nicht zuletzt auto-biografisch grundierte Sicht auf das historische Geschehen in der Konsequenz der Fragestellung, ebenso der Konstanzer Alt-historiker und Verfasser des Geschichtswerks „Die Deutsche Revolution 1989", Prof. Dr. Wolfgang Schuller. Auf dem Podium schließlich diskutierten Zeitzeugen aus verschiedenen Ländern Europas, so die seinerzeitige thüringische Landtagspräsidentin Prof. Dr. Dagmar Schipanski, der Literaturwissenschaftler und Journalist Dr. Heimo Schwilk sowie der langjährige Kulturbe-auftragte der Republik Frankreich im Freistaat Thüringen, Thi-baut de Champris, und nicht zuletzt die ehemalige Solidarność-Aktivistin und Dozentin an der Universität Posen, Dr. Malgorza-ta Grzywacz.

Die Vorträge und Diskussionsbeiträge von Seubert (Haupt-vortrag I), Knuth (Impulsvortrag II) und Schacht (Einführungs-thesen) näherten sich der *Antwort*-These in komparativer Weise am konsequentesten. Der Hauptvortrag II des Jenenser Philo-sophen Klaus Michael Kodalle dagegen schlug schon in Titel und Untertitel eine andere Richtung ein. Er formulierte damit zugleich die grundsätzlich alternative These, was das mögliche Wirken Gottes in der Geschichte betrifft, indem er im Vollzug seines Vortrags zur „Kritik einer jeglichen Geschichtstheologie" schritt und der neuzeitlich entworfenen, aber in der Aufklärung verschärften Auffassung folgte, dass es zuerst und zuletzt der Mensch selbst sei, der, im Rahmen von Kontingenz und syste-mischen Logiken, die Geschichte *mache*, nicht jedenfalls Gott im Sinne von Fatum, Vorsehung oder Schicksal. Kodalle wies damit aber nicht nur generalisierend die *Antwort*-These zurück, er entwickelte diesbezüglich eine konstruktiv eigene, historisch und ethisch alternativ entfaltete insofern, als er die geschichtli-che Vergleichsgröße zur 1989er Revolution gerade nicht in der französischen von 1789 sehen wollte, sondern in der ameri-kanischen von 1776. Gleichwohl konnte eine solche Verschie-bung des Inspirations- bzw. Analogie-Modells für das 89er-Er-eignis die *Grundfrage* der Tagung schon deshalb nicht aushebeln, weil dem amerikanischen Revolutionsmodell zwar ein starker Freiheits- und Menschenrechtsbezug abgelesen werden kann, nicht jedoch ein *antichristlich* konditionierter Gewaltfuror wie der französischen, in dessen Konsequenz die Selbstvergottung des Menschen nur über die Praxis eines guillotine-bewehrten *Vernunft*-Absolutismus zugunsten eines innerweltlichen Erlösungsmodells durchzusetzen war: vermittels *totalen* Terrors einer sich avantgardistisch mit dem Geschichts- als Naturgesetz per se verbunden dünkenden Minderheit gegen eine Mehrheit und ihre Glaubens- wie Staats- und Gesellschaftstraditionen. Darüber hinaus wurde dieses ebenso antichristliche wie blutgetränkte epochale Ereignis zum *Pilotprojekt* der kommunistischen (1917) und nationalsozialistischen (1933) Revolutionen, einer geradezu diabolischen Kette von katastrophischen Geschichtszäsuren, was Max Horkheimer und andere schon frühzeitig erkannten und in ihr Urteil über die „Große Französische Revolution" einbezogen. Ein kaum bewusstes, aber umso stärkeres Indiz für Horkheimers diesbezügliche doppelte Linienziehung ist u. a. die Tatsache, dass sich der Präsident des nationalsozialistischen Volksgerichtshofes Roland Freisler bei seiner Begründung für die Schaffung jenes berüchtigten Tribunals, das als Modell zuvor schon unter Lenin und Stalin im Einsatz war, expressis verbis auf die französischen Revolutionsgerichte berief, besonders in ihrer Gestalt aus der Zeit der *Terreur* zwischen 1792 und 1794, als die von ihnen gefällten Urteile lediglich Todesstrafe oder Freispruch kannten. Dem wiederum entsprach exakt auch die Praxis des nationalsozialistischen Volksgerichtshofes.

Vor diesem intellektuell außerordentlich reizvollen Hintergrund ist es zutiefst bedauerlich, dass Klaus Michael Kodalles seinerzeit extemporierter Konferenz-Beitrag im vorliegenden Band nicht nachgelesen werden kann, weil es ihm ein schweres Augenleiden unmöglich gemacht hat, seine Vortragsskizze aus dem Jahre 2009 zu einem druckfertigen Text auszubauen und die damit verbundenen Thesen schriftlich zu rekonstruieren. Ein Gleiches gilt, wenn auch zum Glück nur aus rein technischen Gründen, für den Vortrag von Altbischof Dr. Hans Christian Knuth, der in der Spur von Pannenberg und Thielicke der Aufgabenstellung nachzugehen versuchte, was es heißt, theologische Fragen an die Geschichte zu stellen. Das Resümee seines Beitrages lief auf eine verhaltene Annäherung an die oben mehrfach erwähnte *Antwort*-These hinaus, dass der Friedlichen Revolution von 1989 mithin nicht nur eine heilsgeschichtliche Dimension zugesprochen, sondern sie theologisch durchaus auch als *konkrete* Antwort auf die blutige von 1789 verstanden werden könne.

Dieser Umstand wiederum beförderte die Idee einer Erweiterung des ursprünglichen Projekts insofern, als nun potentielle Autoren, die das öffentliche Wirken der Bruderschaft seit Längerem oder Kürzerem begleiten, wie Martin Leiner (Universität Jena) oder Gottfried Küenzlen (Bundeswehruniversität München, Emeritus), eingeladen wurden, auf die *Antwort*-These der Tagung von 2009 – umfänglich entfaltet in dem neuen, eigens für diese Publikation geschriebenen Essay „Wenn Gott Geschichte macht! 1989 contra 1789" von Ulrich Schacht – mit Beiträgen nicht nur einfach zu reagieren, sondern einen Binnendiskurs anzustoßen und ihn durch die Veröffentlichung zugleich nach außen zu tragen. Martin Leiners Versuch ist dabei der geschichtstheologischen Ausgangslinie des Leitessays grundsätzlich im Sinne von Barth und Bonhoeffer nahe, ohne jedoch den zuletzt zwar nicht aufgegangenen, gleichwohl aber vorhandenen *Versöhnungs*-Nukleus am Beginn der Französischen Revolution zu übersehen, um ihn schließlich umso deutlicher der 1989er-Revolution zuzuerkennen und theologisch wie revolutionsgeschichtlich zu qualifizieren. Gottfried Küenzlen wiederum nutzt die Position Albert Camus' in dessem essayistischen Hauptwerk „Der Mensch in der Revolte" vor allem dazu, Camus scharfe Kritik am Selbstvergottungs-*Charakter* der philosophischen Wegbereiter und politischen Akteure der Revolutionen von 1789 und 1917 zu rekonstruieren und den Befund innerhalb des Deutungsrahmens von Ausgangsthese und Leitessay des

Bandes fruchtbar werden zu lassen: nicht in unzulässiger Vereinnahmung Camus zugunsten christlicher Positionen, wohl aber in Korrespondenz mit christlich grundierter Kritik aller *Selbstvergottungs*-Projekte des Menschen in der Konsequenz neuzeitlich-utopischer Gesellschaftsentwürfe. Peter Voß schließlich beleuchtet seinerseits Verblendungszusammenhänge auf Seiten des Gewaltapparates in der Endphase der Friedlichen Revolution von 1989 und bindet zugleich biblische Befunde zum heilsgeschichtlich wirksamen Eingreifen Gottes in den historischen Prozess am Beispiel gewalt-*kontraproduktiv* handelnder Vertreter des sich in Auflösung befindlichen *Gewaltsystems* ein, mit dem Ziel, dem „moralischen Gottesbeweis" Kants empirisches Material zuzuführen.

Zuletzt sei unterstrichen, dass mit dieser Publikation und den in ihr zu Wort kommenden Positionen nicht mehr und nicht weniger als *systematische* Anregungen und *pronocierte* Impulse gegeben werden sollen – für eine Debatte, die aus Sicht der Herausgeber im Alltag von Theologie und Kirche nicht nur zu Unrecht vernachlässigt worden ist, sondern auch als bewusst apologetischer Bestandteil ihres *öffentlichen* Redens – zu ihrem eigenen Schaden – aufgegeben wurde: Zugunsten einer „Theologie" der Selbstmarginalisierung durch Selbstsäkularisation. Der Widerspruch, mit dem an diesem Punkt zu rechnen ist, ist aus der Position von Herausgeber und Bruderschaft allerdings ein grundsätzlich erwünschter, weil der Monolog *nicht* das Medium sein kann, in dem sich Gott, wie hör- und sichtbar geschichtlich auch immer, für uns zur *Sprache* bringt.

Die Herausgeber danken BR Matthias Katze (St. GO) herzlich für die Erstellung des Personenregisters.

Ulrich Schacht / Thomas A. Seidel
Förslöv (Schweden), im Juli 2015

Inhalt

Kapitel I

„Ist Gott für uns,
wer kann wider uns sein?“

Röm 8,31

Kapitel I

Ulrich Schacht

Wenn Gott Geschichte macht!
1989 contra 1789

I

Es war Jürgen Habermas, der Leitphilosoph des westdeutschen, sich postnational definierenden Sonderbewusstseins, dem mit seinem Gespür für drohende geschichtspolitische Deutungsmachtverluste als erstem auffiel, dass mit der Friedlichen Revolution von 1989/1990 weder eine postnational anschlussfähige Umwälzung in den geschichtlichen Raum westdeutscher Nachkriegsprägungen eingetreten, noch – wie führend von Habermas selbst geargwöhnt[1] – ein nationalistischer Exzess zu besichtigen war, sondern etwas vollkommen anderes. Geschehen war etwas Unvorhergesehenes, etwas im Kontext tradierter Revolutionsparadigmen absolut Unvorstellbares – eine ebenso dynamische wie radikal friedliche, das heißt *gewaltlos* revoltierende Massenbewegung, die schließlich zum Erfolg führte: *Eine friedliche Revolution!* Diese Revolution führte, was als geschichtsnotorisch gelten darf, vor allem deshalb zum irreversiblen Systemsturz im Rahmen einer *mitmenschlich* grundierten, bewusst hassminimierten bis -freien Erhebung Unterdrückter, weil sie aus radikal anderen Quellen schöpfte als jene von Habermas favorisierte „Große Französische" von 1789, die den Deutschen allerdings nie gelungen sei, so sein und anderer nach 1945 litaneihaft gepflegtes Bedauern. In mehreren Interviews und Aufsätzen zwischen 1990 und 1993 sprach er deshalb ausgerechnet im Blick auf die ethisch qualifizierteste Revolution der deutschen Geschichte sowie ihrer außerdeutschen Voraussetzungen und Par-

---

1 Vgl. J. HABERMAS: Die nachholende Revolution. Kleine politische Schriften VII, Frankfurt am Main 1990, S. 157 – 166.

allelprozesse pauschal von einem „regressiven" Prozess, den er wiederholt am Begriff besagter „Leitrevolution"[2] französischen Formats kritisch gemessen sehen und damit als grundsätzlich defizitär gedeutet wissen wollte:

> „Wie soll man die historische Bedeutung der revolutionären Veränderungen in Ost- und Mitteleuropa einschätzen? [...] Sie gibt sich als eine gewissermaßen rückspulende Revolution zu erkennen, die den Weg frei macht, um versäumte Entwicklungen *nachzuholen*. [...] Nachholen will man, was den westlichen Teil Deutschlands vom östlichen vier Jahrzehnte getrennt hat – die politisch glücklichere und ökonomisch erfolgreichere Entwicklung. [...] Das mag einen eigentümlichen Zug dieser Revolution erklären: den fast vollständigen Mangel an innovativen, zukunftsweisenden Ideen. [...] Verwirrend ist dieser Charakter einer nachholenden Revolution, weil er an den älteren, von der Französischen Revolution gerade außer Kraft gesetzten erinnert – an den reformistischen Sinn einer Wiederkehr politischer Herrschaftsformen, die aufeinander folgen und wie im Umlauf der Gestirne einander ablösen. [...] Aus der Sicht einer *postmodernistischen Vernunftkritik* stellen sich die weitgehend unblutigen Umwälzungen als eine Revolution dar, die das Zeitalter der Revolutionen beendet – ein Gegenstück zur Französischen Revolution, die den aus Vernunft geborenen Terror ohne Schrecken an der Wurzel überwindet."[3]

Den in zahllosen Bildsequenzen geradezu ikonographisch dokumentierten „ganz und gar zivilen Enthusiasmus der nach Westen strömenden Landsleute, die Rückeroberung ihrer unmittelbaren physischen Freiheit" nicht bestreiten könnend, konstatiert er drei Jahre nach dem Ereignis zunächst merkwürdig besorgt, er „fürchte, dass sich um diesen emphatischen Anfang keine historisch bleibenden Erinnerungen kristallisieren wer-

---

2 M. KOSSOK: Realität und Utopie des Jakobinismus. Zur „heroischen Illusion" in der bürgerlichen Revolution, in: Sitzungsberichte der Akademie der Wissenschaften der DDR Gesellschaftswissenschaften: Die Große Französische Revolution und die Frage der revolutionären Demokratie im Revolutionszyklus 1789 bis 1871, Berlin 1987, S. 29.

3 J. HABERMAS: Die Moderne – ein unvollendetes Projekt. Philosophisch-politische Aufsätze, Leipzig 1994, S. 213–219.

16

den". Verblüfft fragt man sich zunächst, warum dies nicht der Fall sein soll? Seine Selbst-Antwort auf die bekundete Befürchtung überführt diese jedoch sogleich als rein rhetorische, geht jene doch erneut geradezu reflexhaft nur ein weiteres Mal in die bekannte dogmatische Richtung einer ideengeschichtlichen und damit offenkundig politikpraktischen Verlustrechnung: „Das mag eben damit zusammenhängen, dass die Ereignisse zwar objektiv eine ‚Wende' gebracht haben, dass sie sich aber nicht in jenem Bewusstsein vollzogen haben, das mit der Französischen Revolution zum ersten Mal auf den Plan getreten ist."[4] Was Habermas hier vermisst, ist kein Geheimnis: die universalistisch grundierte Weltstaats-Option supranational orientierter Vernunft-Republiken, den „revolutionären Verfassungsstaat"[5], mit den utopischen Ziel-Figurationen „Weltbürgertum" und „Weltfrieden". Dabei handelt es sich um eine *Programm*-Paraphrase aus dem Geist kantianisch grundierter Aufklärung,[6] die in ihrem ersten Praxisversuch zwischen 1789 und 1794 jedoch – alle bio- wie kulturgenetischen, mithin *anthropologischen* Konstanten in Mensch und Geschichte vom Tisch wischend – *logisch* einmündete in den massenmörderischen Tugend-Terror der Jakobiner-Herrschaft, die sich eben nicht nur in deren theoretischen wie rhetorischen Delirien als Laboratorium zur Schaffung des

---

4 J. HABERMAS: Vergangenheit als Zukunft. Das alte Deutschland im neuen Europa? Ein Gespräch mit Michael Heller, München 1993, S. 55.

5 J. HABERMAS/J. RATZINGER: Dialektik der Säkularisierung. Über Vernunft und Religion, Freiburg/Basel/Wien 2005, S. 18.

6 Marx qualifizierte die Philosophie Kants „als die deutsche Theorie der französischen Revolution". Zitiert nach: M. PUDER: Kant und die Französische Revolution, in: Neue Deutsche Hefte 138 Heft 2/1973, Berlin 1973, S. 10. Auch Friedrich Nietzsche präpariert diese Dimension bei Kant heraus, indem er ihn polemisch als „von der Moral-Tarantel Rousseau gebissen" charakterisiert. Hätte auch Kant doch „der Gedanke des moralischen Fanatismus auf dem Grunde der Seele" gelegen, „als dessen Vollstrecker sich ein anderer Jünger Rousseau's gefühlt und bekannt" habe, „nämlich Robespierre": F. NIETZSCHE: Morgenröte Idyllen aus Messina. Die fröhliche Wissenschaft, Kritische Studienausgabe 3, München 1988, S. 14.

„Neuen Menschen" als antizipiertem Bürger des „Neuen Bundes" verstand. Mit dieser Revolution wurde vielmehr zum ersten Mal auch *geschichtspraktisch* überscharf ins historische Bewusstsein gerückt, dass es ganz und gar „nicht gleichgültig" ist, „wie der Bereich menschlich-politischer Organisation in die Seinsordnung eingegliedert wird". Denn die „innerweltliche Religiosität, die das Kollektivum, sei es die Menschheit, das Volk, die Klasse, die Rasse, oder den Staat, als Realissimum erlebt", so Eric Voegelin in seiner grundlegenden Studie „Die politischen Religionen" aus dem Jahre 1938, sei eben nicht nur ein weiteres geschichtliches Organisationsmodell menschlichen Zusammenlebens, austestbar wie ein moralisch beglaubigtes Experiment zur Verbesserung des Menschengeschlechts, sondern charakterisiere das radikale Gegenteil: als „Abfall von Gott". Werde die daraus resultierende „Ordnung der Gemeinschaft" doch zwangsläufig „mit Haß und Blut, mit Jammer" gebaut. Das bedeute: „Der Glaube an den Menschen als Quelle des Guten und der Verbesserung der Welt, wie er die Aufklärung beherrscht, und der Glaube an das Kollektivum als geheimnisvoll göttliche Substanz, wie er sich seit dem 19. Jahrhundert ausbreitet, ist antichristlich [...] ist Abkehr."[7] Claude Lévi Strauss, die Schreckenssumme dieses Selbstermächtigungsprozesses resümierend, ohne, wie Voegelin, eine Gottes-*Apostasie* zu konstatieren, kommt zu keinem anderen Ergebnis:

> Man solle sich doch „endlich darüber Rechenschaft ablegen, dass die absolutistisch-humanistische Haltung, die bei uns seit der Renaissance vorherrscht [...], äußerst katastrophale Konsequenzen hatte. Einige Jahrhunderte Humanismus haben zu den großen Kriegen, zu Ausrottungen, Konzentrationslagern und zur Zerstörung aller Arten von Lebewesen geführt; wir haben die Natur verarmen lassen. Es ist gerade die übertriebene humanistische Haltung des Menschen, die ihn selbst bedroht: wenn er nämlich glaubt, nach Belieben über alles verfügen zu können."[8]

---

7   E. VOEGELIN: Die politischen Religionen, München 1993, S. 64 f.

In diesem Sinne hat sich „der moderne Mensch […] in ein Paradox verstrickt, das unter seinen Kritikern Nicola Chiaramonte am schärfsten herausstellt":[9] „Kein einziges menschliches Problem kann geklärt, gelöst oder auch nur richtig formuliert werden, solange der Mensch […] sich unbeirrbar für den Nabel des Universums hält."[10]

Dieses Projekt nun wurde in der Tat auf den Revolutionsplätzen und Demonstrationsstraßen von 1989 in der zweiten deutschen Diktatur wie in den anderen ostmitteleuropäischen Staaten unter der Herrschaft kommunistischer Parteien nicht nur nicht eingeklagt, sondern aus einem einzigen, freilich entscheidenden Grund prinzipiell verworfen. Die Revoltierenden, von sektiererischen Minderheiten abgesehen, erstrebten vieles: *Ein heilspolitisches Déjà-vu erstrebten sie nicht!* Nicht nur nicht, was den offenen Terror seit 1945 in allen seinen physisch und psychisch verheerenden stalinistischen wie neostalinistischen Facetten betraf, auch seine *jakobinische* Ur-Begründung, marxistisch-leninistisch zugespitzt, war, trotz aller trinitarisch aufbereiteten „Klassiker"-Phraseologie aus dem diesbezüglichen Fundus von Marx, Engels und Lenin, kein klandestines Legitimationsstück, quasi avantgardistisches Geheimwissen gewesen, sondern geschichtspolitische Fundamentalparole der besonderen Art. Sie war es nämlich nicht zuletzt in Form der Kritik von Marx an der Jakobinerdiktatur, wie die Marx-Exegetik im Rahmen orthodoxer revolutionsphilosophischer Reflexion auch in der zweiten deutschen Diktatur nicht müde wurde zu betonen, habe Marx doch aufgezeigt, dass die Jakobiner „Gefangene ihrer eigenen heroischen Illusion" gewesen seien, „das demokratische Gemeinwesen der Antike wiederhergestellt zu haben". Sie hätten aber nur das „wirkliche Sklaventum" zugunsten des „emanzipierten" ab-

---

8 Zitiert nach: T. SCHABERT: Gewalt und Humanität. Über philosophische und politische Manifestationen der Moderne, Freiburg/München 1978, S. 32.
9 A. a. O., S. 33.
10 Ebd.

gelöst, was, vereinfacht gesagt, meint: sie seien nicht weit genug gegangen![11] Das jedoch rechnet Marx den Jakobinern wiederum nicht als subjektives Versagen an, sondern sieht darin den Ausdruck objektiver Geschichtsverhältnisse, also der von ihm vorausgesetzten „Logik"[12] in Bezug auf die geschichtstreibende Kraft einer die Formationsgeschichte der Gesellschaft betreffenden, dialektischen Prozess-Interdependenz zwischen den jeweiligen Produktionsverhältnissen und Produktivkräfte Selbst Michail Bakunin, Marx' anarchistischer Gegenspieler *par excellance*, hat das nicht anders gesehen und mit dem Mordtemperament der Jakobiner als notwendiger Begleiterscheinung ihres historischen Auftrags ebenfalls nicht die geringste Schwierigkeit gehabt.[13] Was Lenin wiederum, unter Rückgriff nicht zuletzt auch auf das geschichtlich nachfolgende Praxis-Beispiel der Pariser Kommune, mit dem für ihn typischen *gewalt*-affinen Furor „weiterentwi-

---

11 O. FINGER: Philosophie der Revolution, Berlin 1975, S. 161–163.

12 Vgl. K. MARX: Das Kapital. Kritik der politischen Ökonomie, Hamburg 1909, S. VIII. Marx spricht hier in aller Klarheit von der „Entwicklung der ökonomischen Gesellschaftsformation" als von einem „naturgeschichtlichen Process" wie ihm auch die „Gesellschaft" per se „einem Naturgesetz ihrer Bewegung" unterworfen ist. M. HORKHEIMER nennt die Marxsche Geschichtstheorie „eine Illusion", habe er doch „das Proletariat verklärt gesehen und den Gegensatz Kapitalist – Proletarier umgedeutet und in die Geschichte projiziert. […] In dem Maße, wie die herrschenden Gruppen in den Industrieländern sich bereit gefunden" hätten, „zum Zwecke der Sicherung ihrer Machtpositionen das ‚Proletariat' an dem wachsenden gesellschaftlichen Reichtum teilhaben zu lassen", habe „das Proletariat aufgehört seinem eigenen Begriff zu entsprechen, geschweige die messianischen Erwartungen, die Marx in sie gesetzt" habe, „zu erfüllen". In: Gesammelte Schriften Band 14: Nachgelassene Schriften 1949–1972, S. 438/39.

13 M. BAKUNIN: Staatlichkeit und Anarchie und andere Schriften, Berlin 1972: „Die Jakobiner von 1793 waren große Menschen, sie hatten das heilige Feuer, den Kult der Gerechtigkeit, der Freiheit und der Gleichheit. Es war nicht ihre Schuld, wenn sie gewisse Worte, die noch heute all unsere Aspirationen zusammenfassen, nicht besser verstanden. Sie betrachteten nur ihr politisches Gesicht, nicht ihren ökonomischen und sozialen Sinn" (S. 333).

ckelt", als er zum „zentrale[n] Punkt der marxistischen Revoluti-
onsauffassung die Frage der politischen Macht" erhebt, die sich
nach Marx jedoch genau erst dadurch entfaltet, „dass die
Arbeiterklasse", der Lenin eine Partei neuen Typus als Avantgarde mit generalstabsmäßiger Befehlsgewalt vorverordnet, „die
fertige Staatsmaschine' zerschlagen, zerbrechen muß und sich
nicht einfach auf ihre Besitzergreifung beschränken darf".[14] In
der Konsequenz bedeutet das für Lenin vor allem eines: die
Schaffung „einer *besonderen* Maschine zur Unterdrückung" für
die Zeit des „*Übergang[s]* vom Kapitalismus zum Kommunismus"[15]. Was er konkret darunter verstand, hat er schon im
Moment der Erschaffung dieser Maschine, *Tscheka*[16] genannt, be-
kundet, als er „den Beschluß des II. Sowjet-Kongresses vom 27.
Oktober 1917, die Todesstrafe abzuschaffen", mit den Worten
kommentierte: „Wie soll man eine Revolution ohne Erschießun-
gen durchführen?'" und in der Logik dieser Prämisse die am Revolutionsmodell von 1789 und der Figur des „gesellschaftlichen",
das heißt öffentlichen „Anklägers am Revolutionstribunal"[17]
von Paris orientierte Frage stellte: „Ist unter uns denn kein Fou-
quier-Tinville zu finden?"[18] Das System des ebenso flächendeckenden wie permanenten Terrors war geboren, das jakobinische Projekt angewandter Aufklärung, indem es nicht nur alle

---

14 W. SCHNEIDER: Einführung in Lenins Schrift *Staat und Revolution*, Berlin
1989, S. 16 und 21.
15 W. I. LENIN: Staat und Revolution, Berlin 1948, S. 95.
16 Vgl. D. SHUB: Lenin, Wiesbaden 1957, S. 352–361; auch: G. POPOFF: Tscheka,
Frankfurt am Main 1925; ebenso: W. I. Lenin und die Gesamtrussische Tscheka. Dokumentensammlung (1917–1922) und: Aus der Geschichte der Allrussischen Außerordentlichen Kommission (1917–1921), beide: Ministerium für
Staatssicherheit, Juristische Hochschule Potsdam 1977 und 1974; zur engeren
Geschichte der Tscheka über Lenins Tod hinaus: D. RAYFIELD: Stalin und seine
Henker, München 2004, S. 75–131.
17 P. A. KROPOTKIN: Die Große Französische Revolution 1789–1793 II, Leipzig und Weimar 1982, S. 287, Anmerkung 43.
18 Zitiert nach: H. C. D'ENCAUSSE: Lenin, München 2000, S. 305/306.

„älteren Universalien" beseitigte, sondern auch die „eigenen Ideen von Menschenrechten"[19] endgültig zur totalitären Kenntlichkeit entstellte.

Noch im Jahr des Zusammenbruchs und Sturzes der zweiten deutschen Diktatur und ersten kommunistischen auf deutschem Boden erscheint im SED-eigenen Dietz-Verlag, herausgegeben im „Auftrag des Wissenschaftlichen Rates für Marxistisch-Leninistische Philosophie der DDR", eine geschichtsphilosophische Studie, in der es in Bezug auf die Jakobiner-Diktatur von 1793/94 in geradezu demonstrativem Bekenntniston heißt:

> „Unsere Arbeit ist den revolutionären Traditionen verpflichtet, welche die Menschheit vor allem in den letzten fünfhundert Jahren hervorbrachte. Das bezieht sich auch auf die Französische Revolution, deren Beginn sich demnächst zum 200. Male jährt. Wir wenden uns gegen Versuche, die in kapitalistischen Ländern – vor allem in Frankreich – verbreitet sind und die Absicht erkennen lassen, die historische Berechtigung dieser Revolution zu bestreiten, in Frage zu stellen oder doch zu relativieren, sie nur auf die Ergebnisse bis 1791/92, also auf die großbürgerliche Variante, zu beschränken und dabei den Jakobinismus auszustreichen. Natürlich ist uns, die wir von den theoretischen Positionen der proletarischen Revolution und des sozialistischen Humanismus ausgehen, eine kritische Distanz zu den Ereignissen, die 1789 ihren Anfang nahmen, keinesfalls fremd. Aber das ist eine dialektische Negation, die zur Aufhebung und Nutzanwendung der revolutionären Traditionen und in der Praxis unserer heutigen geschichtsgestaltenden Tätigkeit, vor allem in der Entwicklung der sozialistischen Gesellschaft, führt. In eben diesem Sinne bekennen wir uns zu den historischen Errungenschaften dieser Revolution – und zwar ganz ausdrücklich auch in ihrer jakobinischen Phase –, zu ihrem Anliegen der progressiven, vernunftgemäßen Weltveränderung, zu ihrem emanzipatorischen Zweck und zum Bewusstsein der Revolution, das dem Menschen erstmals in der Geschichte gab."[20]

---

19 M. HORKHEIMER: Gesammelte Schriften Band 5: ‚Dialektik der Aufklärung' und Schriften 1940–1950, Frankfurt am Main 1987, S. 28.
20 W. EICHHORN/W. KÜTTLER: „dass Vernunft in der Geschichte sei". Formationsgeschichte und revolutionärer Aufbruch der Menschheit, Berlin 1989, S. 9.

Wer allerdings glaubt, ein solches Bekenntnis in letzter Stunde sei lediglich Privileg orthodoxer Marxisten, täuscht sich. Es handelt sich vor dem Hintergrund der Jahreszahl seiner Äußerung ironischerweise eher um so etwas wie eine „nachholende" Bewusstseinsprofilierung in Sachen ideologischer Radikalität, gehörte die konsequente Apologie „progressiver Gewalt", gerade auch in ihrer französischen Urfassung, doch längst zum Standardrepertoire einer linksliberal bis linksradikal konnotierten westdeutschen Sozialwissenschaft, mit geradezu unterkühlter Präzision entfaltet in einer voluminösen Studie des damals, 1973, an der Ruhr-Universität Bochum lehrenden Soziologen und heutigen Politikers Sven Papcke. In ihrem Kapitel „1789: Die neue Gewaltmodalität" rekonstruiert und interpretiert Papcke in apologetischer Absicht das in diesem Kontext freigelegte Verhältnis von „Innovation und Gewalt", die am historischen Ausgangspunkt zunächst „als antwortende Gewalt umschrieben werden" könne. Das aber bedeute: „ein revolutionäres ‚Vergeltungsrecht' (also ändernde Gewaltanwendung) entbrennt genau genommen gar nicht primär als Revolution, sondern als behinderte Revolution, als bedrohte Innovation". Revolutionäre Gewalt werde deshalb *unter derartigen Umständen zu einer Proportion der gesellschaftlichen Beschleunigung*". Gewalt an diesem Punkt erwüchse somit, wie Saint-Just schon erkannt habe, „aus der Sozialdialektik, dass ‚sich als schädlich erweist, was in Phasen der Veränderung nicht innovativ ist'". Der *Mord*-Mechanismus, der sich hier in scheinneutraler Soziologensprache noch einmal entwirft als legitimes Praxismodell mit geschichtsprozessualer Effizienzgarantie, wird vom Autor schließlich mit einem Zitat Robespierres vom Februar 1794, also aus der Hochphase der *Terreur*, in der die Revolutionstribunale Frankreichs fast pausenlos vollkommen Unschuldige, von Kindern bis zu Greisen, auf die Guillotine schickten, quasi revolutionsideologisch insofern geadelt, als Papcke den bluttriefenden Satz des eisernen Aufklärers: „Milde heißt, die Menschheitsbedrücker zu strafen; sie zu schonen, wäre Barbarei'" zum harten Erkenntniskern einer „entsprechende[n] Revolutionslehre" erhebt, denn *so* begründete Gewalt verordne sie „gezielt als Instrument zur sozialen Änderung, wenn und weil die revolutionäre Innovation gefährdet scheint". Jedenfalls erweise sich „in solchen Momenten progressive Gewalt geschichtlich als Bahnbereiter für weitere soziale Innovationen". Alles andere, so Papcke Robespierre noch einmal zu Wort kommen lassend, sei „Revolution ohne Revolution".[21] Der vollkommen abstrakte, geradezu maschinenhaft-mechanistische *Innovations*-Gedanke, den Papcke hier in aller Offenheit und wiederholt zur Basis seiner Legitimierung revolutionärer Gewalt macht, indem er beide Begriffe in dialektischer Prozesslogik unauflösbar miteinander verknüpft, spielt im Unbehagen von Habermas an der Friedlichen Revolution von 1989 übrigens eine Hauptrolle,[22] ist doch „Innovation" – Methodensakrament des ewigen Fortschritts-Gottesdienstes zu Ehren der 1794 in Paris inthronisierten Geschichts-Göttin „Vernunft" – als Fehlendes *die* Leerstelle aus seinem von politischen Regressionsphobien beherrschten Blickwinkel auf das epochale Ereignis. Fragt sich allerdings, und dies ganz ohne Ironie, wo er die im Zusammenhang als absolut notwendig gedachte „Gewalt" gelassen hat? Denn dass solche „Unifizierung des Wahren [...] ein Wunsch der Vernunft" ist, wissen wir; aber nicht alle wollen wahrhaben, dass schon dieser *Wunsch* „immer [...] auch eine erste Gewaltsamkeit, eine erste Fehltat ist"[23]. Oder, um an diesem Punkt der kritischen Reflexion einer jeden säkularen Vernunft-„Theologie" mit Odo Marquard eben doch die Möglichkeit philosophischer Ironie erkenntnisproduktiv werden zu lassen:

> „Denn beim großen Aufschwung der Menschen zum absoluten Weltrichter mit totaler Weltkontrolle machen sie Ohnmachtserfahrungen: die Geschichte wird – im Effekt – zum Felde des Entgleitens. Die Dinge laufen anders, sie entlaufen, und zwar auch und gerade dort, wo sie –

---

21 S. PAPCKE: Progressive Gewalt. Studien zum sozialen Widerstandsrecht, Frankfurt am Main 1973, S. 71–82.

22 S. Zitat Fußnote 3.

23 P. RICŒUR: Geschichte und Wahrheit, München 1974, S. 152.

zunehmend – nicht mehr ‚naturwüchsig' laufen. Die Autonomisierung erzeugt Heteronomien. Es gibt die Dialektik der Aufklärung, die Abenteuer der Dialektik, die hausgemachten Missgeschicke der Emanzipation: den Illusionsertrag der total gemachten Desillusionierung, die Entmündigung durch kritische Bemündigung, den Verfeindungszwang beim Kampf gegen die Zwänge, die Repressionseffekte der Emanzipation. Der Prozeß gerät außer Kontrolle; Intentionen und Resultate divergieren; die Geschichte läuft aus dem Ruder. Die geschichtsphilosophisch proklamierte Menschenabsicht, es zu sein, wird ersetzt durch die Kunst, es nicht gewesen zu sein. Der im Namen der einen guten Sache – des Heils, der Würde und des Glücks, der Freiheit und Gleichheit – geführte eine absolute Prozeß kompromittiert sich: er ist also schließlich am Ende."[24]

II

Die demonstrierende Mehrheit der friedlichen Revolutionäre von 1989 wie ihre Vorläufer hatten damit jedenfalls die diesbezüglich unübersehbare Erfahrung gemacht, „dass revolutionäre Heilspläne sich in Terrorregime verwandeln und das Versprechen einer perfekten direkten Demokratie in der Praxis die Form einer totalitären Diktatur annimmt", so Jakob L. Talmon resümierend in seiner monumentalen „Geschichte der totalitären Demokratie"[25], um den ideengeschichtlichen wie historischen Quell-Ort dieses, wie er es nennt, „ironischen Gesetzes" und seiner Geschichtsvarianten im Anschluss danach unmissverständlich zu benennen:

„Die jakobinische Phase der Französischen Revolution, in der dieses große ironische Gesetz zuerst demonstriert wurde, hinterließ ein hypnotisches Modell und einen Mythos und begründete vor allem eine andauernde Tradition. Die Erfahrung der Französischen Revolution wurde von ihren Anhängern schnell zu der Vorstellung eines vorher

---

24 O. MARQUARD: Kompensation. Überlegungen zu einer Verlaufsfigur geschichtlicher Prozesse, in: Theorie der Geschichte. Beiträge zur Historik, Band 2, S. 331/332.

25 J. L. TALMON: Die Geschichte der totalitären Demokratie, Göttingen 2013, Bd. III, S. 679.

bestimmten revolutionären Prozesses in Form einer endgültigen und perfekten sozialen Ordnung verallgemeinert. Dem Mythos entsprechend wünschten sich alle guten Menschen in ihrem tiefsten Herzen diese neue Ordnung, doch unvermeidlicherweise würde es notwendig sein, sie durch eine aufgeklärte und mutige Avantgarde mit Hilfe von Zwang, einer totalen Neuorganisation der Gesellschaft und einem fortwährenden Bemühen um weitreichende und allumfassende Umerziehung zu inthronisieren. [...] Es handelte sich um die fanatische Entschlossenheit eiliger Erretter, einen in ihrer Vorstellung existierenden neuen Menschen in eine künstlich geschaffene oder, wie man es auch sehen kann, sich unvermeidlich entwickelnde soziale Harmonie einzupassen, die zur Quelle und zum Motiv aller Widersprüche, Paradoxien, Zweideutigkeiten, Heucheleien, Tricks und Tyranneien wurde, die sich in der jakobinischen Diktatur und einige Generationen später im bolschewistischen Regime [...] zeigten."[26]

Was Habermas wiederum antreibt, ausgerechnet diesem „hypnotischen Modell und Mythos" im Zusammenhang anhaltend zu erliegen, kann hier nicht erörtert werden, es wäre zuletzt reine, vor allem jedoch tiefenpsychologische Spekulation. Tatsache aber bleibt, dass ausgerechnet der Leitphilosoph der Bonner Republik, die er unter seiner ideologischen Patronatschaft als besonders lernfähiges deutsches Staatsmodell verstanden wissen will, an der Friedlichen Revolution von 1989 Charakterzüge vermisste, von denen er wissen musste, dass es am Ende des 20. Jahrhunderts nicht den geringsten Grund mehr gab, sie ein weiteres Mal einzuklagen, und sei es nur in der Theorie. Andererseits scheint solches Unvermögen offenbar genuine Voraussetzung eben dieser Theorie, die sich als *kritische* verstanden wissen will, selbst zu sein, jedenfalls bei einigen ihrer markantesten Vertreter, wie in Herbert Marcuses „Ethik und Revolution" aus dem Jahre 1964 überaus pointiert insofern zu erfahren ist, als er, zu dem Habermas allerdings in einem nur bedingt affirmativen Verhältnis steht,[27] „friedliche Revolutionen" *per se* für

---

26 A. a. O., S. 679 / 80.
27 Vgl.: J. HABERMAS über H. Marcuse: Die postnationale Konstellation. Po-

unwahrscheinlich bis unmöglich hält, während ihm „revolutionäre Gewalt" situationsbezogen legitim erscheint, wenn nur der gesellschaftliche Erlösungszweck der Revolution in den repressiven „Mitteln, ihn zu erreichen, am Werk"[28] ist. Aber auch im (west-)deutschen Protestantismus jener Jahre sind Versuche, radikal antichristliche Methoden und Potentiale im Zuge revolutionärer Gesellschaftsprozesse zu legitimieren, keine Seltenheit, also das zu exemplifizieren, was Carl Friedrich von Weizsäcker die „antichristliche Möglichkeit des politischen Christentums"[29] genannt hat. Die politische Theologin Dorothee Sölle jedenfalls kommt in ihrem Essay „Gibt es einen kreativen Hass?" zu einer derartige Konflikte regelrecht eskalierenden Ansicht, der zufolge Hass sich durchaus „als potentiell kreativ denken" lässt, hieße das doch zum einen „nichts anderes als den Hassenden nicht abschreiben" und bedeute andererseits, „auch die eigene Zerstörtheit und die Verzweiflung über das vereitelte Leben" in den Akt einzubeziehen, der hier nicht zuletzt am Gewalthandeln der

litische Essays, Frankfurt am Main 1998, S. 232–239; derselbe: Politik, Kunst, Religion. Essays über zeitgenössische Philosophen, Stuttgart 1978, S. 96–102.

28 H. MARCUSE: Kultur und Gesellschaft 2, Frankfurt am Main 1965, S. 130–146. Vgl. auch M. MERLEAU-PONTY in „Humanismus und Terror I/II", Frankfurt am Main 1966. Unter Rückgriff auf Hegel, der gesagt habe, „der Terror sei in die Praxis umgesetzter Kant" (II, S. 56), konstatiert der sich wie Marcuse als in der Tradition der Aufklärung sehende französische Philosoph: „Die wesentliche Aufgabe des Marxismus wird also sein, nach einer Gewalt zu suchen, die sich selbst überwindet in Richtung auf die menschliche Zukunft." (I, S. 12). Marx habe geglaubt, sie in der „proletarischen Gewalt gefunden zu haben, das heißt in der Herrschaft jener Klasse von Menschen, die in der gegenwärtigen Gesellschaft ihrer Heimat, ihrer Arbeit und ihres Lebens beraubt und daher fähig sind, jenseits aller Besonderheiten einander anzuerkennen und eine Menschheit zu gründen." „List, Lüge, vergossenes Blut und Diktatur" seien deshalb „gerechtfertigt, insofern sie die Herrschaft des Proletariats ermöglichen, und nur dann. Die marxistische Politik ist ihrer Form nach diktatorisch und totalitär. Doch diese Diktatur" sei „die Diktatur der Menschen, die am reinsten Menschen sind" (I, S. 12).

29 C. F. v. WEIZSÄCKER: Wahrnehmung der Neuzeit, München 1985, S. 224.

RAF-Terroristin Ulrike Meinhof wie der Baader-Meinhoff-Gruppe insgesamt exemplifiziert wird,[30] denen sie, in völliger Verkennung der Binnenrealität der Gruppe, aber aus dem eigenen ideologischen Verblendungszusammenhang heraus, „eine Identifikation mit den Unrecht Leidenden" attestiert, ein Bemerken und Empfinden der „Verstümmelung der Menschen in unserer Gesellschaft", was sich nicht nur in Aggressivität umsetze, sondern auch „kämpfen können" bedeute. Diese Aggressivität jedoch müsse „rational aufgearbeitet werden, denn gerade „wo sie, im Unterschied zu den aufständischen Schwarzen" in den USA, „keine Rassenbasis" habe, brauche sie, „als Aktion von vorläufig einzeln Kämpfenden, eine größere strategische Rationalität".[31] Solche psychosoziale Rechtfertigung physischen, sich gleichwohl als „revolutionär" legitimierenden Terrors, dessen Erscheinung allein vor dem Hintergrund seiner strategischen Opportunität kritisch gesehen wird, aus der Perspektive einer jeden christlichen Ethik aber geradezu verwerflich ist, wird dann zuletzt auch noch mit einer im Sinne des Wortes abgründigen, theologisch vollkommen häretischen Konstruktion abgestützt: „Daß Gott auch auf krummen Linien gerade schreibt, verstehe ich so, dass selbst unser Haß ‚getauft', will sagen verändert und gebraucht wird."[32] Das nun aber ist nicht einmal mehr dialektische, das ist *diabolische*, ist Selbstermächtigungs-„Theologie" in der Tradition und Konsequenz protestantischen Schwärmertums, vierhundertfünfzig Jahre nach Münster und Mühlhausen. Luther, als es ihm Gegenwart war, hat es hinreichend überführt

---

30 Vgl. B. PETERS: Tödlicher Irrtum. Die Geschichte der RAF, Berlin 2004; auch: G. KOENEN: Vesper Ensslin Baader. Urszenen des deutschen Terrorismus, Köln 2003; ebenso: W. KRAUSHAAR / J. P. REEMTSMA / K. WIELAND: Rudi Dutschke Andreas Baader und die RAF, Hamburg 2005.
31 D. SÖLLE: Gibt es einen kreativen Haß?, in: H.-E. BAHR: Politisierung des Alltags. Gesellschaftliche Bedingungen des Friedens, Darmstadt und Neuwied, 1972, S. 267 / 68. Auch: DERSELBE: Weltfrieden und Revolution. Neue politisch-theologische Analysen, Reinbeck bei Hamburg 1968.
32 Ebd., S. 271.

als das, was es zuerst und zuletzt ist: ein gotteslästerlicher Exzess.[33] Es liest sich jedenfalls wie eines der Kernmotive der „protestantischen Revolution" von 1989, wenn wir uns zurückversetzen in jene Wochen und Monate zwischen Dezember 1521 und Mai 1522, als Anhänger des aus Zwickau vertriebenen Priesters Thomas Müntzer nach Wittenberg kamen, um dort ihre schwärmerischen Lehren und damit politisch relevante Unruhe zu verbreiten, wozu als Praxis auch das Verwüsten des sakralen Interieurs der Kirchen, vor allem der Bildwerke, gehörte, wie Luther mit der *un*-evangelischen Revolution umging, um die *evangelische* zu verteidigen: Zu den durch den demagogischen Rausch rekrutieten Intellektuellen, den die „Zwickauer Flüchtlinge, die ‚*prophetas cynaeos*'"[34], in der Stadt verbreiteten, gehörte auch Andreas von Karlstadt, ein Theologieprofessor und Weggefährte Luthers, der sich sofort auf den Weg in die Stadt machte, um dem Treiben dieser „Propheten", die für ihn „nicht von Gott, sondern vom Teufel geschickt waren", ein Ende zu bereiten. Keinesfalls aber wollte Luther einen Erfolg gegen sie durch Gewalt, sondern allein durch das *Wort*: Am Sonntag, dem 9. Dezember, steigt er auf die Kanzel und spricht volle „[a]cht Tage lang"! Es waren in der Sache entschiedene, in der Form aber *deeskalierende* Predigten und Auftritte, im Geist jenes Briefes, den er bereits am 17. Januar an seinen Freund Spalatin geschrieben hatte: „Wir werden die beiden brennenden Enden dieser Fackel gewiß ohne Blutvergießen löschen. [...] Du aber sorge dafür, dass unser Fürst sich nicht mit dem Blut jener Zwickauer Propheten seine Hände befleckt."[35] Das theologisch zutiefst Häretische ihrer Position in der Spur schwärmerisch-prophetischer Tradition scheint Dorothee Sölle

---

33 Vgl. U. SCHACHT: ‚Der Teufel passt sich den Zeiten an'. Zu Luthers Menschenbild zwischen Röm 13 und Apg 5,29 und seiner Bedeutung für die Abwehr totalitärer Versuchung, in: LEINER / NEUBERT / SCHACHT / SEIDEL (Hrsg.): Gott mehr gehorchen als den Menschen. Christliche Wurzeln, Zeitgeschichte und Gegenwart des Widerstands, Göttingen 2005, S. 85–97.

34 L. FEBVRE: Martin Luther, Frankfurt am Main New York, 1996, S. 190–195.

35 Ebd.

später selbst bewusst geworden zu sein; in einer zweiten Version des Textes streicht sie den Schlusspassus seiner Urfassung und mit ihm den darin dokumentierten, politisch motivierten Missbrauch des Taufbegriffs, der das Ganze wie auf dem Höhepunkt einer Art *Satans*-Messe hatte enden lassen. Nun schließt die Operation mit dem theologisch zwar immer noch kaum zulässigen, rhetorisch aber weitaus weniger anstößigen Satz: „Wir brauchen ein Stück Haß, um lieben zu können."[36] Der radikalen wie der gemilderten Version einer theologischen Denkfigur revolutionär-schwärmerischen Charakters, wie sie Dorothee Sölle hier und an anderer Stelle variationsreich entfaltet hat, ist aber, wesentlich zeit- wie begriffsnahe zu den Revolutionswirren nach dem Ersten Weltkrieg, im berühmten Römerbrief-Kommentar von Karl Barth fundamentaltheologisch jeder Boden insofern entzogen worden, als Barth für eine kompromisslos radikale „*Nicht*-Revolution!" plädiert. Dafür, dass dem „revolutionär[en] *Mensch[en]* [...] das Prinzip der Revolution aus den Händen gewunden werden" solle. Warum? Weil die „Hybris, die *hier*" drohe, „offenbar die Hybris der Negation [ist], als ob etwa jene Unruhe, jenes Fragen, jenes Verneinen, alles jenes Todesähnliche, für das das Christentum in der Tat eine entschiedene Vorliebe hat (12, 16), als menschliche Haltung, als Methode des Menschen rechtfertigen könnte, der Titanismus des Umsturzes, der Neuerung, der Umwertung". Ja, es werde „sogar zu sagen sein, daß der revolutionäre Titanismus gerade darum, weil er in seinem Ursprung der Wahrheit so viel näher kommt, um so viel gefährlicher und gottloser ist als der reaktionäre"[37]. Solche „gefährliche" Revolutions-*Affinität* jedenfalls, die im (west-)deutschen Protestantismus der 60er und 70er Jahre dezidiert linksorientierten, auf Gewalt setzenden Umsturzprojekten gegenüber virulent wird, gründet zuletzt in einem fatalen Fehlurteil über die deutsche Geschichte seit Beginn an, die nun generalisierend als *Vor*-Ge-

---

36 D. SÖLLE: Sympathie. Theologisch-politische Traktate, Stuttgart 1979, S. 91.
37 K. BARTH: Der Römerbrief 1922, Zürich 1989, S. 502/503.

schichte der nationalsozialistischen Diktatur zwischen 1933 und 1945 missdeutet wird, diese aber wiederum als *nationalistischer Exzess*, als konservativ-reaktionäres Phänomen also. Dass es sich bei der NS-Diktatur jedoch um ein konsequentes Revolutionsprojekt der *Moderne* (auf der Basis einer rassenbiologischen Wissenschaftsideologie im Geiste des Sozialdarwinismus)[38] gehandelt hat, wenn auch mit nationalistischer Draperie versehen, hat der liberale Soziologe Ralf Dahrendorf schon Mitte der 60er Jahre mit hoher Plausibilität in den Diskurs der Bundesrepublik eingespeist, indem er von einem „Missverständnis der Verbindung konservativer und nationalsozialistischer Gegner der parlamentarischen Demokratie" sprach und feststellte:

> Um „der Erhaltung der Macht willen wandten die Nationalsozialisten sich gegen alle Reste und Spuren jener Gesellschaftsordnung, die der autoritären Herrschaft ihre Grundlage gab. Sie zerstörten angestammte Loyalitäten, wo immer sie es konnten; sie schalteten alle überlieferten und mit einem Eigenleben ausgestatteten Institutionen gleich; sie verallgemeinerten die soziale Rolle des Volksgenossen, soweit es ihnen gelang. Es blieben Ecken der Tradition, Quellen des Widerstandes und der Gegenrevolution. Aber der Stoß in die Modernität gelang den Nationalsozilisten hinlänglich […] Der Nationalsozialismus hat die deutsche Vergangenheit, wie sie im Kaiserreich Gestalt gefunden hatte, endgültig besiegt. Was nach ihm kam, war von der Hypothek frei, die

---

38 Vgl. H. CONRAD-MARTIUS: Utopien der Menschenzüchtung. Der Sozialdarwinismus und seine Folgen, München 1955. Auch: P. WEINGART/J. KROLL/K. BAYERTZ: Rasse, Blut und Gene. Geschichte der Eugenik und Rassenhygiene in Deutschland, Frankfurt am Main 1988. Zur zeit- und ideengeschichtlichen Zuordnung heißt es hier: „Die Weltbildfunktion der Evolutions- und Selektionstheorie wird nicht zuletzt auch daran erkennbar, daß sie zur Legitimationsbasis neuer sozialer und politischer Bewegungen wird oder bestehende Gruppierungen und politische Parteien sich auf sie berufen. Dabei erlaubt ihre ideologische Ambivalenz gleichermaßen einen Fortschrittsoptimismus der Höherentwicklung wie eine kulturpessimistische Dramatisierung der Degenerationsgefahr. […] Nordische, völkische und rassenmythologisierende Gruppen berufen sich ebenso auf darwinistische und eugenische Theorieelemente wie eine Zeitlang die sozialistische Linke" (S. 19).

die Weimarer Republik dank suspendierter Revolution an ihrem Anfang beschwerte. Es konnte keinen Rückweg hinter die Revolution der
nationalsozialistischen Zeit mehr geben."[39]

Der deutsche Nachkriegs-Protestantismus aber, unter dem
Schock der Verbrechensdimension der nationalsozialistischen
Revolutionäre und um sich vom Vorwurf der obrigkeitshörigen
Nähe zur *strukturellen Reaktion*, jener vor allem protestantisch
grundierten Liaison zwischen „Thron und Altar", endgültig zu
reinigen, orientiert sich nun, so scheint es, radikal neu: Er verabschiedet sich von der „Revolutionsfurcht" der Vergangenheit,
wird „liberal" oder sogar „progressiv" und legt seine „elementare
Angst vor der Revolution als dem Beginn einer Welt ohne Gott
und Kirche, ohne schöpfungsgemäßen Ordo und ohne religiö-
ses Ethos"[40] ab. Das Ergebnis ist aber nur die zuvor skizzierte
Nähe zur „richtigen" Revolution und damit die Perpetuierung
eines grundsätzlichen politischen Missverständnisses, das sich
sehr bald als die lediglich neueste Anpassungsoption an verän-
derte Zeitumstände und Machtverhältnisse zeigt und seine Aus-
läufer als *Stimmung skeptischer Natur* dem historischen Prozess
des gewaltlos vorangetriebenen Zerfalls der repressiven Ordnung von Jalta und seinen geschichtspolitischen Pointen von
1989/90 gegenüber nachweisbar macht.

Unabhängig von jenen gewaltfinalen Zuspitzungen aber,
wie sie, stellvertretend für eine ganze Generation von (west-)
deutschen Nachkriegsintellektuellen, bei Papcke im soziologischen und bei Sölle im theologischen Sektor zugelassen werden,
die er, soweit bekannt, expressis verbis nie mitgetragen hat, steht
jedoch auch Habermas, was seinen *kritizistischen* Blick auf eben
diese *friedliche* Revolution von 1989/90 betrifft, gleichfalls in ei-

---

39 E. DAHRENDORF: Gesellschaft und Demokratie in Deutschland, Stuttgart
Hamburg 1965, S. 447/448.
40 G. BRAKELMANN: Schweres Erbe, in: G. BRAKELMANN (Hrsg.): Freiheit
konkret. Über Wahrheit und Wirklichkeit eines Schlagworts, Gütersloh 1979,
S. 8.

ner ans Totalitäre zumindest grenzenden diskursherrschaftsori-
entierten Tradition, die Reinhart Koselleck am Beispiel Goethes,
dem frühen kritischen Objekt solcher Tradition, identifiziert hat
als zentrale Methode der „Aufklärung", alle „Geschichten" insofern „geschichtsphilosophisch zu" verfremden, indem nicht
„das Heute, sondern das Gestern oder Morgen […] darüber zu
befinden" hat, „ob jemand dem rasanten Wandel angemessen
denkt oder handelt". „Seitdem" jedenfalls sei es üblich geworden,
„jeden und alles in Frage zu stellen, je nachdem wie die Vergangenheit gewertet und wie die Zukunft erwartet" werde: „Infolge
dessen geriet jeder Zeitgenosse schnell in Verdacht, falsch zu
denken oder falsch zu handeln."[41] Exakt dieser Verdacht trifft bei
Habermas tatsächlich jeden, der „die Verwandlung der Revolution in einen geschichtsphilosophischen Perspektivbegriff, der
eine unumkehrbare Richtung anzeigt",[42] nicht mitvollzieht und
damit auch Kants, aus der gewaltrevolutionären Bilanzperspek-
tive des 20. Jahrhunderts eben nicht mehr nachvollziehbare Be-
hauptung einer unberührbaren *Kern*-Dignität der Französischen
Revolution ablehnt. Kant wörtlich: „ein solches Phänomen in
der Menschheitsgeschichte vergisst sich nicht mehr, weil es eine
Anlage und ein Vermögen in der menschlichen Natur zum Besseren aufgedeckt hat"[43]. Solches Vermögen aber fußt zuletzt
eben nicht in der menschlichen Natur und damit in einem „revolutionären" Endbindungsakt, sondern in der „Folgenatur Gottes", wie Whitehead sagt, die nicht nur „sein Urteil über die Welt"
spricht, sondern „die von einer Zartheit" ist, „die nichts verliert,
was gerettet werden kann"[44].

---

41 R. KOSELLECK: Vom Sinn und Unsinn der Geschichte, Frankfurt am Main
2014, S. 289/90.
42 H. BERDING: Revolution als Prozeß, in: Theorie der Geschichte. Beiträge
zur Historik, Band 2, München 1978, S. 276/277.
43 I. KANT: Der Streit der Fakultäten, in: Immanuel Kants populäre Schriften,
Für die Deutsche Bibliothek herausgegeben von E. von Aster, Berlin o. J., S. 225.
44 A. N. WHITEHEAD: Prozeß und Realität. Entwurf einer Kosmologie,
Frankfurt am Main 1984, S. 618.

Vor dem Hintergrund der Habermasschen Verlustrechnung im Zusammenhang mit den friedlichen revolutionären Ereignissen der Jahre 1989/90 in Deutschland und Ostmitteleuropa gibt es allerdings zwei weitere markante Versuche von westdeutsch geprägten Intellektuellen, einen defizitären, also negativen, oder wenigstens konträren Zusammenhang mit der Gewaltrevolution von 1789 insofern zu erkennen, als einer davon, vertreten von dem Rechtswissenschaftler Ulrich K. Preuß[45], die Frage nach dem politischen Charakter der radikalen Umwälzungen rhetorisch und unter Berufung auf Habermas dahingehend zuspitzt, ob es sich vielleicht nicht nur nicht bloß um „‚soziale‘ oder ‚Verfassungsrevolutionen‘" gehandelt hätte, sondern möglicherweise sogar um „‚Konterrevolutionen‘", wäre „aufmerksamen Beobachtern der Ereignisse in Ost- und Mitteleuropa" doch nicht entgangen, „dass das für die sozialen Revolutionen der Neuzeit charakteristische Fortschritts- und kollektive Emanzipationspathos hier völlig" gefehlt habe. Beispielsweise habe man „in den Verhandlungen des ungarischen ‚Rundes Tisches‘" nicht einmal „von einer Revolution" gesprochen, sondern lediglich „von einem ‚friedlichen Übergang‘". Einige hätten „sogar von einer ‚Restauration‘" geredet, um damit jegliche Assoziation an zukunftsbezogenen Ideologien zu vermeiden". Als besonders befremdliches Phänomen konstatiert Preuß die Tatsache, „dass sich die Oppositionsgruppen der ersten Stunde, die in der Vergangenheit intensivster Repression, von beruflichen Repressalien über Ausweisung bis hin zum Freiheitsentzug, ausgesetzt gewesen seien „und an einigen kritischen Tagen auch keineswegs ihres Lebens sicher sein konnten, sich mit Vertretern der Staatspartei und ihrer Satellitenorganisationen, die all das zu verantworten hatten, an einen ‚Runden Tisch‘" gesetzt hätten, „um gemeinsam nach Wegen zu einer neuen Ordnung zu suchen", „ohne zu irgendeinem Zeitpunkt die politische Macht für

---

45 U. K. PREUSS: Revolution, Fortschritt und Verfassung. Zu einem neuen Verfassungsverständnis, Berlin 1990, S. 5 –72.

sich zu beanspruchen". Die Erklärung, die Preuß im Anschluss an seine Charakter-Frage findet, klingt zunächst allerdings einigermaßen hilflos, ja, geradezu wirklichkeitsfremd und deshalb aus einem Erkenntnisnotstand heraus konstruiert, wenn er sagt, diese „Merkwürdigkeit" werde „jedoch verständlich, mache man sich klar, „dass der ‚Runde Tisch' sich nicht als Repräsentation des revolutionären ‚Volkes', sondern der Vielheit, Vielfalt und Unterschiedlichkeit aller Bürger" verstanden habe. „Diese Pluralisierung des ‚Volkes'" aber habe „zur Folge" gehabt, „dass auch die Souveränität des Volkes, die Grundlage jeder demokratischen Herrschaft, nicht als einheitliche und unbeschränkte ‚potestas absoluta'" verstanden worden sei, „so wie zu Beginn des demokratischen Zeitalters der Abbé Siéyès den ‚pouvoir constituat' konzipiert hat". Gäbe es aber „weder die Vorstellung einer Einheit des Volkes noch infolgedessen die Idee der Einheit und Absolutheit seiner Souveränität", so fehle „damit die wesentliche Voraussetzung der – für die bisherigen Revolutionen charakteristischen – Polarisierungen nach dem Kriterium von Freund und Feind". Letzteres ist allerdings zutreffend beobachtet und führt bei Preuß, geht es um weitere Motive der „friedlichen Revolution", über die „moralische Anschlussfähigkeit' des Kapitalismus, die sich in seiner ‚Verfassbarkeit' äußert", zu der für ihn grundsätzlich „erstaunlichen Tatsache, dass die auf den Gewissensforderungen der Bürger gegründeten Revolutionen des Herbstes 1989 zugleich mit dem Erbe des modernen Verfassungsstaates auch die Marktwirtschaft eingefordert" hätten. Am Ende seiner Unstersuchung nutzt Preuß dann konsequenterweise Hegels geschichtsmetaphysischen Zentralterminus, um der *ihn* ebenso wie Habermas und andere westdeutsche Intellektuelle so irritierenden Revolutionsgestalt des Jahres 1989 doch noch eine vertraute Wendung im Rahmen einer materialistisch grundierten Geschichts- und Gesellschaftsphilosophie zu geben: „Könnte nicht in den Revolutionen von 1989 eine ‚List der Vernunft' dergestalt wirksam geworden sein, dass sie die so revolutionsunwilligen Revolutionäre auch deswegen für den Kapitalismus und zugleich für den Verfassungsstaat optieren ließ, weil kein anderes Wirtschaftssystem so sehr wie er einer lernenden Selbstverbesserung bedarf und damit ‚verfassungstauglich' ist?" Die dezidiert *christliche* Grundierung des revolutionären Geschehens kommt ihm jedenfalls nicht zu Bewusstsein. Dennoch bleibt festzuhalten, dass Preuß mit dem Begriff der „Gewissensforderung" als ideeller Grundlage des Revolutionsphänomens und eines damit aufs Engste verknüpften Ausbleibens jeglicher Freund-Feind-Polarisierung im Kontext des Geschehens nicht nur eine in der Tat ungewöhnliche Abweichung vom tradierten Modell der europäischen (Gewalt-)Revolutionen registriert, sondern faktisch auf eine elementare, aus geschichtstheologischer Sicht nur „spirituell" zu begreifende Differenz verweist, ohne einen solchen letzten Erklärungsgrund allerdings verstehen zu können und damit eine Erkenntnisebene zu betreten, die im radikalen Bruch mit der revolutionären Gewalttradition den Blick auf den Abbruch ihrer zutiefst antichristlichen egozentrischen Autonomie-*Demagogie* durch die Praxis des christlichen Basis-Gebots der „Feindesliebe" freilegt. Klaus Berger hat an diesem Punkt allerdings grundsätzlich zu Recht darauf hingewiesen, dass zwischen einem genuin christlichen Gewissen und dem „Gewissensprinzip" der „individualistischen Ethiken" der Moderne, die „den Gewissensbegriff in besonderer Weise für sich reklamiert" hätten, *kritisch*, also äußerst genau zu unterscheiden sei, diene eine „Verabsolutierung des Gewissens", quasi seine Vergöttlichung, „letztlich nur dem neuzeitlichen Verständnis von Freiheit im Sinn von Autonomie". Gewissen, so gesehen, werde „daher als vernunftgeleitete individuelle Selbstfestsetzung von Normen verstanden". „In der christlichen Ethik" dagegen sei „der moralische Rigorismus kein Selbstzweck, dem sich der Mensch konfrontiert sieht". „Zentrum" sei „vielmehr das personale Gottesverständnis und das Konzept einer besonderen Gemeinschaft von Gott und Mensch". Dieses aber sei „jedem rigoristischen Prinzip vorgeordnet".[46] Schärfer noch hat Dietrich Bonhoeffer hier im Anschluss an Luther die Geister geschieden, indem er jene rein selbstbezügliche „Verabsolutierung des Gewissens" des Menschen nicht nur als „Bestätigung und Rechtfertigung seines selbstherrlichen Alleinseins" charakterisierte, sondern „das Geschrei des Gewissens" als ein Hinwegtäuschen „über die stumme Einsamkeit eines öden ‚Bei-sich‘" erkennt, das „echolos in die eigene beherrschte, gedeutete Welt" halle. Ein solches Gewissen gehöre deshalb „dem Teufel zu, der den Menschen bei sich in der Unwahrheit lässt, und so muß dies Gewissen getötet werden, wenn Christus zum Menschen tritt", sei es doch „dessen letzter Griff nach sich selbst"[47].

Die *elementare* oder *spirituelle Differenz*, von der hier die Rede ist, ist einem anderen westdeutschen Geisteswissenschaftler dagegen, dem Historiker Gerhard A. Ritter[48], in reflektierender Betrachtung des Geschehens mehr als augenfällig geworden, augenfällig im Sinne einer, wenn man so will, positiven Negativität, die er in der Konsequenz, das Habermas'sche Defizit in ethischen Gewinn umzurechnen, nicht lediglich für eine legitime Deutungsoption hält, sondern für eine geradezu zwingende. Sieht er doch in ihr und damit im revolutionären Geschehen selbst zwar das offenkundige „Scheitern des welthistorischen (in den sozialistischen Ideen und Bewegungen des 19. Jahrhunderts wurzelnden) Experiments zur Verwirklichung einer sozialistischen Utopie", verknüpft er sie aber zudem mit der Uranordnung dieser Experimentierreihe, der Französischen Revolution von 1789, indem er zum einen von einem „tiefen Einschnitt in die europäische Geschichte" spricht und zum anderen davon, dass „dessen Bedeutung möglicherweise nicht hinter der der

---

46 K. BERGER: Von der Schönheit der Ethik, Frankfurt am Main und Leipzig 2006, S. 14–22.

47 DBW 2, Berlin 1990, S137/138.

48 G. A. RITTER: Der Umbruch von 1989/91 und die Geschichtswissenschaft, Bayerische Akademie der Wissenschaften Philosophisch-Historische Klasse Sitzungsberichte Jahrgang 1995, Heft 7, München 1995, S. 3–6.

Französischen Revolution von 1789 zurückbleibt". Ja, mehr noch, quasi die potentielle Alternative dazu mitdenkend, ohne sie im Detail kontrafaktisch auszumalen: „Zäsuren dieser Tiefe bringen es mit sich, dass sie die gesamte Vorgeschichte umwerten, sie in einem neuen Licht, in einer neuen Perspektive erscheinen lassen." Ebenso werde die „Frage nach der relativen Bedeutung von Strukturen und langwierigen Prozessen einerseits und nach den Ereignissen, den Personen und auch dem Zufall in der Geschichte andererseits [...] neu gestellt". Denn die „Unterschiede zu den Revolutionen von 1789 und 1917" seien „offenkundig":

> Die Französische Revolution habe „Europa in mehr als zwei Jahrzehnte dauernde erbitterte Kriege verwickelt und den bereits vorhandenen Ansatz zur Teilung in West- und Osteuropa, zwischen denen Deutschland seinen eigenen Weg suchte, vertieft. Aus der bolschewistischen Revolution ging eine noch tiefere Spaltung Europas in Gebiete mit vollständig gegensätzlichen Wirtschafts- und Gesellschaftsordnungen, politischen Herrschaftssystemen und Ideologien hervor, die in einem scharfen, im Kalten Krieg kulminierenden Spannungsverhältnis zueinander standen. Jetzt dagegen vollzog sich der Sturz der kommunistischen Diktaturen ohne Krieg und – wenn man von Rumänien absieht – fast ohne Blutvergießen."

Was an Ritters Deutung des revolutionären Umbruchs von 1989/90 eindrucksvoll weit über Habermas und Preuß hinausführt, nicht zuletzt, weil sie, von keinem ideologischen Erwartungsschema gehindert, die intellektuelle Souveränität dem historischen Stoff gegenüber spiegelt, ist seine Bereitschaft, im genannten epochalen Geschehen eine Zäsur von jenem Karat zu erkennen, der das Verdichtungspotential hat, „die gesamte Vorgeschichte" nicht nur „um[zu]werten", sondern sie auch „in einem neuen Licht, einer neuen Perspektive erscheinen zu lassen"[49].Von dieser Aufforderung aber hat ein anderer Geisteswissenschaftler im Westen Deutschlands schon 1990 konsequent Gebrauch gemacht: der 2009 verstorbene Erlanger Philo-

---

49 Ebd., S. 5.

soph Manfred Riedel, der – ein Bloch-, Löwith- und Gadamer-Schüler – nicht zuletzt einer der bedeutendsten deutschen Hegelforscher war.

III

In scharfem Kontrast jedenfalls zum zuletzt aus den beschriebenen Gründen doch nur ressentimentgeladenen Deutungsversuch Habermas' hat der familiär in Mitteldeutschland verwurzelte Riedel, was Habermas, geht es um das 89er Revolutionsgebiet, wiederum in geradezu trotzigem Ton als eben nicht vorhanden in Anschlag bringt, eine persönliche Erfahrung aus dem Jahre 1976 zur Rekonstruktion der geistigen Quellen der Revolution von 1989 genutzt. Deren Pointe besteht nicht in einem beklagten ideenpolitischen Defizit anachronistischer Natur, sondern in einem anhaltend gültigen Sinnbild christlicher Provenienz, das im chronologischen Rahmen des von Riedel bezeugten und reflektierten Ansichtigwerdens, Verschwindens und Wiederauftauchens zur unhintergehbaren Qualifikation jenes heute historischen Prozesses werden konnte, zuletzt aber seine besondere Beglaubigung gewonnen hat durch den Märtyrerstatus *ex post* des zu dieser konkreten Erfahrung Riedels gehörenden seinerzeitigen Gegenübers: *Oskar Brüsewitz*.[50] In seinem 1991 erschienenen, aber schon im November 1990 abgeschlossenen, autobiografischen Passagen-Essay „Zeitkehre in Deutschland", der, wie der Autor formulierte, „auf Denkreisen" entstanden sei, die ihn „nach Jahrzehnten der Trennung von menschlich vertrauten Lebenskreisen, Landschaften, Orten dorthin zurückkehren ließen", woher er kam: „ins Land jenseits von Thüringer Wald und Elbe", das in seiner Kindheit „,sowjetisch besetzte Zone' war und dann DDR hieß",[51] berichtet er auch von einer

---

50 Vgl. J. MOTSCHMANN: Die Pharisäer. Die Evangelische Kirche, der Sozialismus und das SED-Regime, Frankfurt am Main; Berlin 1993, S. 131–165.

51 M. RIEDEL: Zeitkehre in Deutschland. Wege in das vergessene Land, Berlin 1991, S. 7.

Zufalls-Begegnung an einem „heißen Augusttag" im Sommer 1976. In der Nähe der Autobahnausfahrt Naumburg/Zeitz setzt plötzlich der Motor seines Wagens aus, aber weit und breit kein Telefon, „der nächste Ort drei Kilometer entfernt". Eine Reihe von Autos fährt vorbei, doch dann hält eines an: „Der Wagen kam von Droyßig her, am Steuer ein still vor sich hinlächelnder Mann, der das Autofenster herunterließ und mit ostpreußi-schem Singsang in der Stimme den Abschleppdienst zu holen" verspricht. Die Hilfe erscheint „nach einiger Wartezeit" tatsäch-lich und mit ihr „noch einmal das Lächeln des Mannes, der nun seinen Namen" nennt: „Pastor Brüsewitz aus Rippicha, unter-wegs zum Kaffeebesuch" bei einem Amtsbruder. Auf Reisen zu-vor hat der Autor von diesem Pastor, wie er sich erinnert, schon gehört; er nennt das Gehörte im Nachgang: „manches Rumorige"[52]. Das spätmittelhochdeutsche, dem Lateinischen entlehnte Wort „Rumor" ist dabei klug gewählt, umfasst es ety-mologisch doch nicht nur die rein akustischen Phänomene

---

[52] A. a. O., S. 201. Von weiteren elementaren Begegnungen im Zusammenhang spricht Riedel, wenn er Bezug nimmt auf Vertreter „der jüngeren Generation Thüringer und sächsischer Landpfarrer", u. a. auf Thomas A. Seidel, der seit 2004 auch Spiritual der Ev. Bruderschaft St. Georgs-Orden und Mitherausge-ber dieses Buches ist. Einen „Radikalismus der Besinnung" in ihrer „Gesinnung" erkennend, attestiert er ihnen, „den Geist der sanften Revolution vom Herbst 1989" wesentlich mitgeprägt zu haben. Die heimliche Maxime Nietzsches „Lie-ber zugrunde gehen, als hassen und fürchten, und zweimal lieber zugrunde gehen, als sich hassen und fürchten zu machen" hätten sie gelebt. „In Pastor Seidel aus Ollendorf in der Nähe von Weimar", so Riedel 1990, „kehrt wieder, was mir vor Jahren bei dem unkonventionell weltlichen Pastor Oskar Brüse-witz aus Rippicha bei Zeitz aufleuchtete: die von Nietzsche ausgesprochene Wahrheit, dass christlicher Glaube ein ,Zustand des Herzens' ist. [...] Thomas A. Seidel und seine Amtsbrüder in Thüringen und Sachsen" hätten die damit verbundene „schwache Stärke" und „starke Schwäche durch die Tat bewiesen. Ohne sie hätte es das historische Unicum der gewaltlosen Revolution nicht ge-geben. Sie wäre jedenfalls nicht in jenem Geist der Sanftmut und christlichen Nächstenliebe verlaufen, der selbst die Wölfe im Schafspelz schont, die noch heute herumlaufen und sich den Pelz weißwaschen" (S. 76/77).

„Lärm" oder „Geräusch", sondern auch „Tumult", ja „Aufstand",
also öffentliche Erregungszustände mit eindeutig kollektiver Dimension.[53] Während der PKW des Gestrandeten repariert wird,
kommt es zum Gespräch zwischen ihm und seinem Nothelfer:

> „Wir unterhielten uns damals über die schwierige Lage der Kirche, ich
> gab zu erkennen, dass ich Mitte der fünfziger Jahre in Leipzig bei Bloch
> studiert und mich angesichts der damaligen Christenverfolgung vom
> Unumgänglichen der kirchlichen Ökumene überzeugt hätte: dass mir,
> dem Protestanten, die Abende in der Katholischen Studentengemein-
> de mit Werner Becker, dem Freund von Guardini, wie ein Stück leben-
> diger Freiheit inmitten geistiger Verödung und Gleichmacherei er-
> schienen sind. Brüsewitz hörte interessiert zu. Er sprach davon, dass
> die Ökumene durch die aufgezwungene Gründung eines eigenständi-
> gen Kirchenbundes in der DDR ferner denn je sei. Enttäuschung über
> die evangelischen Bischöfe schwang mit, ohne eine Spur von Resigna-
> tion. Der Kampf sei in den Gemeinden auszutragen; mit denselben
> Mitteln, die der Gegner brauche, dem sonst das Feld alleine überlassen
> bliebe. Wir verabredeten ein Gespräch in Rippicha, Brüsewitz' Wir-
> kungsort unweit von Zeitz. Dazu ist es nicht gekommen."[54]

Der Grund dafür war im Moment der Verabredung für den hava-
rierten Philosophen ein unvorstellbarer: „Wenige Wochen später hatte sich Pastor Brüsewitz in dieser Stadt, vor der Michaelis-
kirche aus dem 12. Jahrhundert, als Einzelkämpfer unter dem
Fenster des Superintendenten verbrannt."[55] Der *Philosoph* Manfred Riedel weiß „die unerhörte Tat", wie er das die Kirche irritie-
rende, das totalitäre System aber aufs äußerste provozierende
Faktum umschreibt, später allerdings in einer Weise kirchenge-
schichtlich einzuordnen und zu werten, die die davon betroffe-
ne Evangelische Kirche in Deutschland, zu jener Zeit längst orga-
nisatorisch geteilt, damals noch scheute und auch heute nicht
wirklich, das heißt ekklesiologisch *verbindlich* realisiert zu haben
scheint: „Es war ein Opfer, das er, vielleicht in Erinnerung an die

---

53 Etymologisches Wörterbuch des Deutschen Q–Z, Berlin 1989, S. 14.
54 M. RIEDEL (s. Anm. 51), S. 201 / 202.
55 Ebd.

Zeiten früher Christenverfolgung im Römischen Weltreich seiner Kirche brachte, die sich schwer tat, die unerhörte Tat anzunehmen."[56] Und noch etwas, etwas Wesentliches betont Riedel:
„ein gegnerisches Mittel"[57], also ein Gewaltakt gegen andere, sei
diese Tat gerade nicht gewesen. Von solchem Erkenntnispunkt
aus aber gelingt es ihm schließlich, den Fall Brüsewitz in ein
Licht zu rücken, das mehr erfasst als nur die psychischen Prämis-
sen und möglichen subjektiven Motive eines Einzelnen in einer
biografisch wie situativ begrenzten historischen Konstellation,
indem er in Anschlag bringt, was hier *gewirkt* hat über die Stunde
hinaus und aus Quellen, die nicht der Verfügungsgewalt des
Menschen unterliegen, sondern demjenigen zufließen, der er-
wählt, berufen, ausgesendet wird: „Uralte Frömmigkeit [...] die
Ehrfurcht der Lebenden vor den Toten, die höher ist als die
Furcht vor der Staatsmacht und sie im stillen Bund mit ihnen
überwindet. In dieser Gesinnung des in der Zeit verinnerlichten,
auf sich zurückgeworfenen Glaubens wurde die Macht nieder-
gerungen, als sich die Zeit erfüllt hatte".[58]

   Erschüttert vom Opfertod Oskar Brüsewitz' hatte im Sommer 1976 eine Künstlerin aus Greiz, ohne Auftrag, einen Stein
gesetzt, den die Familie des Toten dennoch stehen ließ: Er deute-
te das Geschehen als Kampf zwischen Licht und Finsternis, mit
dem feuerspeienden Tierkopf der Apokalypse. Der Stein stand
nicht lange, nach wenigen Wochen wurde er von Angehörigen
des Ministeriums für Staatssicherheit entfernt und beschlag-

---

56 Dass Riedel hier keineswegs eine überschießende Interpretation vorlegt,
was die Selbstdeutung Brüsewitz' in Bezug auf seine Tat und damit die marty-
rologische Dimension des Geschehens betrifft, geht in großer Klarheit aus dem
Abschiedsbrief von Oskar Brüsewitz hervor, in dem der zum Märtyrertod Entschlossene nicht nur betont, dass er sich von Gott „zu den geliebten Zeugen berufen" weiß; er ordnet seinen Opfertod auch ein in einen „mächtige[n] Krieg",
der vor dem Hintergrund eines „scheinbar tiefe[n] Frieden[s]" „zwischen Licht
und Finsternis [tobt]". Zitiert nach: J. MOTSCHMANN (s. Anm. 71), S. 132.
57 M. RIEDEL (s. Anm. 51), S. 201/202.
58 Ebd.

nahmt. Heute ist er Teil einer Ausstellung in Gera. An seiner Stelle „steht seit 1979 ein Holzkreuz mit der Figur des leidenden Christus, gefertigt von der Franziskanerin Hildegard Henrichs aus Erfurt […] Es zeigt nicht die Tränen des Schmerzensmannes mit der Dornenkrone, sondern den still vor sich hinlächelnden Gottessohnes, der den Tod überwunden hat".[59] Aus solchem Geist, so Manfred Riedel am Ende besagten schmalen Kapitels, seien Menschen wie Pastor Brüsewitz gemacht, um dann den entscheidenden Satz zu riskieren, der in seinem Glutkern im Sinne des Wortes, zuvor erfasst in der *kairós*-Formel von der „erfüllten Zeit", nichts anderes ist als ein radikal *geschichtstheologischer*, also zutiefst zeitgeistobsoleter, und der damit einen Blick auf die Welt als geschichtliches Ereignis reaktiviert, der ihr im westlichen Denken seit Beginn der Säkulärisierungsschübe in der Neuzeit unter verschiedenen Legitimitäts-Vorzeichen immer konsequenter abhanden gekommen ist:[60] „Solchem Geist ist die sanfte Revolution vom Herbst 1989 entsprungen."[61] Was zuletzt auch bedeutet, dass eine jede Theologie der Geschichte *heilsgeschichtlich* relevantes Geschehen nur im Modus einer durch den Menschen unverfügbaren Inkubationszeit begreifen kann, die jedem autonomiegläubigen *Vor*-Griff theoretischen oder praktischen Charakters die entscheidende Erfolgsbedingung verweigert. Was hier allein von Gott her wirkt und eingreift, nimmt die lukanische Theologie der Apostelgeschichte zum Ausgangspunkt aller diesbezüglichen Prozesse und ihrer Akteure: „Wir bekommen nicht das Wissen, sondern die Sendung und Vergewisserung durch die Sendung des Geistes (V. 8) und durch die Realisierung der Zeugenexistenz."[62] Hans Conzelmann spricht in diesem Zusammenhang auch von einer „Providentia specia-

---

59 M. RIEDEL (s. Anm. 51), S. 208.

60 Vgl. H. BLUMENBERG: Die Legitimität der Neuzeit. Erneuerte Ausgabe, Frankfurt am Main 1996.

61 M. RIEDEL (s. Anm. 51), S. 208.

62 H. CONZELMANN: Die Mitte der Zeit. Studien zur Theologie des Lukas, Tübingen 1954, S. 142.

lis", gebunden an die „Christusoffenbarung in der Mitte der Geschichte", aber entfaltet in die Geschichte der Kirche, die so
„selbst historisch betrachtbar geworden" ist und damit Teil und
Treibsatz weltgeschichtlichen Prozesses:[63] „Eine der Geschichte
innewohnende Christozentrik, ein Tun-Ergehen-Zusammenhang
von christlich-ethischer Orientierung und göttlichem Gerichts-
handeln in der politischen Ordnungswelt."[64]

Riedels spirituelles Positiv, geht es um die friedliche Revolution im Deutschland des Jahres 1989, ist nicht nur das politische
Negativ, das Habermas im Kontext wiederholt beklagt. Es ist vor
allem die Antithese zu dessen Ereignisdeutung insofern, als es
über die historische Stunde hinaus *kritisch* zurückverweist auf
jene Revolutionstradition, die der neomarxistisch geprägte
Frankfurter Sozialphilosoph hier vermisst, das heißt favorisiert:
bis an ihren geschichtlichen wie ideengeschichtlichen Ausgangspunkt, den er zugleich vernunftapologetisch verklärt, indem er
die damit logisch einhergehende repressive Praxis, kulminierend in der Phase der *Terreur*, nicht wirklich problematisiert.
Noch weniger aber reflektiert er im Kontext den sie wesentlich
charakterisierenden antichristlichen Furor jener Pilot-Revoluti-
on[65], aus der alle anderen totalitär intendierten Revolutionen
Europas hervorgingen, selbst die nationalsozialistische, wie
Horkheimer noch wusste.[66] Sie alle jedenfalls waren unüberseh-

---

63 DERSELBE: A.a.O., S. 139, Anmerkung 1, und S. 140.
64 A. SCHWAIGER: Christliche Geschichtsdeutung in der Moderne. Eine Untersuchung zum Geschichtsdenken von Juan Donoso Cortés, Ernst von Lasaulx
und Vladimir Solov'ev in der Zusammenschau christlicher Historiographie-
entwicklung, Berlin 2001, S. 372.
65 I. GEISS / R. TAMCHINA: Ansichten einer künftigen Geschichtswissenschaft 2, München 1974, S. 23.
66 M. HORKHEIMER: „Die Ordnung, die 1789 als fortschrittlich ihren Weg an-
trat, trug von Beginn an die Tendenz zum Nationalsozialismus in sich.", zitiert
nach: K. WEISSMANN: Der Nationale Sozialismus. Ideologie und Bewegung
1890–1933, München 1998, S. 5. E. VOEGELIN hat in seinem Essay „Die politischen Religionen" schon 1938 auf den substantiellen Zusammenhang zwischen

bar den gleichen Gewaltmethoden der 1789er bis ins systemisch Beschleunigte und Transgressive verpflichtet, demselben Vernichtungshass gegen Kirche und Christentum fanatisch erlegen, einem analogen totalen Glücksversprechen als innerweltlichem Erlösungsmodell die Geschichtsbühne öffnend.

Aber was meint dieses Neue an Revolutionshabitus und Kampfmethodik von 1989, wenn es nicht nur lokale Oberflächenerscheinungen, quasi soziologische Fakta wie kirchenräumliche Ausgangspunkte und rest-liturgische Ad-hoc-Imprägnierungen im Rahmen der legendären montäglichen Friedensgebete[67], die sich zu den berühmten Montagsdemonstrationen auswuchsen,

---

der neuzeitlichen „Humanitätsidee" und dem Nationalsozialismus verwiesen. Ebd.: München 1993, S. 6/7.

67 Vgl. K. KADEN: Von den Friedensgebeten ging alles aus, in: S. HEYM/ W. HEIDUCZEK (Hrsg.): Die sanfte Revolution, Leipzig u. Weimar 1990, S. 101. Kaden rekonstruiert als unmittelbar aktiver Zeitzeuge nicht nur die chronologische wie motivische Genese der Leipziger Montagsgebete, die sich primär als ökologisch-pazifistische, also politisch orientierte umreißen ließe, er betont auch den fundamentalen christlich-theologischen Bezug der Akteure, die sich „bewusst mit Fürbitte und Gebet an Gott um Hilfe, Mut und Beistand" gewandt hätten. Wie sehr das System darauf gehofft hat, unfriedliche, terroristische Gründe auf Seiten der friedlichen Demonstranten zu „finden", um die Gewalt gegen sie ins Totale wenden zu können, belegt ein Dokument, das im Februar 1990 in der noch existierenden DDR erscheint: M. GÖPFERT: Blätter aus dem Dresdner Herbst 89. Ein Stundentagebuch, in: ndl neue deutsche literatur 2, 38. Jahrgang / 446. Heft / Februar 1990. Göpfert ist einer der „zugeführten" Demonstranten und erlebt für Stunden den Polizeiterror in Gewahrsam. Dort hört er auch „von Gerüchten", die man unter den Polizisten ausgestreut habe: „In der Kreuzkirche hingen Bilder von Polizisten, und Pfarrer riefen zum Töten auf. Oder ein Reservist berichtet, dass ihnen ihr Ausbilder folgende Mitteilung gemacht hätte: ‚Der Dresdner Hauptbahnhof ist zerstört. Die Prager Straße, die Sie alle kennen, existiert nicht mehr. Das NEUE FORUM bewaffnet sich aus Beständen der Staatssicherheit'" (S. 109). Auch: G. REIN: Die protestantische Revolution 1987–1990. Ein deutsches Lesebuch, Berlin 1990. Ebenso: T. RENDTORF (Hrsg.): Protestantische Revolution? Kirche und Theologie in der DDR: Ekklesiologische Voraussetzungen, politischer Kontext, theologische und historische Kriterien, Göttingen 1993, hier vor allem S. 41–78.

aufzählt, sondern vielmehr auf eine tiefengeschichtliche, letzthin transzendierende Lesart des Geschehens zielt, die sich nicht im Spekulativen verliert, wohl aber über historische Konkretionen in Form von Daten, Biografien, politischen Prozesselementen, Machtfaktoren und -konstellationen, die Vergangenheit zu sein schienen, aus dem Untergrund virulente *Gegen*-Geschichte zum Vorschein kommen lässt? Es geht um Ereignisse, an deren eruptivem Auftauchen sich exemplifiziert, was plötzlich als geschichtlich verifizierbares „Heilsgeschehen" gelten kann, um Ereignisse, die gleichsam Benedetto Croces im unaufhaltsamen Progressionsmodus gedachten Geschichtsprozess gegenläufig zurückverweisen auf eben jenen biblischen „Gott" und seine Selbstoffenbarung durch indirekte „Geschichtstaten"[68], den der italienische Historiker und Geschichtsphilosoph in einem expropriativen Deutungsverfahren, einschließlich dessen „Gesetz und Norm", „in die Dinge selbst", „in die Welt verlegt" und damit *unerkennbar* gemacht hatte.[69]

IV

Die geschichtstheologisch relevante *Inkubations*-Linie, die hier gezogen werden soll und kann, reicht, wenn es um den mittelbaren wie unmittelbaren Bezug zur friedlichen Revolution (nicht nur in Deutschland) geht, bis tief in die sechziger Jahre. Sie berührt naturgemäß vor allem die damalige östliche Hemisphäre Europas – jenen Teil des Kontinents also, der seit 1945 unter sowjetischer Hegemonie stand und damit unter der Herrschaft einer jeweils zwar nationalstaatlich eingefärbten, gleichwohl internationalistisch grundierten marxistisch-leninistischen Orthodoxie. Dieses Regime befand sich nicht nur in einem scheinlogischen permanenten ideologischen Abwehrkampf gegen die

---

68 W. PANNENBERG: Dogmatische Thesen zur Lehre von der Offenbarung, in: W. PANNENBERG (Hrsg.): Offenbarung als Geschichte, Göttingen 1970, S. 91–114.
69 B. CROCE: Geschichte Europas im Neunzehnten Jahrhundert, Frankfurt am Main 1979, S. 11.

„bürgerliche Gesellschaft" des Westens, sondern damit auch gegen deren mentale, habituelle und institutionelle „Restbestände"[70] im eigenen Machtbereich. Der hier virulente jakobinische Antriebskern der bolschewistischen Bewegung aus den Untiefen der exzess-atheistisch, das heißt radikal christentums- und kichenfeindlich getränkten französischen Aufklärung zielte von Anfang an darauf ab, im Rahmen einer geschichtsteleologischen Endlösung, wie schon in der Impuls-Revolution von 1789, sämtliche christlichen respektive religiösen Erscheinungen innerhalb und außerhalb der verfassten Kirchen zu eliminieren, um ihren gesellschaftspolitischen Einfluss im Rahmen antinormativer Generalbereinigung ein für allemal auszumerzen.[71] Am radikalsten hatte sich das im Vernichtungsfuror der Bolschewiki unter Lenin und Stalin zwischen 1918 und 1930 gezeigt[72], weil der Bürgerkrieg um die totale politische Macht nach dem Sieg über die alte Ordnung im Kern *nichts* war gegen den Kampf um die Seelen der Menschen, der nur dann zum proklamierten „Neuen Menschen"[73], dem säkularisierten *Genesis*-Projekt aller Totalitä-

---

70 Noch im „Programm der Kommunistischen Partei der Sowjetunion" aus dem Jahre 1961 findet sich im Abschnitt „V. Die Aufgaben der Partei auf dem Gebiet der Ideologie, Erziehung, Bildung, Wissenschaft und Kultur" das Eingeständnis: „Doch auch nach dem Sieg der sozialistischen Ordnung erhalten sich im Bewusstsein und Verhalten der Menschen Überreste des Kapitalismus, die die Vorwärtsbewegung der Gesellschaft hemmen.", in: Programm und Statut der Kommunistischen Partei der Sowjetunion Angenommen auf dem XXII. Parteitag der KPdSU Oktober 1961, Berlin 1961, S. 110.

71 Vgl.: W. MARKOV/A. SOBOUL: 1789 Die Große Revolution der Franzosen, Berlin 1989, S. 317–323.

72 Vgl. H.-J. TORKE: Historisches Lexikon der Sowjetunion 1917/22 bis 1991, München 1993, S. 230–233; auch: R. PIPES: Die russische Revolution Band 3: Russland unter dem neuen Regime, Berlin 1993, S. 545–594. Pipes spricht in diesem Zusammenhang resümierend von „Prüfungen, wie sie bislang noch von keiner Kirche zu bestehen waren".

73 Vgl. J. BABEROWSKI: Verbrannte Erde. Stalins Herrschaft der Gewalt, München 2012, S. 132–154. Baberowski abschließend dazu: „Die bolschewistische Kulturrevolution war ein Versuch, einen Menschen zu schaffen, dem das über-

ren, werden konnte, wenn ihm der *alte* ebenso konsequent wie erbarmungslos ausgetrieben worden war. Schon in den zwanziger und dreißiger Jahren erschienen zahlreiche Reiseberichte westlicher Schriftsteller, Journalisten und Publizisten, die diese abstrakte Schreckensnachricht in konkrete Bilder übersetzten, so auch in einem Buch der sozialdemokratischen Politiker Herbert und Elsbeth Weichmann:

> „Geschick, Propaganda und brutale Gewalt, mit denen dieser Kampf gegen die Kirchen durchgeführt wurde, haben es erreicht, das Klerus, Orthodoxie und religiöse Empfindungen als gesellschaftliche Kräfte ausgeschaltet sind. Die Kirchen sind geschlossen und die Popen zu deklassierten Elementen erklärt, die heute als Geächtete umherziehen müssen. Die Heiligenbilder sind entfernt, zu Museumszwecken verwendet oder als Gerümpel eingelagert, der Reichtum der Kirchen ist konfisziert. Dem Fremden begegnen heute überall nur mehr Reste einer religiösen Machtgestaltung. In Moskau, der Stadt mit den tausend Zwiebeltürmen, die noch immer die thronende Last prunkvoller kirchlicher Machtentfaltung krönt, sind die dicken Köpfe der Kirchen von unten her ausgehöhlt. Die großen Kirchen stehen leer. [...] Die Religion ist mit diesem Untergang ihrer repräsentativen Häuser selbstverständlich noch nicht völlig ausgerottet. In den kleinen Kapellen, die versteckt in den Straßen der großen Städte liegen, sieht man noch angesteckte Lichter, manchmal eine kleine betende Gemeinde, manchmal einen einsamen Popen. Auch im Stadtbild tauchen noch Popen auf, in Vollbärten und den bekannten langen Popenmänteln, die bis zur Unkenntlichkeit zerschlissen und verschmutzt sind. Sie leben, da ihnen kein Lebensmittelbuch vom Staat gegeben wird, von den Spenden der Gläubigen. Wie groß die Zahl der Gläubigen ist, vermag heute niemand mehr festzustellen. Sie sind vornehmlich auf dem Lande und in der alten Generation zu finden, soweit sie noch ihre Gläubigkeit zu offenbaren wagen."[74]

---

kommene Leben nichts mehr galt, der sich der neuen Ordnung ganz verschrieb, familiäre und religiöse Bindungen abwarf und sich als Individuum aufgab. Dieser Mensch besiegte den Feind, der in ihm wohnte, er arbeitete an sich, um alles Fremdartige aus sich herauszubrennen. Am Ende dieses Prozesses der Selbstwerdung stand der neue Mensch. Der neue Mensch vergaß" (S. 132).

74 H. und E. WEICHMANN: Alltag im Sowjetstaat. Macht und Menschen.

Allerdings brachen ausgerechnet an diesem spirituellen und damit letztlich verborgenen Punkt des Problems das Ausrottungskonzept und seine Generalintention, einen vergöttlichten Menschentypus in den Rahmen des klassenlosen Paradieses hinein zu züchten,[75] notfalls mit Genickschuss und Sklavenstatus in tödlichen Arbeitslagern, insofern zusammen, als die institutionell, kirchenräumlich und gemeindestrukturell zum besagten Zeitpunkt fast vollständig eliminierte Russisch-Orthodoxe Kirche quasi über Nacht wieder gebraucht, ja im Sinne des Wortes *notwendig* und deshalb ohne weitere Zeitverzögerung, wenn auch in scharf begrenztem wie kontrolliertem Maße, reaktiviert wurde. Hier trifft offenbar besonders sichtbar zu, was Calvin, auf den Zustand der Kirche seiner Zeit gemünzt, zugleich in eine fundamentale *Lazarus*-Ekklesiologie verwandelte:

> „Obwohl die Kirche zur Zeit kaum zu unterscheiden ist von einem toten oder doch invaliden Manne, so darf man doch nicht verzweifeln; denn auf einmal richtet der Herr die Seinigen auf, wie wenn er Tote aus

---

Wollen und Wirklichkeit in Sowjet-Rußland, Berlin 1931, S. 100/01; vgl. auch: T. DREISER: Sowjetrussland, Berlin/Wien/Leipzig 1929, S. 267–292, H. PÖRZGEN: Land ohne Gott. Eindrücke einer Rußlandreise, Frankfurt am Main 1936, A. GUSTAFSON: Die Katakombenkirche, Stuttgart 1954; eine berühmte literarische Gestaltung des Themas ist E. SCHAPERS Roman: Die sterbende Kirche, Frankfurt am Main 1953. Schaper schrieb ihn im Jahre 1935. Eine instruktive Analyse des Romans findet sich in: U. WOLFF: Der vierte König lebt! Edzard Schaper. Dichter des 20. Jahrhunderts, Basel 2012, S. 84–111.

75 Vgl. T. TETZNER: Der kollektive Gott. Zur Ideengeschichte des „Neuen Menschen" in Russland, Göttingen 2013. Tetzners Arbeit ist die zur Zeit instruktivste Monographie zum Thema; sie ist es aber nicht nur in Bezug auf die Rekonstruktion des Phänomens, behandelt es zuletzt also nicht nur wissensarchäologisch, sondern rückt es am Ende in die Perspektive einer Frage an die Zukunft, über die politisch und damit historisch gescheiterte Version hinaus, der so aber wiederum, in bewusst schöpferisch-provokativer Weise auch als Frage an das Christentum per se ein grundsätzliches moralisches Recht zugesprochen wird. Auch: M. RYKLIN: Kommunismus als Religion. Die Intellektuellen und die Oktoberrevolution, Frankfurt am Main und Leipzig 2008, S. 175–180.

dem Grabe erweckte. Das ist wohl zu beachten; denn wenn die Kirche nicht leuchtet, halten wir sie schnell für erloschen und erledigt. Aber *so* wird die Kirche in der Welt erhalten, dass *sie auf einmal* vom Tode aufersteht, ja am Ende geschieht diese ihre Erhaltung jeden Tag unter vielen solchen Wundern. [...] Das Leben der Kirche ist nicht ohne Auferstehung, noch mehr nicht ohne viele Auferstehungen."[76]

Mit dem Angriff des *antichristlichen* nationalsozialistischen Deutschland auf die *antichristliche* kommunistische Sowjetunion am 22. Juni 1941, dem Beginn einer Art binnentotalitären Armageddons, wurde die Russisch-Orthodoxe Kirche faktisch rehabilitiert. Diese Rehabilitierung fand ihren symbolpolitischen Höhepunkt zwei Jahre später, am 4. September 1943, mit dem Empfang des Patriarchatsverwesers Metropolit Sergi und anderer Bischöfe durch Stalin. Noch am selben Tag des Kriegsbeginns wandte sich „Metropolit Sergei mit einem Sendschreiben an alle orthodoxen Gläubigen und segnete ihr Ringen um die Verteidigung des Vaterlandes. ‚Unsere orthodoxe Kirche', heißt es darin unter Anführung von Beispielen aus der russischen Geschichte, ‚hat stets das Schicksal des Volkes geteilt. Mit ihm durchlitt sie seine Heimsuchungen und freute sich seiner Erfolge. Sie wird auch jetzt ihr Volk nicht im Stich lassen.' Das Wort aus dem Johannesevangelium (15,13): ‚Niemand hat größere Liebe denn die, dass er sein Leben dahingibt für seine Freunde', gelte nicht nur für den, der im Kampf fällt. ‚In einer Zeit, da das Vaterland einen jeden zur Tat ruft, wäre es von uns, den Hirten der Kirche, würdelos, blickten wir nur schweigend auf das, was um uns herum geschieht, ohne die Kleingläubigen zu ermutigen, die Bedrückten zu trösten, die Wankelmütigen an die Pflicht und den Willen Gottes zu erinnern.'"[77] In der Konsequenz bedeutete das für die

---

76 Zitiert nach: W. HAHN: Säkularisation und Religionszerfall. Eine religionsphänomenologische Untersuchung, in: Kerygma und Dogma 5 / 1959, Göttingen 1959, S. 82.

77 H.-D. DÖPMANN: Die Russische Orthodoxe Kirche in Geschichte und Gegenwart, Berlin 1981, S. 262–272.

eben noch so gut wie inexistente Kirche: „Zum ersten Osterfest während des Krieges, im Jahre 1942, hob man das nächtliche Ausgehverbot auf, um die Teilnahme an den Osternachtgottesdiensten zu ermöglichen. Die antireligiöse Arbeit wurde für die Zeit des Krieges eingestellt. Das Leben in den Gemeinden intensivierte sich. Viele Kirchen wurden instand gesetzt, eine Reihe von gottesdienstlichen Gebäuden neu errichtet."[78] Die spektakulärste Szene dieses Beginns einer Wiederauferstehung ist jedoch zweifelsohne das Überfliegen der Frontlinie vor Moskau mit Kampfflugzeugen der sowjetischen Luftwaffe, an deren Bord sich einige der berühmtesten, aber zu jener Zeit seit Langem in musealen Arsenalen verschwundenen russischen Ikonen befanden. Dies geschah im vorausgesetzten Wissen der so überflogenen Soldaten um die spirituelle, also *immaterielle* Kraft der Heiligenbilder, die sich im Vorgang selbst nun sogar räumlich-sichtbar aus der Vertikale ereignete und so im unmittelbaren Moment des Geschehens nicht nur den planen Materialismus des ideologisch herrschenden Systems ungewollt, aber dennoch radikal dementierte, auch seine geometrische Herrschaftslogik, die den Himmel von Gott gesäubert hatte, brach jetzt im Einzelnen, der

---

78 Ebd. Es wäre allerdings verfehlt, in dieser historischen Beobachtung einen tiefergehenden Sinneswandel des Systems dahingehend zu erkennen, dass mit besagter Zäsur die grundsätzliche Problemlage aufgehoben gewesen wäre. Was zu Ende war, war die brutalste Etappe der Verfolgung. Wie die Lage der Russisch-Orthodoxen Kirche noch 1985, dem Jahr des Amtsantritts Michael Gorbatschows als Generalsekretär der KPdSU, war, erschließt der umfassende Bericht „Zur Lage der Rusisch-Orthodoxen Kirche in der Sowjetunion" von I. BELOUSSOWITSCH in der Zeitschrift KONTINENT. Ost-West-Forum Heft 2/1985, Stuttgart/Bonn 1985, S. 6–16. Beloussowitsch' Bilanz zu diesem Zeitpunkt geht davon aus, dass „die Orthodoxe Kirche in der Sowjetunion" nach wie vor „eine Gefangene des atheistischen Regimes ist", allerdings auf einem anderen Existenzlevel als noch Jahre oder Jahrzehnte zuvor, erkennbar zum Beispiel an einer Tatsache wie der, dass die Kirche 1980/81 „die Erlaubnis" erhielt, „eine Reihe religiöser Werke herauszubringen, darunter, zum ersten Mal seit 1917, ein Gebetbuch mit Psalter in einer Auflage von 150 000 Exemplaren".

seinen Kopf in Richtung Ikone erhob, lautlos zusammen, hob sich geradezu auf.[79]

Was sich von heute her in realitäts-*reduktionistischer*, also vordergründiger Manier „einleuchtend" ausdeuten ließe als zutiefst taktisches Verhalten Stalins, des vom christlichen Glauben abgefallenen Priesterseminaristen, bolschewistischen Dauer-Despoten und Hauptverantwortlichen für die massenmörderischen Säuberungsexzesse Ende der dreißiger Jahre, ausgelöst wohl nicht zuletzt durch ein Restwissen, was die Kraftquellen der Seelen des *noch*-alten russischen Menschen betrifft – beispielhaft erfasst in der Figur des Priestermönchs Starez Sossima in Dostojewskis Roman „Die Brüder Karamasow"[80] –, könnte aus der

---

79 Zur Bedeutung der Ikone in Russland vgl. P. FLORENSKIJ. Die Ikonostase. Urbild und Grenzerlebnis im revolutionären Russland, Stuttgart 1988; auch H. FISCHER: Die Ikone. Ursprung – Sinn – Gestalt, Freiburg Basel Wien 1995. Fischer betont, dass die der Ikone zugrunde liegende „ostkirchliche Bilderlehre [. L .]… keine isolierte Theorie" sei, sondern vielmehr „konstitutives Element orthodoxer Christologie und orthodoxen Verständnisses von Gott, Welt und Mensch". Ebenso: M. TAMCKE: Im Geist des Ostens leben. Orthodoxie, Spiritualität und ihre Aufnahme im Westen. Eine Einführung, Frankfurt am Main und Leipzig 2008, S. 15–30. Wie radikal diese Identifikation gedacht ist, vermittelt Tamcke unter Rückgriff auf den bedeutenden russischen Ikonentheologen Fürst Sergej Trubetzkoi, demzufolge „der andächtig Schauende teil" habe „an der Erhebung aller Existenz zur ewigen Essenz, des Seins zum Wesen". Durch diese Teilhabe aber könne er „verwandelt zurückkehren in das Jetzt und Hier. […] In dieser therapeutischen Wirkung der Ikone als Medium des Heils im Unheil" habe schließlich „alles, was in der Volksfrömmigkeit orthodoxer Gläubiger über die Wundermächtigkeit von Ikonen erzählt wird, seinen Ursprung".

80 F. DOSTOJEWSKI: Die Brüder Karamasow, Band I, Berlin und Weimar 1981, S. 471/72. Das sechste Buch des ersten Bandes, „Ein russischer Mönch" überschrieben, enthält im zweiten Abschnitt Alexej Karamasows Berichte aus „dem Leben des in Gott entschlafenen Priestermönchs Starez Sossima, nach seinen eigenen Worten aufgezeichnet". Im Unterabschnitt „b) Von der Heiligen Schrift im Leben des Vaters Sossima" wird Sossima mit den Worten zitiert: „Wer nicht an Gott glaubt, wird auch nicht an Gottes Volk glauben. Wer den Glauben an das Volk Gottes gefunden hat, der wird auch seine Heiligkeit schauen, selbst wenn er bis dahin ganz und gar nicht an sie geglaubt hat. Einzig das Volk und

Perspektive der diesbezüglichen Geschichtsresultante am Beginn des 21. Jahrhunderts durchaus auch als ein erstes starkes Indiz für die *spirituelle Einwirkpotenz* Gottes in den hier eingekreisten *gegenläufigen* Geschichtsprozess selbst gelesen werden. Diese Kraft wiederum hat sich Jahrzehnte später, wenn wir an die gegenwärtige Bedeutung und gesellschaftliche (Wiederher-)Stellung der Russisch-Orthodoxen Kirche im *nachtotalitären* Russland denken, als Glied einer nicht weniger einleuchtenden Beweiskette historischer Forensik entfaltet, entfaltet auf jenen jeweiligen geschichtlichen Prozesspunkt hin, der sich zu einem *Ereignis*-Kristall ins Historisch-Sichtbare verdichtet, für den wir seit den Vorsokratikern den Begriff des *kairós* in Reserve haben. Gerade nicht aber als Terminus zur Mystifikation entsprechender Phänomene, sondern für eine alles erhellende Kraft zur Erkenntnis „temporaler Sinnmomente [...] im Horizont" eines theozentrischen „Zeitverständnisses der *Bibel*"[81], die sich im Medium des kairós gleichsam materialisieren als heilsgeschichtliches *Re*-Konstrukt von in unheilsgeschichtlichen Destruktions-

---

seine künftige geistliche Kraft wird unsere Atheisten bekehren, die sich von der heimischen Erde losgerissen haben. Und wie sollte das Wort Christi nicht Muster und Beispiel geben? Ohne Gottes Wort droht dem Volk Verderben, denn die Seele dürstet nach seinem Wort, dürstet danach, jegliches Schöne in sich aufzunehmen."

81 LThK 5, Freiburg im Breisgau, S. 1129; auch: G. AGAMBEN: Die Zeit, die bleibt. Ein Kommentar zum Römerbrief, Frankfurt am Main 2006, S. 82. Agamben zitiert hier eine kairós-Definition aus dem „Corpus Hippocraticum", die seiner Auffassung nach jene in der Regel angewendete, in der „kairó und chronos als qualitativ heterogene Zeitauffassungen" „korrekt" gegenübergestellt würden, insofern intensiviert, als sie nicht „so sehr die Opposition, sondern die Beziehung zwischen ihnen" herausstellt: „‚der chronos ist das, in dem es kairós gibt, und der kairós ist das, in dem es weniger chronos gibt.'" Worauf Agamben mit seiner bekundeten Präferenz für diese Definition abzielt, ist das darin enthaltene Maß der Verdichtung: „Was wir ergreifen, wenn wir einen kairós ergreifen, ist nicht eine andere Zeit, sondern nur eine zusammengedrängte und verkürzte Zeit. [...] Es ist klar, dass die messianische ‚Heilung' im kairós stattfindet, dieser ist aber nichts anderes als ein ergriffener chronos."

exzessen scheinbar Verlorenem, Vergessenem, Vernichtetem. Zugleich wäre eine solche Lesart nicht zuletzt eine Art Palimpsest, eine jedenfalls offensive Überschreibung jenes in letzter Verteidigungslinie tapfer behaupteten, gleichwohl defensiven Gottesbegriffs, den Hans Jonas *post Auschwitz* ins verzweifelte Theodizee-Gedankenspiel eingebracht hat,[82] um den *Deus absconditus* im Schreckenshorizont der nationalsozialistischen Vernichtungslager einer *Mit*-Vernichtung entkommen zu lassen und damit einem endgültigen Verschwinden aus der Welt seiner Schöpfung und Geschöpfe. Solche Liquidierung bis ins Transzendente der Seele des Einzelnen wie des Ganzen aber trat als Absicht im politischen *Weltneuordnungs*-Telos der Nationalsozialisten[83] nicht weniger offen zutage als in dem der bolschewisti-

---

82 H. JONAS: Philosophische Untersuchungen und metaphysische Vermutungen, Frankfurt am Main 1991, S. 190–208.

83 Vgl. G. HARDER / W. NIEMÖLLER (Hrsg.): Die Stunde der Versuchung. Gemeinden im Kirchenkampf 1933–1945. Selbstzeugnisse, München 1963; auch: K. MEIER: Kreuz und Hakenkreuz. Die evangelische Kirche im Dritten Reich, München 1992; ebenfalls: G. BESIER: Die evangelische Kirche in den Umbrüchen des 20. Jahrhunderts. Gesammelte Aufsätze Band 1, Neukirchen-Vluyn 1994, S. 57–242; dito: W. BENZ / H. GRAML / H. WEISS: Enzyklopädie des Nationalsozialismus, München 1997, S. 544/545. Der Stichwortartikel verweist am Ende darauf, dass auch das Dritte Reich mit Kriegsbeginn seinen antikirchlichen Feldzug zugunsten eines Moratoriums, von Hitler „Burgfrieden" genannt, zurückgestellt hatte, das nach dem Sieg aber wieder aufgehoben werden sollte, sollte dann doch „die Kirchenfrage grundsätzlich im Sinne nat.-soz. neu geregelt werden". D. BONHOEFFER jedenfalls hat diese Perspektive schon im April 1934 mit der ihm eigenen, vollkommen illusionslosen Schärfe erkannt, als er in einem Brief aus London an den Schweizer Erwin Sutz festhielt: „Was in Deutschland in der Kirche los ist, wissen Sie ja wohl ebenso gut wie ich. Der Nat. Soz. hat das Ende der Kirche mit sich gebracht und konsequent durchgeführt. [...] Daß wir vor dieser klaren Tatsache stehen, scheint mir kein Zweifel mehr zu sein. Naive wie Niemöller glauben immer noch die wahren Naz.socialisten zu sein – und es ist vielleicht eine gütige Vorsehung, die sie in dieser Täuschung bewahrt und es liegt vielleicht auch im Interesse des Kirchenkampfes – wenn einen dieser Kirchenkampf überhaupt noch interessiert. Es geht ja schon längst nicht mehr um das, um das es dort zu gehen scheint; die Fronten liegen ja ganz

schen Internationalsozialisten wie im atheistischen Universalismus der Französischen Revolution von 1789. Hier ist vor allem an die flächendeckend terroristische Phase unter der Herrschaft Robespierres zu denken, die mit der Abschaffung der christlichen Zeitrechnung und der rückwirkenden Einführung eines „Revolutionskalenders" im Oktober 1793, der „antichristlichsten Maßnahme der Revolution"[84] schlechthin, sowie dem nur wenige Wochen danach inszenierten „Fest der Freiheit und der Vernunft" in der entweihten Pariser Kathedrale Nôtre Dame, dem im Juni 1794 ein Fest des „Höchsten Wesens" folgte, ihren seriellen Höhepunkt symbolpolitischer Ausrottungsmaßnahmen fand. Was sich hier zeigte, war die zwangsläufige Konsequenz jener aufklärerischen Vernunft-Anbetung, die der Revolutionszeuge und -kritiker Antoine de Rivarol in die Maxime goss: „Die zunächst nutzlose Vernunft entartete […] zur verbrecherischen."[85] Rivarols Zeitgenosse Schiller hat das nicht weniger scharf gesehen und kommentiert, seinen Ekel vor den Pariser „Schinderknechten" in einem Brief an seinen Freund Körner vom 8. Februar 1793 festgehalten. In einem späteren Brief vom 31. Juli 1793 an den Herzog von Augustenburg hob er die beobachtete „Verwilderung" der Triebe in „den niederen Klassen" insofern von der „Erschlaffung" der Kultur in den „zivilisierten Klassen" ab, als er dem „sinnlichen" Menschen attestierte, „nicht tiefer als zum Tier hinabstürzen" zu können, der „aufgeklärte" Mensch aber „bis zum Teuflischen herab" falle, wenn er falle.[86] Schließlich ist hier, was ihren totalitär-annihilierenden Kern betrifft, durchaus auch Horkheimers „Kritik der instrumentellen

woanders." DBW Band 13, Berlin 1990, 127/128. Vgl. auch: T. A. SEIDEL: Im Übergang der Diktaturen. Eine Untersuchung zur kirchlichen Neuordnung in Thüringen 1945–1951, bes. S. 28–59 u. 284–297.

84 W. MARKOV / A. SOBOUL (s. Anm. 71), S. 318/19.

85 A. DE RIVAROL: Vom Menschen. Gedanken und Maximen. Portraits und Bonmots, Berlin 2012, S. 363.

86 Zitiert nach: M. LUSERKE-JAQUI (Hrsg.): Schiller Handbuch. Leben – Werk – Wirkung, Stuttgart/Weimar, S. 413/414.

Vernunft"[87] anschlussfähig bis in die in seinem Spätwerk, wenn auch fragmentarisch und nicht widerspruchsfrei aufscheinende Rückholung des Gottesgedankens als ethisch-moralisch unüberbietbares Normativ: „Ohne Gott als Garanten für ihre Gültigkeit sind die moralischen Gebote selbst – Aberglaube." Denn wenn „es keinen Gott gibt, der befiehlt, dass du deinen Nächsten lieben sollst, und der andere moralische Vorschriften macht, dann besteht kein logisch haltbarer Grund, sich durch andere Motive bestimmen zu lassen als durch das eigene ‚Dasein und Wohlsein'"[88].

Auf das bolschewistische Russland bezogen hat der aus Deutschland stammende Jurist und Philosoph Walter Schubart, der 1941, aus Lettland deportiert, selber im Gulag verschwand, schon in seinem 1938 erschienen Buch „Europa und die Seele des Ostens" die geschichtstheologische Projektion gewagt, dass der antichristliche Furor im Reich der Sowjets, den er als eine adaptierte „russische Gottlosigkeit" versteht und zugleich als „das Kernstück der bolschewistischen Revolution" identifiziert, aus heilsgeschichtlicher Perspektive einen noch ganz anderen Sinn haben könnte: den eines „Ultimatums Gottes an Europa". Jedenfalls werde man darin „ihren welthistorischen Sinn zu suchen haben". Der aber habe „nichts zu tun mit den laut verkündeten Absichten derer, die das Schicksal des Volkes zu lenken glauben, während durch sie ein ewiger Wille seine eigenen Ziele verfolgt". Schubart denkt diese heilsgeschichtliche Pointe im Übrigen – und so schließt sich der Kreis – vor dem Hintergrund der für ihn unbestreitbaren Tatsache, dass diese russisch-bolschewistische Gottlosigkeit ein ideengeschichtliches Importprodukt aus dem Westen Europas ist, genauer noch: aus dem Selbstermächtigungsfundus der französischen Aufklärer und den sich mit dem damit

---

87 Vgl. M. HORKHEIMER: Gesammelte Schriften Band 6: Zur Kritik der instrumentellen Vernunft und ‚Notizen 1949–1969', Frankfurt am Main 1991, bes. S. 27–104.

88 DERSELBE: Gesammelte Schriften Bd. 14: Nachgelassene Schriften 1949–1972, Frankfurt am Main 1988, S. 398.

verbundenen atheistischen Autonomieprojekt legitimierenden Revolutionsführern und -ideologen wie Robespierre oder Hérbert: „Diese Ideen hat Russland aufgegriffen, obwohl sie ganz und gar nicht zur messianischen Seele passen. Trotzdem hat es mit ihnen nicht etwa nur gespielt, sondern in einem Grade ernst gemacht, wie es bisher Europa noch nicht gewagt hat. Der maximalistische Geist der Russen trieb diese Ideen bis zur äußersten Konsequenz *und dadurch widerlegte er sie.* Die bolschewistische Gottlosigkeit enthüllt in ihrer blutigen Sprache die innere Fäulnis Europas und seine verborgenen Todeskeime."[89] Die „verborgenen Todeskeime" aber, die hier gemeint sind, brachen, als wäre die Büchse der Pandora geöffnet worden, in eben jener Revolution von 1789 und ihren theoretischen Vorspielen aus.[90]

---

89 W. SCHUBART: Europa und die Seele des Ostens, Pfullingen 1979, S. 183–185. N. BERDJAJEW spitzte hier aber noch zu, indem er festhielt, er glaube sehr wohl, dass ein genuin „russischer militanter Atheismus – als eine spezifisch russische Erscheinung" existiere, ablesbar an dessen „extreme[m] und scharf ausgeprägte[m] Wortführer", dem „Anarchiste[n] Bakunin". Ebenso sei es mit Lenin gewesen. Aus: N. BERDJAEW: Christentum und Antisemitismus. Das religiöse Schicksal des Judentums, in: KONTINENT Ost-West-Forum 2/1985, S. 31–41. Später wird er allerdings den Quell-Ort, was die kommunistisch-atheistische Beeinflussung Russlands betrifft, dann doch im Rahmen einer ideenpolitischen Geographie unmissverständlich lokalisieren, wenn auch mit ironischem Unterton: „Dem russischen Volk kommt nicht die Ehre zu, den Kommunismus erfunden zu haben. Es hat ihn aus Westeuropa empfangen […] Einer Religion ähnlich, bringt der Kommunismus eine ganzheitliche Weltauffassung mit sich […]. Der Dienst an der gottlosen und antichristlichen Idee des Kommunismus wird von den religiösen seelischen Energien getragen": N. BERDJAJEW: Wahrheit und Lüge des Kommunismus, Darmstadt und Genf 1953, S. 13/14.
90 Vgl. A. DE TOCQUEVILLE: Der alte Staat und die Revolution, München 1978, S. 15–156. Tocqueville nennt die „Irreligiosität" der Franzosen im 18. Jahrhundert „eine allgemeine, eifrige, intolerante oder tyrannische Leidenschaft", die in diesem Ausmaß zur selben Zeit nirgends woanders vorgekommen sei. Die Verblendung der philosophischen und politischen Aufklärer sei so extrem gewesen, dass sie „aus der Gottlosigkeit eine Art Zeitvertreib ihres müßigen Lebens" gemacht hätten. In der Konsequenz habe man „Revolutionäre von einer unbekannten Art erscheinen" gesehen, „die die Verwegenheit bis zur Tollheit

Zahlreiche Zeitzeugen jener Zäsur haben deshalb das Ungeheu-
erliche und seine intellektuelle Voraussetzung in entsprechende
Worte zu fassen versucht, wie auch der Domherr und General-
vikar von Brügge, Louis-Albert Caytan, in seiner Schrift: *An die
emigrierten und deportierten Franzosen* vom 15. Mai 1793:

> „Es ist also da, das große Werk der Philosophie, die monströse Frucht
> der Prostitution der Talente und der Genies, gezeugt im Rausch des
> Hochmuts; genährt vom Auswurf aller Leidenschaften: Ein Schrei des
> Schreckens und der Zerstörung ist aus dem Munde der Gottlosen ge-
> kommen und hat das Weltall erschüttert: keinen Gott mehr, keine
> Könige mehr, einzig die Philosophie [...] Und bei diesen Worten wur-
> den die Altäre geschändet, die Throne umgestoßen. [...] Seit langem
> ist Frankreich zum Schauplatz aller Ausschweifungen und aller Greuel
> geworden. Schmähschriften, in denen Liederlichkeit und Gottlosig-
> keit auf das verlockendste dargestellt werden, überschwemmen die
> Hauptstadt und die Provinzen. Die Philosophen bearbeiten das Volk
> mit allen nur vorstellbaren Mitteln der Verführung. Sie nannten das
> das Volk zur Reife bringen und es auf eine glückliche Revolution vor-
> bereiten; sie hätten sagen sollen: es verderben und der totalen Zerset-
> zung entgegenführen."[91]

Einhundertfünfzig Jahre später, in einer Zelle der nationalsozialistischen Diktatur, wird kein anderer als Dietrich Bonhoeffer
den in Bezug auf die Französische Revolution abendlandkri-
tischen Gedankengang Walter Schubarts, der zu dieser Zeit in
den Katarakten des internationalsozialsozialistischen Lagersys-
tems verschwunden ist, auf seine Weise, aber nicht weniger
konsequent nachvollziehen und zugleich eine noch radikalere
Kritik ihres *gewaltgesättigten* und letztlich nihilistischen Freiheits-
Begriffs konstituieren:

> „Die französische Revolution hat die neue geistige Einheit des Abend-
> landes geschaffen. Sie besteht in der Befreiung des Menschen als ratio,
> als Masse, als Volk. Im Kampf um die Befreiung gehen alle drei mitein-

trieben, die nichts Neues überraschen, kein Bedenken aufhalten konnte und die
niemals vor der Ausführung irgendeines Plans zurückschreckten".
91 Zitiert nach: J.-J. LANGENDORF: Pamphletisten und Theoretiker der Ge-
genrevolution 1789–1799, München 1989, S. 83.

ander, nach erlangter Freiheit werden sie zu Todfeinden. Die neue Einheit trägt also bereits den Keim des Zerfalls in sich. Es zeigt sich weiterhin – und es wird darin ein Grundgesetz der Geschichte deutlich – daß das Verlangen nach absoluter Freiheit den Menschen in die tiefste Knechtung führt. Der Herr der Maschine wird ihr Sklave, die Maschine wird der Feind des Menschen. Das Geschöpf wendet sich gegen seinen Schöpfer – seltsame Wiederholung des Sündenfalls! Die Befreiung des Menschen endet in der Schreckensherrschaft der Guillotine. Der Nationalismus führt unabwendbar in den Krieg. Die Befreiung des Menschen als absolutes Ideal führt zur Selbstzerstörung des Menschen. Am Ende des Weges, der mit der französischen Revolution beschritten wurde, steht der Nihilismus. Die neue Einheit, die die französische Revolution über Europa brachte und deren Krisis wir heute erleben, ist daher die *abendländische Gottlosigkeit*. [...] Sie ist nicht die theoretische Leugnung der Existenz Gottes. Sie ist vielmehr selbst Religion und zwar Religion aus Feindschaft gegen Gott. [...] Mit dem Verlust seiner durch die Gestalt Jesu Christi geschaffenen Einheit steht das Abendland vor dem Nichts. [...] Das Nichts, in das das Abendland hineintreibt, ist nicht das natürliche Ende, Absterben, versinken einer blühenden Völkergemeinschaft, sondern es ist wiederum ein spezifisches abendländisches Nichts, das heißt ein aufrührerisches, gewalttätiges, gott- und menschenfeindliches Nichts. Es ist als Abfall von allem Bestehenden die höchste Entfaltung aller widergöttlichen Kräfte. Es ist das Nichts als Gott; niemand kennt sein Ziel und sein Maß; es herrscht absolut. Es ist ein schöpferisches Nichts, das allem Bestehenden seinen widergöttlichen Atem einbläst, es zu scheinbar neuem Leben erweckt und ihm zugleich sein eigentliches Wesen aussaugt, bis es alsbald als tote Hülle zerfällt und weggeworfen wird. Leben, Geschichte, Familie, Volk, Sprache, Glaube – die Reihe ließe sich ins Endlose fortsetzen, denn das Nichts verschont nichts – fallen dem Nichts zum Opfer."[92]

An diese Erkenntnishöhe vermochte protestantische Theologie der 6oer und 7oer Jahre, vor allem in Westdeutschland, wo sie sich nicht zuletzt den schillernden Facetten einer „Theologie der Revolution" hingab, nicht nur nicht heranzureichen, sie brachte vielmehr durch ihren polit-opportunistisch oder schuld-panisch

---

92 D. BONHOEFFER: Ethik, München 1998, S. 112–119.

motivierten Seitenwechsel alle historischen Befunde wie ideengeschichtlichen und theologischen Kategorien durcheinander und servierte als selbstkritische Erkenntnis ein „fortschrittliches" *mixtum compositum*, das genau jenen Prozess, den Bonhoeffer in der „abendländischen Gottlosigkeit" kulminieren sah, zur demütigen Annahme empfahl und die eigenen unhintergehbaren Gründungsuniversalien in Sachen Menschenwürde wie im Vorbeigehen mit deklassierte:

> „Wir Christen sollten akzeptieren, dass – historisch betrachtet – die Menschenrechtsbewegung vorwiegend neuzeitlich säkular ist und nur zum Teil aus christlichen Motiven mitgespeist wurde und wird. Die Gegnerschaft der Großkirchen gegen die Menschenrechtsbewegung war teilweise historisch kontingent, teils prinzipiell begründet. In Europa erschienen die Menschenrechte historisch als Produkt der kirchenfeindlichen Französischen Revolution und prinzipiell als Ausdruck eines egozentrischen Autonomiewillens, der sich gegen Gott empört und die sozialen Bindungen der Nächstenliebe missachtet. Erst im Zeitalter staatlich organisierter Massenvernichtung und Diskriminierungen erkannten die Großkirchen die eminente Schutzbedürftigkeit der einzelnen Menschen und der Minderheiten gegenüber staatlichen und gesellschaftlichen Autoritäten und bemühten sich um praktische Förderung der Menschen- wie Grundrechte und um deren theologische Interpretation."[93]

Es ist die scheinliberale, tatsächlich aber nur neo-dogmatische Zuordnungs-Unwilligkeit, die ideengeschichtliche Identifikations-Verweigerung, die diesen Vortragstext des schon erwähnten protestantischen Systematikers Heinz Eduard Tödt paradigmatisch sein lässt über den unmittelbaren Anlass hinaus: Die grauenhaften „staatlich organisierten Massenvernichtungen und Diskriminierungen", von denen er spricht, sind ja nichts anderes gewesen als *genuine* Produkte eben jener hemmungslos gewalttätigen wie bewusst gottlosen Revolutionen seit 1789, deren *Ur*-Gestalt mit der Proklamation der Menschenrechte als entscheidender Erzie-

---

93 H. E. TÖDT: Der Spielraum des Menschen. Theologische Orientierung in den Umstellungskrisen der modernen Welt, Gütersloh 1979, S. 99.

hungsmethode die Guillotine zur Praxis brachte: Der zu schaf-
fende „Neue Mensch" konnte nur werden und sein Haupt erheben, wenn der alte *kopflos* in die Grube sank, was hieß: in den
bluttriefenden Korb unter dem Gerüst einer *messerscharf* agierenden Vernunft-Philosophie zum Zwecke der Praxis eines Pro-
gramms der Freiheit, Gleichheit und Brüderlichkeit. Unter dieser
Philosophie wurde der Henker zum Pädagogen und es erscholl
seitdem das Dauergeschrei der zeitlosen Prä-Golgata-Meute, die
sich nun als Revolutionspöbel konstituierte und kostümierte,
um den uralten Mordkanon „Kreuziget ihn!" lediglich in moder-
nem Gewande und anderen Sprachen zu repetieren.

V

Damit ist der Rahmen gespannt, in dem wir die geschichtstheologische Hypothese, in der Friedlichen Revolution von 1989 eine
fundamentale Antwort Gottes auf das 1789 in Ur-Szene gesetzte
Drama gottstürzender, antichristlicher Gewaltrevolutionen zu
erkennen, zum einen auf der Basis von 2. Kor. 3,17 entfalten wollen: „Der Herr ist Geist; wo aber der Geist des Herrn ist, da ist
Freiheit", was, exegetisch ausgeschöpft, zuletzt meint: „Als der
‚Herr des Geistes' schafft er die Verwandlung, d. h. als der Herr,
der über den Geist gebietet und durch den Geist wirkt. Und zwar
ist dieser Vorgang, eben weil der Geist die gegenwärtige Wirklichkeit des Herrn ist, ein schon in der Gegenwart anhebendes
Geschehen."[94] Zum anderen wollen wir besagte geschichtstheologische Voraus-*Setzung*, die sich *systematisch* orientiert an Pannen-
bergs These, dass „Geschichte der umfassendste Horizont
christlicher Theologie [ist]"[95], in der Folge auf einen engeren
Zeitraum fokussieren, der ihre weltverändernden „Fußspuren"
bereits in den 60er und 70er Jahren des vorigen Jahrhunderts

---

94 D. WENDLAND: Das Neue Testament Deutsch 7. Die Briefe an die Korin-
ther, Göttingen 1954, S. 160.
95 W. PANNENBERG: Heilsgeschehen und Geschichte, in: Kerygma und Dogma, 5. Jahrgang 1959, Göttingen 1959, S. 218.

sichtbar werden lässt: „Fußspuren" eines „opferbereiten Optimismus, der nicht auf menschlichen Fortschritt, sondern auf die Fußspuren Gottes auf dieser Erde blickt", wie sie Jesus von Nazareth „auf ihr hinterlassen hat"[96] und die sich von solchem Ausgangspunkt her heute deutlich als Vorspiel zum Endspiel all jener Regime in Europa rekonstruieren lassen, die sich theoretisch wie praktisch als radikal-atheistisch in der Tradition der französischen Aufklärer *vor* 1789 verstanden sowie als konsequente Weiterentwickler der darin wurzelnden Gewaltrevolution *von* 1789. Indem wir zugleich und pointiert auf die personale Dimension des umrissenen Geschehenszeitraumes abheben, verstärken wir dabei den Deutungszugriff des Korintherverses insofern zum beweiskräftigen Indizienverfahren, als der Heilige Geist, das „Pneuma", sich vor geschichtlichen Prozessen dieser Art als *meta*-geschichtlicher Hintergrund erweist, als von dorther auf die Geschichte und ihre Akteure einwirkendes „Prinzip der ‚geschaffenen Gnade' im Herzen des Einzelnen wie als Band der Kirche, also als jene Wirklichkeit Gottes, die als einzige menschlicher Erfahrung zugänglich ist. Ist es so die anonym-mächtige Anwesenheit Gottes selbst in seelisch und sozial greifbarer Weise, wird man [...] mit einer vielfältigen Gegenwart seiner Wirklichkeit rechnen müssen."[97] Im Ganzen bedeutet das:

> „Die bibli[sche] Rede vom G[eist] weiß diese Vielfalt einzubehalten und interpretiert sie als Liebes- und Erkenntnis-, Gegenwarts- und Wandlungsmacht Gottes, die der Schöpfung wie der menschlichen Geschichte als beseelend-treibendes Prinzip eingesenkt ist und diese in (be-)freiender Gnade auf ihren Ursprung hin offen sein lässt. Solcher G[eist] bezeugt sich in der prophetischen Erkenntnis, im unbefangenen Bekennermut zum Ungewöhnlichen, im Ertragen der Ungesichertheit vor Gott, im charismatischen Einsatz für das Volk."[98]

---

96 A. SCHÖNHERR: Horizont und Mitte. Aufsätze Vorträge Reden, Berlin 1979, S. 287–290.
97 P. DINZELBACHER (Hrsg.): Wörterbuch der Mystik, Stuttgart 1998, S. 220.
98 Ebd.

Das Jahr 1968, das hier als eine erste Zeitmarge gesetzt werden soll, ist in die Historie eingegangen als ein Jahr mit janusköpfiger Doppelsignatur: Während im Osten Europas die politischen Veränderungen in der Kommunistischen Partei der ČSSR – vorbereitet durch einen tiefen Konflikt zwischen dem slowakischen und dem tschechischen Landesteil, durch wirtschaftliche Probleme und ihre immer offenere Diskussion in Ökonomenkreisen[99] wie Intellektuellenzirkeln in den Jahren zuvor und final ausgelöst im Herbst 1967 durch unangemessene Polizeiattacken gegen eine harmlose Studentenprozession – zur temporeichen Formierung eines gesellschaftlichen Reformprozesses unter dem geradezu poetischen Namen „Prager Frühling" führten, zeigte sich im Westen Europas, kulminierend in den studentischen Gewaltexzessen des „Pariser Mai" desselben Jahres sowie in analogen Vorgängen zuvor und parallel in Westdeutschland und West-Berlin, aber auch in den sie flankierenden „systemkritischen" und utopie-flimmernden Reflexionsexzessen prominenter Intellektueller aus Universitäten, Medien, Kirchen und Politik, neuerlich die Verführungskraft der „totalitären Versuchung".[100] Sie tarnte sich, in bewährter geschichtsnotorischer Travestie und ebenso wiederholt, als emanzipatorisches Ereignis zur Schaffung eines

---

99 Vgl. R. SELUCKÝ: Reformmodell ČSSR – Entwurf einer sozialistischen Marktwirtschaft oder Gefahr für die Volksdemokratie?, Hamburg 1969. Auch: O. ŠIK: Ökonomie – Interessen – Politik, Berlin 1966. Šiks Studie, die schon 1962 in Prag erschienen war, konnte nur deshalb knapp vier Jahre später im SED-eigenen Dietz Verlag mit der Qualifikation erscheinen: der Autor setze sich „scharf mit vulgärmarxistischen und dogmatischen Entstellungen der ökonomischen Wissenschaft und Praxis auseinander", weil zu diesem Zeitpunkt das vom SED-Vorsitzenden Walter Ulbricht für die DDR kreierte „Neue Ökonomische System der Planung und Leitung", das mit marktwirtschaftlichen Elementen zu Lasten planwirtschaftlicher experimentierte, noch nicht auf Anordnung der sowjetischen Führung abgebrochen worden war. Mit dem Sturz Ulbrichts durch eine politbürointerne Fronde 1971 um Erich Honecker wurden alle diesbezüglich eingeleiteten Prozesse und Überlegungen radikal beendet.
100 Vgl. J. F. REVEL: Die totalitäre Versuchung, Frankfurt am Main / Berlin / Wien 1976.

„Neuen Menschen". Eine populäre Programmschrift jener Zeit, die das reaktivierte innerweltliche Erlösungsmodell in radikaler Frontstellung gegen das Christentum zu entfalten versucht, indem sie dessen behauptetes „Elend" (als „mächtigem Komplicen des Establishments") im gesellschaftlichen Zielprojekt einer „Humanität ohne Gott"[101] auflöst, endet, wie nicht anders zu erwarten, in den entsprechenden Sätzen der „Einleitung zur Kritik der Hegelschen Rechtsphilosophie" von Karl Marx und damit auf dem religionskritischen Niveau all jener kommunistischen Parteiphilosophen, die im System des Warschauer Paktes zu diesem Zeitpunkt, so scheint es jedenfalls, noch unumschränkte Deutungsmacht ausüben, in Prag, Bratislav oder Brünn aber schon zutiefst anachronistisch wirken. Damit zeigt sich ein ideologisches Vexierbild, das allein schon deshalb nicht schwer zu enträtseln war, stammten doch sämtliche Referenzgrößen der antiautoritären Bewegung im Westen, der auch Kahl zugehörte, eben nicht nur aus dem Figuren-Fundus der Französischen Revolution und ihrer intellektuellen Wegbereiter, was einem *wirklich* kritischen Bewusstsein wiederum genügt hätte, den ebenso traditions*destruktiven* wie zukunft*versklavenden* Charakter dieser neuesten westeuropäischen „Emanzipationsbewegung" auf der Stelle zu durchschauen. Man hantierte zwar auch mit der „Dialektik der Aufklärung" von Horkheimer und Adorno, wandte deren Pointe, dass Aufklärung, wenn sie gesiegt habe, „totalitär" sei, aber nur *eindimensional* an, lediglich ausgerichtet auf die kapitalistische Gegenwart amerikanischer Fasson. Vor allem aber wurden die massenmörderischen Schüler Robespierres im 20. Jahrhundert, Lenin, Stalin und Mao, für den eigenen „Kampf" gegen das „reaktionäre Alte" requiriert und deren menschenfeindlichen Texte und Bücher wie heilige Schriften nicht nur

---

101 Vgl. J. KAHL: Das Elend des Christentums oder Plädoyer für eine Humanität ohne Gott, Reinbek bei Hamburg 1968. Allein zwischen November 1968 und Dezember 1977 wurden von dieser Programmschrift aus der populären Taschenbuch-Reihe „rororo aktuell" 120 000 Exemplare verkauft.

millionenfach in Umlauf gebracht, kritiklos gelesen und scholastisch diskutiert, sondern nicht zuletzt als Anleitungen zum Handeln verstanden: „Das Rote Buch" Maos[102], auch „Mao-Bibel" genannt, war *das* Brevier der Bewegung. In Prag aber zeigten zur selben Zeit die Uhren in die entgegengesetzte Richtung, sichtbar an jener schon erwähnten Studentenprozession im Oktober 1967 im Prager Studenten-Viertel Strahov, die für vieles, was wenige Monate später in Form von TV-Bildern um die Welt ging, wie eine Initialzündung wirkte. Was war geschehen? Und was löste das Ereignis, in die Zukunft gerichtet, mit aus?

Die Geschichte ist heute, geht es um besagte Auslöserfaktoren jenes politischen Reformprozesses im Jahre 1968, den wir „Prager Frühling" nennen, so gut wie aus dem historischen Bewusstsein verschwunden. Dabei ist sie mehr als nur eine Anekdote am

---

102 Vgl. Das rote Buch. Worte des Vorsitzenden Mao Tse-tung, Frankfurt am Main 1967. Tilemann Grimm, der Herausgeber des Buches, das im renommierten S. Fischer Verlag erschien, gewinnt dem zentralen Legitimations-Dokument eines der blutigsten Beispiele in der Geschichte totalitärer Revolutionen, entsprechend dem Zeitgeist, in seinem Vorwort erstaunliche, fast sakrale Facetten ab, die, wie man schon damals wissen konnte, haarscharf an jeder Wirklichkeit im China des kommunistischen Massenmörders Mao Tse-tung vorbeigingen: „Das hier vorliegende Buch ist das ‚rote Buch' der chinesischen ‚Kulturrevolution'. Zuerst in der Armee, später in den breiten Massen des chinesischen Volkes verbreitet, ist es dieses Buch, das wir so oft schon in den Fernsehbildern und auf Zeitungsseiten gesehen haben, aus dem die jungen Rotgardisten unermüdlich Aussprüche des großen alten Mao rezitieren, indem sie kurz und abgehackt bestimmte Devisen hinausschmettern oder nach Art eines liturgischen Responsoriums längere Passagen im Chor sprechen. […] Was also ist ‚Kulturrevolution' und was will sie? Die Chinesen nennen sie selber mitunter ‚die große Revolution der Kultur'. […] Schlagworte wie ‚Wagen und Gewinnen!', ‚Geschlossenheit', ‚Disziplin' sollen die Massen erneut zu rückhaltloser Einsatzbereitschaft führen. Nur so, glaubt Mao, kann China groß und mächtig werden und die Menschheit ihr großes Ziel, die goldene Zeit des allgemeinen Kommunismus, erreichen. Die Menschheit ist gemeint, sie muß davon Kenntnis nehmen" (S. 7–14).

Rande, weil sie einen ersten innerparteilichen Umsturzschritt zur Ablösung des damaligen Staatspräsidenten der ČSSR Antonín Novotný als Parteichef der KPČ und Garant ihres orthodoxen Flügels mitbeförderte, indem sie das seit Jahren sich stetig füllende innerparteiliche Fass der Kritik an ihm und den von ihm personifizierten neostalinistischen Beharrungskräften zum Überlaufen brachte. Zum anderen aber wirkt sie in der sie charakterisierenden Protest-*Gestalt*, selbst in der ironischen Brechung, die zunächst fast einer Schwejkiade gleichkommt, wie die Urszene jener über zwei Jahrzehnte später erfolgten friedlichen Revolution der Kerzen in Ost-Berlin und zahlreichen weiteren Städten und Orten der SED-Diktatur. Der tschechische Intellektuelle und damalige Reformkommunist Jan Procházka hat sie seinerzeit in einer seiner vielen Zeitungskolumnen unter der Monatsangabe „Februar 1968" für immer aufbewahrt:

„Wie das interne Bulletin des Hochschulkomitees des Jugendverbandes berichtete, ging am 31. Oktober 1967 wieder einmal das Licht auf dem ganzen Areal der Strahower Studentenheime aus. Aus allen Blocks drang Lärm. Dann kamen aus einem Gebäude Studenten mit Kerzen heraus und marschierten über das Gelände. Andere, die zuerst nur aus den Fenstern gesehen hatten, schlossen sich ihnen an, im Handumdrehen waren es ungefähr tausend. Die Burschen und Mädchen riefen: ‚Wir wollen Licht! Wir wollen studieren!' Also im Grund konstruktive Gedanken. Fast unwahrscheinlich! […] Die jungen Leute zogen dann in Richtung Dlabačov. Einerseits in der Absicht, auf ihre Lage aufmerksam zu machen, andererseits aus angeborenem Sinn für Ulk […] Natürlich erfuhr die Polizei vom Marsch der Studenten. Sie war erstaunlicherweise rechtzeitig zur Stelle. In der Nerudagasse schnitt sie den mit Kerzen bewaffneten Demonstranten den Weg ab und begann mit denen, die vorne standen, zu reden. Bis hierhin war alles in vollkommener Ordnung."

Doch dann sei ein Durcheinander entstanden:

„Die am Rande des Zuges wollten vielleicht zurückweichen, sie mochten tatsächlich gezögert haben, doch von hinten drängte die Menge nach vor. Angeblich waren auch staatsfeindliche Rufe zu hören. […] Doch niemand behauptete – nicht einmal der Bericht der Ministerkommission erwähnt es –, die Demonstration habe staatsfeindlichen Charakter gehabt."

Es habe sich „um das Schreien einzelner" gehandelt, denn selbst dem Sozialismus könne es passieren, „nicht von allen geliebt zu werden". In der Folge beschreibt der Autor, dass es zwar auch zum Einsatz von Schlagstöcken und Chemikalien gekommen sei, dass es Verletzte gegeben hätte, letztlich jedoch habe es keine Anwendung alter Machtmittel gegeben, „keine Säuberungen, Relegierungen und Schikanen, jedenfalls nicht in allzu großem Maßstab", und das sei immerhin „ein Fortschritt".[103]

Der Philosoph und Journalist Ludvík Veselý, von 1967 bis August 1968 auch stellvertretender Chefredakteur der legendären Zeitschrift „Literární listy", beschreibt später dieselbe Szene und das, was sie hinter den Kulissen der Macht ausgelöst hat, nicht nur schärfer, auch umfassender:

> „Am 31. Oktober, einem recht kühlen Tag, streikte wieder einmal nicht nur die Heizung, sondern es ging auch noch das Licht aus. Und da hatte jemand den genialen Einfall: Kommt, lasst uns Kerzen und unsere Gitarren nehmen und auf die Straße gehen, vielleicht hilft das etwas, vielleicht lässt wenigstens dann jemand die Sache in Ordnung bringen. Der Umzug war eher ein Studentenklamauk als eine Demonstration im politischen Sinne. Das war sogar den ersten Polizeiabteilungen klar, die dem Umzug Einhalt gebieten sollten. Die Offiziere ließen sich erklären, warum Rufe wie ‚Wir wollen Licht!' und ‚Es werde Licht!' skandiert wurden, sie machten die jungen Leute darauf aufmerksam, dass ein solcher Umzug angemeldet werden müsste, und rieten ihnen, doch lieber auseinanderzugehen."

So geschah es. Aber dann habe „ein diensteifriger Spitzel in die Geschichte" eingegriffen und den Leiter der Militär- und Sicherheitsabteilung im Sekretariat des Zentralkomitees, General Miroslav Mamula, angerufen, der wiederum den schon angeschla-

---

103 J. PROCHÁZKA: Solange uns Zeit bleibt, Recklinghausen 1971, S. 196–201.

genen Partei- und Staatschef Antonín Novotný auf der Prager Burg erreichte:

> „Novotný, der noch unter dem Eindruck seines Misserfolgs bei der Sitzung des Zentralkomitees stand und gerade dabei war, seine Getreuen zu mobilisieren, explodierte: ‚Schont das Gesindel nicht, schlagt es zusammen!' Zum Schauplatz der ‚Demonstration', die bis dahin ruhig, mit Gesang und Jux verlaufen war, wurden nun Polizeischüler gebracht, Leute, die nach streng klassenpolitischen Maßstäben ausgesucht waren und auf Grund ihrer Schulung auf alle Intellektuellen mit Verachtung, Haß und Argwohn herabblickten. Sie führten den erteilten Befehl denn auch besonders eifrig und freudig aus, Sie schlugen die Studenten und Studentinnen mit ihren Schlagstöcken zusammen, spritzten Tränengas ins Gesicht, malträtierten sie mit Fußtritten. Die zukünftige Intelligenz war mit brennenden ‚Kerzen' bewaffnet auf die Straße gegangen, die Polizisten machten mit Knüppeln und Gas auf sie Jagd."[104]

Dennoch löste genau dieses *gewaltsame* Vorgehen endgültig aus, was es verhindern sollte: den Sturz Novotnýs und seiner innerparteilichen Phalanx neostalinistischer Genossen. Der *geistige* Spielraum, bedeutet dies zuletzt, war zum Zeitpunkt des Geschehens in Prag schon im ganzen Land, also in Böhmen, Mähren und der Slowakei, ein erstaunlich weit geöffneter, auch innerhalb der kommunistischen Partei. Und wer genauer hinsah, konnte auch schon die Etappenstruktur darin erkennen, bestehend aus individuellen wie gruppendynamischen Erscheinungen, konkretisiert in Kongressen und Publikationen, ein Ensemble von Orten und Namen, an und mit denen sich *Geist* manifestiert: ein Geist, der *Gegen*-Geist ist zum herrschenden Un-Geist und damit unterströmig Geschichte macht als *friedlich* grundierte *Gegen*-Geschichte zur oberflächlich scheinbar immer noch unangefochten triumphierenden gewaltsamen.

Bereits im Mai 1963 jedenfalls erfährt die europäische Welt von der aufregenden Tatsache einer internationalen Konferenz im Liblice zu Ehren des 80. Geburtstages Franz Kafkas, ausge-

---

104 L. VESELÝ: Dubček. Biographie, München 1970, S. 266/267.

richtet von diversen Instituten der Tschechoslowakischen Akademie der Wissenschaften, der Philosophischen Fakultät der Prager Karlsuniversität und dem Tschechoslowakischen Schriftstellerverband. In ihrer kurzen Eröffnungsansprache wird die greise Schriftstellerin Marie Majerová, deren Romane lange als „Muster der tschechischen sozialistischen Epik"[105] galten, dem von kommunistisch-orthodoxer Seite eben noch mehr oder weniger als dekadenter, nihilistischer Mystiker geschmähten weltberühmten Autor nicht nur eine „uferlose, komplizierte Phantasie" bescheinigen, sondern ihn auch als einen „einzig dastehenden und unnachahmlichen Dichter" qualifizieren, der es vermochte habe, „mit dem Gehirn" zu fühlen.[106] Der österreichische Marxist und Literaturwissenschaftler Ernst Fischer aber geht in seinem Beitrag auf derselben Konferenz die offiziell immer noch gültigen kultur-ideologischen Dogmen des Systems im Allgemeinen wie zu Kafka im besonderen nicht nur frontal an, er hebelt sie am Beispiel der Literatur des Geehrten mit einem ebenso apodiktischen wie sarkastischen Kraftakt regelrecht aus:

> „Kafka ist ein Dichter von größter Aktualität. Ist er ein Realist? Viele Marxisten erwidern, er sei es nicht. Ich neige nicht dazu, große Dichter in eine Rubrik hineinzuzwängen. In nominalistischer Terminologie möchte ich sagen: Gott schuf die Dinge, der Teufel die Rubriken. In Rubriken passt nur das Mittelmäßige; das Ungewöhnliche sprengt sie. Die Behauptung, Kafka sei kein Realist gewesen, provoziert sofort die Frage – Was ist Realismus? Was ist Wirklichkeit?"[107]

Aus solchem Grund begreift die SED-Propaganda später eben diese Kafka-Konferenz als den Beginn des „konterrevolutionären" Prozesses in der ČSSR, kulminierend im so genannten „Prager Frühling", der am 21. August 1968 in einem konzertierten

105 HARENBERGS LEXIKON DER WELTLITERATUR: Autoren – Werke – Begriffe Band 3, Dortmund 1989, S. 1873.
106 M. MAJEROVÁ: Eröffnungsansprache, in: Franz Kafka aus Prager Sicht, Berlin 1966, S. 9.
107 E. FISCHER: Kafka – Konferenz, (s. Anm. 106), S. 158.

Gewaltakt von Truppen aus fünf Staaten des Warschauer Paktes abgebrochen und zerschlagen wird. Tatsächlich tauchen Konferenzteilnehmer wie Eduard Goldstücker, Jiři Hájek oder Ivan Sviták unter den führenden Intellektuellen der kurzen, aber radikalen Reformära zwischen Januar und August 1968 als prominente und einflussreiche Figuren wieder auf. Für das zum Zeitpunkt der Konferenz bereits existierende Ausmaß geistiger Offenheit in der Tschechoslowakei kann gerade auch der Beitrag des Philosophen Ivan Sviták im Liblicer Forum als beispielhaft herangezogen werden, wenn er mit ihm, öffentlich reflektierend in einer ans *Theologische* grenzenden, im offiziellen philosophischen oder literaturwissenschaftlichen Jargon der DDR bis an ihr Ende aber vollkommen unzulässigen Weise feststellt:

> „Kafka ist ein philosophierender Dichter. Sein ganzes Werk ist ein Gedicht, ähnlich wie das Werk von Proust oder Joyce [...] Kafkas Werk ist als philosophisches Gedicht in dem Sinne konzipiert, dass es ein Zusammentreffen des Menschen mit dem Rätsel der eigenen Existenz ist, dass eine Proklamation der Überzeugung vom Sinn der Welt und des Menschen darstellt, dass es nicht auf rationalistischem, konstatierendem Wissen begründet ist [...] Kafkas Mensch ist in Grenzsituationen dargestellt, die unmittelbar an die Grundsituationen des Menschen rühren, die die Transzendenz des Rätsels indizieren, in Situationen, die zu beschreiben schwer möglich ist, aber die man erklären kann, wenn man die Augen vor ihnen nicht verschließt. Existieren heißt, um den Menschen, um sich in Grenzsituationen des Todes, des Leids, des Kampfes, der Sünde, der Angst kämpfen. Diese Situationen lassen nämlich den Menschen selber fraglich erscheinen, sie enthüllen die antinomistische Struktur des menschlichen Seins, die Haft der Freiheit und Unfreiheit, des Wertes und der Wertlosigkeit, der Kommunikation und der Einsamkeit."[108]

Ähnlich freies öffentliches Reflektieren und Sprechen findet sich auch in weiteren Werken tschechischer, sich noch als Marxisten verstehender Philosophen dieser Ära, so in Karel Kosiks „Dialek-

---

108 I. SVITÁK: Kafka – ein Philosoph, ebd., S. 88–90.

tik des Konkreten"[109] oder Vítězslav Gardavský „Gott ist nicht ganz tot".[110] Beide Titel, die nur wenig später auch in der Bundesrepublik Deutschland erschienen, letzteres in einem theologischen Verlag und versehen mit einem Vorwort von Jürgen Moltmann, brechen auf spektakuläre Weise mit der ideologischen Phraseologie des Systems, ja, sie fordern sogar Diskurspositionen im Westen Europas sowie in Amerika heraus, wird dort doch in theologischen Kreisen inzwischen das glatte Gegenteil konstatiert und, daraus abgeleitet, eine sogenannte „Gott-ist-tot-Theologie"[111] kreiert. Andere, einschließlich des Ökumenischen Weltrates der Kirchen, experimentieren, sonst jeder tradierten Geschichtstheologie so gut wie abhold, inzwischen mit einer „Theologie der Revolution",[112] in der die Rolle der Gewalt im jeweiligen revolutionären Prozess nicht nur kaum kritisch reflek-

---

109 Vgl. K. KOSIK: Dialektik des Konkreten. Eine Studie zur Problematik des Menschen in der Welt, Frankfurt am Main 1967.

110 Vgl. V. GARDASKÝ: Gott ist nicht ganz tot. Ein Marxist über Religion und Atheismus, München 1971.

111 Vgl. D. SÖLLE: Stellvertretung. Ein Kapitel Theologie nach dem ‚Tode Gottes', Stuttgart 1982. Eine Spezialstudie zum amerikanischen „Gott-ist-tot"-Theologen Thomas Altizer und dessen „christlichen Atheismus" hat Ende der 70er Jahre G. BORNÉ vorgelegt: Christlicher Atheismus und radikales Christentum. Studie zur Theologie von Thomas Altizer im Zusammenhang mit Ketzereien der Kirchengeschichte, der Dichtung von Wiliam Blake und der Philosophie von Georg Friedrich Wilhelm Hegel, München 1979. Einen knappen, aber instruktiven und weiterführenden Überblick gibt im Zusammenhang: J. SPERNA WEILAND: Orientierung. Neue Wege in der Theologie, Hamburg 1968, besonders die S. 107–139, auf denen es zum einen um die amerikanischen Vorläufer P. van Buren, C. Michalson, G. Winter und H. E. Cox geht, zum anderen um die entschieden vom „Tod Gottes" sprechenden W. Hamilton, T. Altizer und D. Sölle.

112 Vgl. T. RENDTORFF / H. E. TÖDT: Theologie der Revolution. Analysen und Materialien, Frankfurt am Main 1970. Zur Spezifik einer „Theologie der Revolution" am konkreten Beispiel vgl. auch: E. HOCHMANN / H. R. SONNTAG: Christentum und politische Praxis: Camilo Torres, Frankfurt am Main 1969.

tiert wird, sondern vor dem Hintergrund sozialökonomischer Verwerfungen und Ungerechtigkeiten insbesondere in Südamerika mit Hilfe marxistischer Kategorien und Formeln Anwendungs-*Legitimation* erfährt. Einer „parteiliche[n] Analyse" seines Reflexionsobjektes „Südamerika" mit der Tautologie, „weil sie parteilich sein muß"[113], das Wort redend, proklamiert der seinerzeit an der Universität Münster lehrende systematische Theologe Trutz Rendtorff Verfahren und Ziel einer solchen Analyse:

> „Das Zusammenspiel von Situationsanalyse und theologischer Deutung ist ein zwar umstrittenes, aber aufschlussreiches Kapitel aller Geschichtstheologie. Es scheint um so eher zu gelingen, je stärker die Analyse auf soziale Bewegungen stößt, die im politischen Untergrund bereits gewissen Veränderungen indizieren, die dann in der Sprache einer revolutionären Theologie zum Ausdruck gebracht werden. [...] Kritische sozialwissenschaftliche Analyse gehört darum zu den Voraussetzungen im Aufbau revolutionärer Theologie. [...] Aus solcher Analyse aber speist sich das wichtige Argument, dass Demokratie und liberaler Fortschritt aus dem Vorhandenen heraus nicht möglich sind, dass eine explosive revolutionäre Situation habe entstehen müssen. [...] Es ist dieser Endzustand, nachdem alle Möglichkeiten, auch die demokratischen und liberalen, durchgespielt sind, der eine grundlegende Änderung fordern lässt, für die Revolution den Namen gibt. Die anhaltende Beunruhigung aber wird auf ein anderes Niveau gehoben, wenn sie nicht mehr auf die Auseinandersetzung mit den bestehenden Möglichkeiten bezogen wird, sondern das Ende solcher Versuche durch die Proklamation eines neuen Anfangs ausspricht."

Was darunter *konkret* zu verstehen ist, verschweigt Rendtorff wiederum ganz und gar nicht, sondern eröffnet an paradigmatisch gedeuteten geschichtlichen Beispielen die politische Perspektive, zu der am historischen Ort des zitierten Geschehens allerdings nicht nur die systematische Unterdrückung von Kirche und Christentum gehört, sondern im älteren Falle von beiden

---

113 T. RENDTORFF: Der Aufbau einer revolutionären Theologie. Eine Strukturanalyse, in: T. RENDTORFF / H. E. TÖDT: Theologie der Revolution. Analyse und Materialien, Frankfurt am Main 1970, S. 44–47.

auch noch der Versuch ihrer totalen Ausrottung. Aber Rendtorff, ideologisch verblendet, „weiß" und „sieht" nur eines:

> „Hier greift ein die Lehre vom großen ‚Erwachen des sozialen Gewissens'. Dieses verbindet sich mit zwei Daten, dem Jahre 1920, wo die Wirkungen der russischen Oktoberrevolution und des europäischen Sozialismus spürbar werden, und dem Jahre 1959, der Kubanischen Revolution. Neben die Analyse der materiellen, sozialern und politischen Strukturen Lateinamerikas […] muß darum eine solche der sozialen Erweckungsbewegung treten, die das aktuelle Material für die Theologie der Revolution liefert."

Den offensichtlichen Widerspruch im Nutzungskonzept des historischen Stoffes löst Rendtorff, unter Zuhilfenahme einer Untersuchung des Argentiniers Mauricio Lopez, mit der ins Globale gewendeten Conclusio auf: „‚Was in Lateinamerika geschieht, ist Teil einer Revolution von weltweiter Dimension.' Und dies bedeutet auch, dass die Menschheit sich anschickt, ihre ‚Bindungen an metaphysische oder religiöse Vormundschaft zu lösen', und Jesus Christus in ‚Gesellschaft und Geschichte' zu entdecken."[114] Auch Rendtorff bewegt sich zu diesem Zeitpunkt, wie Dorothee Sölle und andere, also nirgendwo anders als auf der Ebene der „antichristlichen Möglichkeit" eines politisierten Christentums.

Die Intellektuellen in der ČSSR dagegen, insonderheit die Dichter, Philosophen und Literaturwissenschaftler, nicht zuletzt auf dem IV. Kongress des Tschechoslowakischen Schriftstellerverbandes im Juni 1967 in Prag, darunter der Dramatiker Václav Havel, der zwei Jahrzehnte später, im Zuge der „samtenen Revolution", der erste freiheitliche Präsident der Tschoslowakei werden wird, entwerfen durch ihre Praxis nicht nur das Modell einer friedlichen, das heißt „kontrollierten Revolution"[115], die den *freien Diskurs* als revolutionäre Methode einübt, indem sie ihn ris-

---

114 Ebd., S. 49.
115 Vgl. J. MAXA: Die kontrollierte Revolution. Anatomie des Prager Frühlings, Wien/Hamburg 1969.

kiert; sie entfalten zugleich in einer ersten sichtbaren Stufe über die Grenzen des Landes hinaus jenen politischen Prozess, der die Welt sehr bald von einem „Sozialismus mit menschlichem Gesicht"[116] sprechen lässt. Weder die kubanische, noch die chinesische Gewaltrevolution und schon gar nicht die russisch-bolschewistische sind ihnen, wie bald von den 68er-Führern Rudi Dutschke und Daniel Cohn-Bendit oder führenden Revolutions-Intellektuellen wie Hans Magnus Enzensberger empfohlen, Vorbild. Was sie vorbereiten und sich nur wenige Monate später als eine politisch-moralische Zäsur zeigt, die vor allem revolutionsphänomenologisch Epoche machen wird im Sinne einer *gewaltfreien* Umwälzung gesellschaftlicher Repressionsstrukturen, charakterisiert sich durch die fundamentale ethische Differenz im Vergleich zu allen Umsturzdiskursen zur selben Zeit auf westlichen Kathedern und Kanzeln, in westlichen Medien und Parteien sowie zur entsprechenden Protestpraxis auf den Straßen und Plätzen der großen Städte Westeuropas, die zu Selbstdarstellungsbühnen einer ebenso hedonistischen wie gewalttätigen Studentengeneration werden, einer Generation übersatter Bürgerkinder, wie der linke Filmregisseur und Dichter Pier Paolo Pasolini nicht müde wurde zu betonen. Sie habe nicht den geringsten Grund gehabt, auf diese Art politisch in Erscheinung zu treten. Einer der schärfsten Kritiker der Studentenbewegung und ihrer ideologischen Referenzgrößen in Deutschland war der Schriftsteller Günter Grass, der nicht nur das Pasolinische Diktum variiert, indem er im Vorwort zu einem „Nachruf auf den SDS" schreibt: Es könne „nicht wundernehmen, wenn besonders die Söhne aus allzu gutem Hause die Universitätszeit benutzen, um sich ein wenig linksradikal auszutoben". Auch das habe in Deutschland Tradition. Deshalb habe sich „der elitäre Anspruch und die Arroganz den Arbeitern gegenüber, deren Be-

---

116 Vgl. A. KUSÁK / F. P. KÜNZEL: Der Sozialismus mit menschlichem Gesicht. Experiment und Beispiel der sozialistischen Reformation in der Tschechoslowakei, München 1969.

wußtsein permanent verändert werden" solle, „bis auf den heutigen Tag" konservieren können. Dabei wäre es „nach den Erfahrungen der letzten Monate an der Zeit, mit dem notwendigen Aufklärungsprozeß zuerst bei den Studenten zu beginnen"[117]. Was Grass in diesem Herbst 1967 auch noch beginnt, ist ein offener Briefwechsel[118] mit dem tschechischen Schriftsteller Pavel Kohout, auch er ein intellektueller Aktivist des schon unterschwellig laufenden revolutionären Reformprozesses, der parallel in der Hamburger „Zeit" und der Prager Studentenzeitung „student" erscheint. Grass begründet diese Korrespondenz wenig später nicht zuletzt mit seiner Beobachtung, „dass der Studentenprotest in der Bundesrepublik von den Veränderungen in der Tschechoslowakei kaum oder zu wenig Kenntnis genommen" habe: „Nicht Prag und Bratislava wurden zum lehrreichen Modellfall", vielmehr hätten „Maos schlecht übersetzte Sinnsprüche, das kubanische Revolutionsmodell und Auszüge aus den Schriften des Soziologen Herbert Marcuse herhalten" müssen. Im Mai 1968 habe sogar sein „Kollege Hans Magnus Enzensberger sich französische Zustände in der Bundesrepublik gewünscht", auch habe er aufgerufen, „kurzerhand französische Zustände zu schaffen". Solche Rhetorik aber verrate „entweder naives Wunschdenken", wobei er Enzensberger durchaus nicht für naiv halte, oder „jene Portion Scharlatanerie, mit der man die Politik in Deutschland schon immer gewürzt" habe, „um sie genießbar zu machen".[119] Das richtet sich nicht zuletzt gegen Stars der westdeutschen Studentenbewegung wie Rudi Dutschke oder Daniel Cohn-Bendit und ihre intellektuellen Akklamationsforen. Dutschke hatte kurz vor dem Attentat auf ihn in Berlin im April 1968 eine Reise nach Prag absolviert, dort auch mit Studenten diskutiert und ihnen u. a. das kubanische Revolutionsmodell

117 G. GRASS: Die angelesene Revolution, in: J. LITTEN: Eine verpasste Revolution? Nachruf auf den SDS, Hamburg 1969, S. 11.

118 Vgl. G. GRASS / P. KOHOUT: Briefe über die Grenze. Versuch eines Ost-West-Dialogs, Hamburg 1968.

119 G. GRASS: Die angelesene Revolution (s. Anm. 117), S. 5/6.

als nachahmenswert empfohlen, war damit aber auf Unverständnis und Widerspruch gestoßen. Zurückgekehrt nach Deutschland, gibt er in einem Interview mit der Zeitschrift „konkret" die Ablehnung seiner Ideen durch die Prager Kommilitonen mit der Verblendungsarroganz eines revolutionäre Gewalt predigenden Utopisten, der im persönlichen Umgang ausgesprochen charmant und menschfreundlich war, zu Protokoll:

> „Die tschechischen Kritiker der kubanischen Revolutionstheorie zum Beispiel, die vom Anarchismus und Abenteurertum Che Guevaras sprechen, sollten begreifen, dass der Sieg der kubanischen Revolution als Sieg neuer Menschen nur möglich ist durch eine Revolutionierung des lateinamerikanischen Kontinents."[120]

Während Dutschke so der Utopie vom „neuen Menschen" geographisch eine weitere Chance einräumt, indem er ihr auf dem weltgeschichtlichen Schachbrett des Fortschritts nun in Südamerika einen Spiel-Raum eröffnet, hat der deutsch-französische Berufs-Destrukteur Cohn-Bendit im Pariser Mai eine ganz andere Parole ausgegeben, die seinen latenten Größenwahn, der auch einer der Bewegung ist, offen zutage treten lässt. In einem Interview mit Jean-Paul Sartre für die Zeitung „Le Nouvel Observateur"[121] verkündet er auf die Frage des mit der gewalttätigen Rebellion sympathisierenden Philosophen, wie weit die Bewegung gehen wolle: Ab jetzt heiße das Ziel: „Umsturz des Regimes". Zugleich proklamiert er, dass das „Regime [...] in 14 Tagen zu Fall kommen" würde, wären die Kommunistische Partei und der kommunistische Gewerkschaftsbund mit von der Partie. Um danach sofort und mit Hilfe des faschistoiden Begriffs der „Neuordnung" einer jeglichen *reformistisch* orientierten Gesellschaftspolitik die revolutionäre Endlösung anzudrohen:

---

120 R. DUTSCHKE: Von der Liberalisierung zur Demokratie. Ein Interview mit Rudi Dutschke, in: V. KLOKOČKA: Demokratischer Sozialismus. Ein authentisches Modell, Hamburg 1968, S. 11.

121 SAUVAGEOT/GEISMAR/COHN-BENDIT: Aufstand in Paris oder Ist in Frankreich eine Revolution möglich?, Hamburg 1968, S. 73–82.

„Aber wenn wir – mit oder ohne die Kommunisten – eine Regierung à la Wilson bekommen, die nur Reformen, nur kleine Verbesserungen anbietet, so wird die radikale Linke verstärkt werden, und dann müssen die eigentlichen Probleme einer Neuordnung der Gesellschaft, einer ,Arbeitermacht' wiederaufgenommen werden."

Der Rest ist eine Variante hypertrophen Infantilismus, notorische Lust an reiner Chaos-Stiftung: „Die Stärke unserer Bewegung liegt […] gerade darin, dass sie sich auf eine ,unkontrollierbare' Spontaneität stützt, dass sie Impulse gibt, ohne die Aktion, die sie ausgelöst hat, kanalisieren […] zu wollen." Vor dem Hintergrund solcher Äußerungen und Perspektiven, einschließlich damit verbundener Gewaltakte auch an westdeutschen Universitäten, ist es schließlich Jürgen Habermas, der die Bewegung einerseits kühl analysiert und gewisse Effekte für seine universitäre wie gesellschaftliche Herrschaftsstrategie nutzt. Andererseits ändert dieses *macht*-interessierte Doppelmotiv jedoch nichts daran, dass Habermas in seiner diesbezüglichen Analyse Deutungsstandards für das Phänomen schlechthin setzt, die bis zum heutigen Tag nichts an Gültigkeit verloren haben. Denn ausgehend von der Erkenntnis, dass spezielle „aktionistische Gruppen"[122] der Bewegung unwillig seien, „sich an den Rationalitätsanspruch von Diskussionen zu binden", habe sich seit der „Tegeler Steinwurfdemonstration im November" 1968 „die Gewaltrhetorik der Ostertage in eine Taktik des begrenzten Vandalismus" verwandelt. In Berlin sei dieses „Modell entwickelt", „in Frankfurt ansatzweise übernommen worden". „Der außerhalb der Universität entmutigte Protest"[123] habe so „jetzt zum einzigen Inhalt die Dysfunktionalisierung der Hochschule im Zeichen einer zweideutig angestrebten Selbstorganisation des Studiums". Da die „aktionistischen Gruppen diese Selbstorganisation" aber „nur mit Spielmodellen, die der Vorstellung des

---

122 J. HABERMAS: Protestbewegung und Hochschulreform, Frankfurt am Main 1969, S. 9/10.
123 Ebd., S. 11.

Guerillakrieges entlehnt sind, ernst" meinten, müsse „die damit verbundene „Politik der befreiten Gebiete' an ihren eigenen Illusionen scheitern". Zuletzt attestiert Habermas den so charakterisierten westdeutschen Kulturrevolutionären auf den Spuren von Lenin, Mao und Che Guevara nicht nur eine „kulturrevolutionäre Phraseologie", er legt auch ohne zu zögern den harten Kern ihres Problems frei:

> „Weil das Potential der Unzufriedenheit nicht aus ökonomischer Entfremdung, sondern aus einem psychologisch bedingten Unbehagen in der Kultur hervorgeht, verdanken sich die Definitionen des gegenwärtigen Zustandes nicht einem evidenten Pauperismus, sondern eher einer esoterischen Kulturkritik."[124]

Was Habermas im Auge hat, ist der pathologische Befund einer chiliastisch eingefärbten Endzeit-Rhethorik coram publico und im Rahmen ideologischer Verblendungszusammenhänge, mit deren Hilfe ein *Revolutions*-Furor entfacht werden soll, wie er sich als geradezu surrealer Verbalexzess typisch in einer der vielen Reden Rudi Dutschkes abbildet, in der der unbestrittene Führer der westdeutschen Studentenrebellion es fertig bringt, den proklamierten globalen Aufstand aller wirklich an Hunger Leidenden oder tatsächlich ökonomisch Ausgebeuteten in der Zweiten und Dritten Welt kurzzuschließen mit dem „Kampf gegen Fahrpreiserhöhungen" von Schülern in einem reichen bundesrepublikanischen Stadtstaat:

> „Jede radikale Opposition gegen das bestehende System, das uns mit allen Mitteln daran hindern will, Verhältnisse einzuführen, unter denen die Menschen ein schöpferisches Leben ohne Krieg, Hunger und repressive Arbeit führen können, muß heute notwendigerweise global sein. Die Globalisierung der revolutionären Kräfte ist die wichtigste Aufgabe der ganzen historischen Periode, in der wir heute leben und an der menschlichen Emanzipation arbeiten. Die Unterprivilegierten in der ganzen Welt stellen die realgeschichtliche Massenbasis der Befreiungsbewegungen dar, darin allein liegt der subversiv-sprengende Charakter der internationalen Revolution. [...] Genossen, Antiautori-

---

124 Ebd., S. 23.

täre, Menschen! Wir haben nicht mehr viel Zeit. In Vietnam werden auch wir täglich zerschlagen, und das ist nicht ein Bild und ist keine Phrase. [...] Wir haben eine historisch offene Möglichkeit. Es hängt primär von unserem Willen ab, wie diese Periode der Geschichte enden wird. [...] Laßt uns auch endlich unseren richtigen Kurs beschleunigen. Vietnam kommt näher, in Griechenland beginnen die ersten Einheiten der revolutionären Befreiungsfront zu kämpfen. [...] Die Bremer Schüler haben gezeigt, wie in der Politisierung unmittelbarer Bedürfnisse des Alltagslebens – Kampf gegen Fahrpreiserhöhungen – subversive Sprengkraft entfaltet werden kann. [...] An jedem Ort der Bundesrepublik ist diese Auseinandersetzung in radikaler Form möglich. [...] Die Revolutionierung der Revolutionäre ist so die entscheidende Voraussetzung für die Revolutionierung der Massen."[125]

VI

Das radikale Kontrastprogramm dazu findet zur selben Zeit in Prag, Brünn und Bratislava statt: „Wenn man die Ereignisse des tschechoslowakischen Frühlings 1968 als eine Revolution bezeichnen kann, dann war es wohl die erste Revolution in der Geschichte der Menschheit, die nicht mit Waffen erkämpft wurde, sondern mit dem Wort."[126] Im Zentrum des Geschehens steht ab Januar 1968 ein Mann, dessen Namen und Gesicht die Welt fortan nicht mehr vergessen wird: Alexander Dubček. Er ist das Gesicht eines „Sozialismus mit menschlichem Antlitz". Wer ist dieser Mann aber tatsächlich, woher kommt er, was hat ihn geprägt? Geprägt bis tief in seine so erkennbar sanftmütige Seele, von der alle, die ihm persönlich begegnen – Arbeiter und Intellektuelle, Bauern, Studenten, Funktionäre, Männer wie Frauen –, sich ebenso überwältigt zeigen, wie auch die, die ihn, den bisherigen KP-Chef der Slowakei, ab Januar 1968 in seiner neuen Funktion als Erster Sekretär der Kommunistischen Partei der

---

125 R. DUTSCHKE: Die geschichtlichen Bedingungen für den internationalen Emanzipationskampf, in: 1968. Eine Enzyklopädie. Zusammengestellt von R. SIEVERS, Frankfurt am Main 2008, S. 252–262.
126 J. MAXA (s. Anm. 122), S. 81.

Tschechoslowakei das erste Mal öffentlich erleben. Es ist hier nicht der Ort, die Biographie des 1921 geborenen und 1992 an den Folgen eines Verkehrsunfalls verstorbenen Politikers detailliert nachzuzeichnen[127] geschweige denn die Geschichte des „Prager Frühlings"[128] zu rekonstruieren, nur soviel sei gesagt: Das Erscheinen dieses Mannes an der Spitze der Kommunistischen Partei der Tschechoslowakei im Januar 1968 gleicht, wenn man die national- wie weltpolitischen Konsequenzen dieser Wahl beleuchtet, die gegen starke innerparteiliche Kräfte neostalinistischen Charakters erfolgte, einem *Wunder*. Dieses Wunder aber vollzog sich vor einem familiengeschichtlichen Hintergrund, der den Menschen Dubček zu einer Figur macht, die aus der Perspektive einer Theologie der „Verborgenheit Gottes", wie sie besonders Luther vertrat, eine geradezu beispielhafte Wirksamkeit entfaltet. Luthers Lehre vom *Deus absconditus* „unterstreicht die christolog[ische] u[nd] kreuzestheol[ogische] Verborgenheit, in der Gott sich im Menschsein verhüllt u[nd] seine Herrlichkeit unter ihrem Gegenteil verbirgt"[129]. Ein kommunistischer Parteifunktionär aber *ist* das Gegenteil eines Menschen, der an Gott glaubt, ein hoher erst recht; Dubček jedoch stammte aus einer slowakischen Familie, deren Vorfahren lutherische Christen waren, was lange nicht gewusst wurde oder übersehen worden ist. Er berichtet es selbst in seinen nach seinem Unfalltod erschienenen Memoiren:

---

127 Vgl. L. VESELÝ: Dubček. Biographie, München 1970.
128 Vgl. V. HORSKÝ: Prag 1968. Systemveränderung und Systemverteidigung. Studien zur Friedensforschung 14, Stuttgart/München 1975. Horský nennt, unter Bezug auf eine Qualifikation von Eugen Löbl, den „Prager Frühling" eine „intellektuelle Revolution" (S. 82). Löbl hatte in seinem Buch diesem Prozessereignis attestiert, „die erste [?] Revolution dieser Art in der Geschichte der Menschheit" zu sein. Es werde deshalb ebenso „notwendig sein, das zu Ende zu denken, was in der Tschechoslowakei begonnen wurde, die innere Logik dieser Ereignisse zu verstehen." Das sei „der tiefere Sinn der Ereignisse in der Tschechoslowakei" (Anmerkung 46, S. 82/83).
129 LThK 10, (s. Anm. 115), S. 607.

„Mein Vater Stefan wurde in dem Dorf Uhrovec geboren [...] Um die
Wende zum zwanzigsten Jahrhundert war Uhrovec ein rein slowaki-
sches Dorf mit ungefähr tausend Einwohnern. Neben einer katholischen Mehrheit gab es eine ungewöhnlich starke protestantische Minderheit von Augsburger Lutheranern. Spätere Statistiken zeigen eine
protestantische Mehrheit in Uhrovec, eine Seltenheit in der überwie-
gend katholischen Slowakei, allerdings relativ häufig in jenem zentralen Gebiet, in dem die Protestanten im siebzehnten Jahrhundert Zuflucht vor der Gegenreformation in Böhmen gefunden hatten. Einer
meiner Urgroßväter, Andrej Dubček, wurde Anfang des neunzehnten
Jahrhunderts im protestantischen Kirchenregister von Uhrovec und
im Bezirksregister der Steuerzahler geführt."[130]

Der tschechische Journalist Jiri Hochman, der Dubček zum ersten Mal im April 1964 begegnet war und ihm Jahrzehnte später
bei der Abfassung seiner Memoiren zugearbeitet hat, vertieft diese fast kulturhistorisch-nüchtern geschilderte spezielle Familien-
geschichte in die entscheidende Richtung, die den christlichen
Wurzelgrund dieses Charakters, den spirituellen Quellort seiner
persönlichen Erscheinung wie historischen Wirkung freilegt:

„Andere haben Dubček länger und besser gekannt, aber ich merkte
schnell, dass er als Politiker, der er jeder Zoll war, ein außergewöhnli-
cher Mensch war. [...] So war Dubček kein Zyniker. Er versuchte, überall das Gute zu sehen. Er glaubte aufrichtig an das Gute und nahm
immer an, dass jedermann gute Absichten habe. Er wurde oft ge-
täuscht, aber das konnte seinen Glauben nicht erschüttern. Mit der
zeit wurde seine Politik vorsichtiger, aber sein Vertrauen blieb, ob zum
Guten oder Schlechten. Dubček war ein moralischer Mensch; die lutherischen Traditionen seiner Vorfahren und ihre Auffassung von der
Familie waren tief in ihm verwurzelt. Er liebte sein ganzes Leben lang
dieselbe Frau und war ein freundlicher, geduldiger und gütiger Ehe-
mann und Vater. Die falsche Moral der leninistischen ‚Dialektik' konnte seiner Aufrichtigkeit und persönlichen Integrität offenbar nichts
anhaben. Dubček sagte immer die Wahrheit. Ich überprüfte seine
Fakten sorgfältig und konnte kein einziges Mal einen wesentlichen
Unterschied zwischen seiner Darstellung und den Dokumenten ent-

---

130 A. DUBČEK: Leben für die Freiheit, München 1993, S. 9.

decken. […] Hier stellt sich die Frage, wie Dubček mit diesem Charakter ein hoher kommunistischer Funktionär werden konnte. Die Frage lässt sich nur beantworten, wenn man sein ganzes Leben in Betracht zieht. Dubček war […] nach dem Krieg kein Bolschewik. Er war ein Sozialist, dessen Überzeugungen sich leicht mit den lutherischen Überzeugungen seiner Familie in Einklang bringen ließen. Einfach gesagt, glaubte er an soziale Gleichheit und Gerechtigkeit. […] Als Politiker lehnte Dubček gewaltsame Veränderungen ab: Er vermied unweigerlich die direkte Auseinandersetzung und suchte unermüdlich nach dem Konsens. Dieser Wesenszug ist unter hohen kommunistischen Funktionären einzigartig und war ein früher Indikator für die politische Richtung, die Dubček einschlug."[131]

Alain Besançon hat in seiner Studie „Psychoanalyse und Geschichtsschreibung"[132] mit dem Instrumentarium seines Fachs versucht, diesem innerseelischen Verdichtungsgeheimnis und seiner Entfaltung ins *Auratisch*-Äußere, das die übliche charismatische Vergleichsnorm durchaus überbietet, indem es den wirklich historischen Moment und Fall aufhebt in ein *trans*-historisch erfasstes Wirkfeld personaler Urgestalt, auch am Beispiel Luthers auf die Spur zu kommen, wenn er sagt:

> „Die historische Bedeutung des großen Menschen gründet darin, dass im günstigen Augenblick ein Modell, das ein Mensch mit seiner Person und seinem Denken verkörpert, auftaucht und mit den Wünschen und der Fähigkeit einer Gruppe von Menschen, ihn zu ergreifen, ihn in Besitz zu nehmen und sich mit ihm zu identifizieren, konform ist. Die virtuellen Gemeinsamkeiten zwischen Luther und den Christen des 16. Jahrhunderts werden plötzlich aktualisiert und treten als Luthertum in Erscheinung."

---

131 J. HOCHMAN: Nachwort des Herausgebers, in: A. DUBČEK (s. Anm. 130), S. 393–395.
132 A. BESANÇON: Psychoanalytische Geschichtsschreibung, in: Geschichte und Psychoanalyse, hrsg. von H.-U. WEHLER, Frankfurt am Main / Berlin / Wien 1974, S. 95.

Der „Beitrag der Psychoanalyse" bestünde nun darin, aufzuzeigen, „dass sich dergleichen Phänomene nicht allein im Bereiche des Intellekts (der ‚ideengeschichtlichen Bewegung')" ereigneten, „sondern den ganzen Menschen" beträfen. Der „ganze Mensch" aber, auf den Besançon hier zielt, ohne bis zum eigentlichen Geheimnis an diesen Punkt vorzustoßen, ist aus theologischer Perspektive einzig verstehbar als ein zuletzt von der verliehenen *Imago dei* her qualifiziertes Geschöpf und der Entfaltung seines daran gebundenen auratischen Potentials in der Konsequenz einer samaritanisch heilenden Arbeit: „Die Wahrheit zu verteidigen, sie demütig und überzeugt vorzubringen und sie in Liebe zu bezeugen, sind daher anspruchsvolle Formen der Liebe. Denn diese ‚freut sich an der Wahrheit' (1 Kor 13,6)."[133] In diesen dialektisch verschränkten Kontext einer von der Liebe Gottes her aufgeladenen direkten und indirekten Ausstrahlung bis in zeitlich und räumlich sogar weit abgelegene Konstellationen von Menschen und Situationen gehört auch das für unser Verfahren zwar nur spurenelementhaft erkennbare, gleichwohl nicht zu vernachlässigende Faktum, dass der Politologe und Autor des berühmten „Aktionsprogramms der KPČ 1968", Zdeněk Mlynář, als damaliger Sekretär der KPČ und Mitglied des Parteivorstandes, nicht nur der engste Mitarbeiter Dubčeks war, seit den frühen 60er Jahren war er auch während eines Studienaufenthaltes in der Sowjetunion auf den ebenfalls jungen Parteifunktionär Michail Gorbatschow gestoßen, um sich mit ihm haltbar anzufreunden. In seiner 1978 im Exil auf Tschechisch erstmals erschienenen und 1988 erweiterten autobiografischen Studie „Nachtfrost. Das Ende des Prager Frühlings" prophezeit Mlynář aus solch erfahrener Nähe heraus, dass Gorbatschow in Bezug auf die ČSSR bei einem neuerlichen „Versuch, ähnlich dem ‚Prager Frühling', nicht mit militärischer Intervention drohen" würde, weil im Grunde die Politik Gorbatschows einer „Rehabilitie-

133 BENEDIKT XVI.: Die Liebe in der Wahrheit. Die Sozialenzyklika ‚Caritas in veritate', Freiburg im Breisgau 2009, S. 10.

rung des Reformexperiments in der Tschechoslowakei im Jahre 1968" gleichkomme.[134]

Nach der gewaltsamen Niederschlagung des „Prager Frühlings" im August 1968 aber wurde Alexander Dubček – wie zahlreiche andere Reform-Funktionäre auch – innerhalb kürzester Zeit aller politischen und staatlichen Ämter enthoben, verdiente sein Brot erzwungenermaßen fortan im Forstwesen der Slowakei und lebte als ein vom Geheimdienst permanent observierter und isolierter Märtyrer jenes fast *vorösterlich* anmutenden Traums von einem „Sozialismus mit menschlichem Antlitz", dessen eigenes Gesicht, auf den wenigen Fotos, die es von ihm noch gab, nun fast ikonographische Züge des unschuldig Leidenden und Gedemütigten annahm. Dennoch hat er in dieser schlimmsten Zeit seines Lebens niemals widerrufen, hat demütig und selbstbewusst in „geduldigem Widerstand"[135] ausgeharrt, wie er es in seinen Memoiren formuliert. Bis es ihm, dem Kind einer *protestantischen* Familie, vergönnt war, nach einer Art „Golgatha"-Zeit nicht nur für ihn, sondern für Tausende in den Gefängnissen oder im Exil – allen voran der im Januar 1969 den flammenden Märtyrertod gestorbene Student Jan Palach –, in den Tagen der „samtenen Revolution" in der Tschechoslowakei im November 1989, Arm in Arm mit Václav Havel, dem Sproß einer *katholischen* Familie und langjährigen politischen Häftling des gestürzten Regimes der permanent herrschenden kommunistischen Gewaltrevolution, auf dem Balkon des Melantrich-Verlagsgebäudes am Wenzelsplatz zu erscheinen und einer unübersehbaren, jubelnden Menschenmenge den Sieg der *gewaltlosen* Revolution, ein „Auferstehungs"-Ereignis als Antwort auf die „ewige" Revolution der Gewalt zu verkünden. „Heilsgeschichte", heißt das, ist nie abstrakt, wenn sie eintritt; sie ist, aus dem Geist der Liebe Gottes strömend, konkrete Ge-

---

134 Z. MLYNÁŘ: Nachtfrost. Das Ende des Prager Frühlings, Frankfurt am Main 1988, S. IX.

135 A. DUBČEK (s. Anm. 130), S. 388.

schichte, durch das Medium lebendiger Menschen bewirkt, die *heilt*. Wenn Gott in diesem Sinne Geschichte „macht", dann ist die zwischen „Kreuz" und „Auferstehung" jeweils vergangene Zeit nicht nur einfach zu Ende: „Das Schweigen Gottes" erklärt sich nun „wie eine Verlängerung der Worte, die er zuvor gesprochen hat". Und wir begreifen plötzlich: „In diesen dunklen Augenblicken" zuvor hat er auch gesprochen, aber anders: „im Geheimnis seines Schweigens"[136], das die politischen Gewalttäter aus revolutionärer *Gottes*- und deshalb zwangsläufiger *Menschenfeindschaft* in falsche Sicherheit wiegt.

Zwischen dem *gewaltsamen* Ende des „Prager Frühlings" 1968 und dem *gewaltlosen* seiner hasserfüllten „Vernichter" 1989/91 jedoch, auf der Hälfte jener scheinbar endlosen Strecke aus Friedhofsfrieden, Apathie und Agonie, aus Verfolgung, Demütigung und Zynismus, der scheinbaren „Schweigezeit" Gottes, die die politischen Verhältnisse und herrschenden Geschichtsdogmen im kommunistischen Machtbereich Europas wie für die Ewigkeit gemacht aussehen lassen – denn das „ist das entscheidende Mittel des dunklen Versuchers: die Zeit. Die Zeit wird die Predigerin der Sinnlosigkeit."[137] –, geschieht 1978 mit der vollkommen unerwarteten Wahl des polnischen Kardinals Karol Woytiła zum neuen Papst, der sich Johannes Paul II. nennt, unendlich mehr als nur der Aufstieg eines nichtitalienischen Klerikers an die Spitze der katholischen Kirche seit Jahrhunderten: Es vollzieht sich, in *statu nascendi* vor den Augen aller, ermöglicht durch das Mittel massenmedialer Bezeugung, der Einbruch des *Numinosen* in die geschichtliche Wirklichkeit als unübersehbares, wirkmächtiges Ereignis. Die Wahl dieses Mannes an die Spitze der katholischen Christenheit und damit, für den geschichtlichen Moment, der *ganzen*, setzt jene Divisionen des Papstes in Marsch, nach denen *Stalin*, der Erbe Lenins und damit von Fran-

---

136 BENEDIKT XVI.: Worte zum Leben, Freiburg / Basel / Wien 2011, S. 73.
137 H. THIELICKE: Das Schweigen Gottes. Fragen von heute an das Evangelium, Hamburg 1962, S. 13.

zösischer Revolution und Aufklärung,[138] einst spöttisch gefragt hatte, im „sicheren" Wissen des gefallenen Engels, es gäbe sie nicht auf Erden: dem Reich seinesgleichen, wie er glaubte. Es gab sie aber: in Polen, *dem* Land, aus dem der neue Papst kam. Die sich nach wie vor marxistisch-leninistisch legitimierenden Regime im Osten Europas verstehen diese Wahl sofort als das, was sie ist: als *geistigen Angriff* auf alles, was ihre politische Macht wie ihre materialistische Ideologie ausmacht und begründet.

> „Die Wahl Johannes Pauls II. brachte dem kommunistischen System bisher nicht gekannte Schwierigkeiten in bezug auf die Möglichkeiten, die Aktivitäten der Kirche einzuschränken. Sie potenzierte nicht nur das Interesse der Weltöffentlichkeit an Polen und bewirkte eine gewaltige Intensivierung der religiösen Gefühle; vielmehr machte sie die polnische Gesellschaft auch stärker als je zuvor vom kommunistischen System unabhängig. Die Bevölkerung hatte jetzt einen eigenen Kristallisationspunkt für ihre Ideen und Hoffnungen, sie hatte ihren charismatischen Fürsprecher in allen Fragen, nicht nur religiösen, und man hörte auf seine Weisungen für das private und soziale Leben."[139]

Auch deshalb werden sie später versuchen, den neuen Mann auf dem Stuhl Petri im Vatikan physisch zu liquidieren, ohne zu begreifen, warum das sonst so bewährte Mittel dieses Mal misslingt, misslingen *muss*. Es hat etwas zu tun mit dem Durchdrungensein der Geschichte, wovon Johannes Paul II. überzeugt ist, „von einer vertikalen Dimension", die ihre horizontale im Sinne des Wortes immer wieder durchkreuzt, sind es doch „nicht die

---

138 Vgl. W. HOFMANN: Stalinismus und Antikommunismus. Zur Soziologie des Ost-West-Konflikts, Frankfurt am Main 1970. Hofmann, in den 60er Jahren Ordinarius für Soziologie an der Universität Marburg, kommt darin in Bezug auf die kulturellen Voraussetzungen des Stalinismus zu der Einschätzung: „der Marxismus, selbst in seiner stalinistischen Entstellung", habe in Russland „die geschichtliche Rolle der Aufklärung übernommen, und sei es auch nur in jenem beschränkten Sinne, dass er Dutzende Millionen von Menschen zunächst bloß funktionsfähig für die neue industrielle Wirtschaft gemacht hat" (S. 94). Auch: A. KOJÈVE: Hegel. Erweiterte Ausgabe, Frankfurt am Main 1975.
139 J. HOLZER: ‚Solidarität'. Die Geschichte der freien Gewerkschaft in Polen, München 1985, S. 80.

Menschen allein, welche die Geschichte schreiben. Zusammen mit ihnen schreibt auch Gott. Von dieser Dimension der Geschichte" aber, „die wir als die transzendente bezeichnen", habe sich „die Aufklärung entschieden distanziert". Die Kirche dagegen komme „kontinuierlich auf sie zurück".[140]

Mit derselben Radikalität aber *missversteht* der Westen das Ereignis der Papstwahl: als Verstärkung der eigenen Position im Ringen um den historischen Sieg über den „Todfeind", dem er in Wahrheit aber zuletzt – ebenso *materialistisch* gesinnt, ebenso den *Säkularismus* forcierend, das Christentum ebenso *marginalisierend* – nur *schein*-ethischer Konkurrent ist, schöpft er doch aus demselben aufklärerischen Ideenkomplex und seinen sich selbst und den Menschen vergottenden Hypertrophien: „Man glaubt auch im bürgerlich-kapitalistischen Westen, deren Selbstkritik die Lehre von Marx ist, weder an den Geist des lebendigen Kosmos noch an ein Reich Gottes. Man glaubt nur noch an den ‚Geist der Zeit', den Zeitgeist, ‚the wave of the future', das ‚Geschick der Geschichte', vulgär verstanden oder sublim"[141], konstatiert Karl Löwith schon 1961 in einem Rundfunkvortrag über den „Sinn der Geschichte" illusionslos. Was dieser Papst jedenfalls zukünftig sagen wird, wird er deshalb ebenso ungeschminkt immer in *zwei* Richtungen sagen, die für ihn, auch für ihn, ein und denselben, höchst *kritisch* zu sehenden ideengeschichtlichen Ausgangspunkt haben:

> „Beginnen wir […] mit einem Blick auf *die Geschichte des europäischen Denkens nach Descartes. Warum setze ich hier an erste Stelle Descartes? Nicht nur, weil er den Anfang einer neuen Epoche in der Geschichte des europäischen Denkens setzt, sondern auch, weil dieser Philosoph […] die große anthropozentrische Wende in der Philosophie eingeleitet hat. „Ich denke, also bin ich" ist […] das Motto des modernen Rationalismus,

---

140 JOHANNES PAUL II: Erinnerung und Identität. Gespräche an der Schwelle zwischen den Jahrtausenden, Augsburg 2005, S. 189.
141 K. LÖWITH: Vom Sinn der Geschichte, in: Der Sinn der Geschichte. Sieben Essays von Golo Mann, Karl Löwith, Rudolf Bultmann, Theodor Litt, Arnold B. Toynbee, Karl R. Popper, Hans Urs von Bal München.

[...] Wir befinden uns hier an der Schwelle zum *modernen Immanentismus* und *Subjektivismus*. [...] Ungefähr einhundertfünfzig Jahre nach Descartes stellen wir tatsächlich fest, wie all das, was zuvor in der Tradition des europäischen Denkens im *wesentlichen christlich* war, *bereits in Klammern gesetzt wurde*. Wir befinden uns in einer Zeit, in der in Frankreich die Aufklärung herrscht, eine Lehre, mit der man die *endgültige Bestätigung des reinen Rationalismus hat*. Die Französische Revolution hat während der Schreckensherrschaft Altäre zerstört, die Christus geweiht waren, Kruzifixe auf die Straße geworfen und dafür den Kult der Göttin der Vernunft eingeführt. In ihrem Namen wurden *Freiheit, Gleichheit und Brüderlichkeit* proklamiert. Auf diese Weise wurde das geistliche und insbesondere das moralische Erbe des Christentums seiner evangelischen Grundlagen beraubt. [...] Was brachte dies mit sich? *Daß sich der Mensch in seinem Leben ausschließlich von seiner eigenen Vernunft leiten lassen musste, geradeso als ob es Gott gar nicht gäbe* [...] er musste auch so handeln, als ob es Gott nicht gäbe, als ob Gott sich für die Welt nicht interessierte."[142]

Später wird Johannes Paul II. diese kritische Sicht noch verdichten, ja, sie radikalisieren und, was den „siegreichen" Westen in Form des „geeinten" Europa betrifft, kompromisslos aktualisieren:

„Im Laufe der Jahre hat sich in mir die Überzeugung herausgebildet, dass die Ideologien des Bösen tief in der Geschichte des europäischen Denkens verwurzelt sind. [...] Wenn der Mensch allein, ohne Gott, entscheiden kann, was gut und böse ist, dann kann er auch verfügen, dass eine Gruppe von Menschen zu vernichten ist. Derartige Entscheidungen wurden z. B. im dritten Reich gefällt von Menschen, die, nachdem sie auf demokratischem Wege zur Macht gekommen waren, sich dieser Macht bedienten, um die perversen Programme der nationalsozialistischen Ideologie zu verwirklichen, die sich an rassischen Vorurteilen orientierten. Vergleichbare Entscheidungen wurden in der Sowjetunion und in den der marxistischen Ideologie unterworfenen Ländern auch von den kommunistischen Parteien getroffen. [...] Normalerweise handelte es sich dabei um eine Vernichtung im physi-

---

142 JOHANNES PAUL II. Die Schwelle der Hoffnung Überschreiten, Hamburg 1994, S. 78–87.

schen, manchmal jedoch auch im moralischen Sinne. Dann wurde der Mensch auf mehr oder weniger drastische Weise an der Wahrnehmung seiner rechte gehindert. An diesem Punkt kann man es nicht unterlassen, ein Problem anzusprechen, das heute außerordentlich aktuell und schmerzlich ist. Nach dem Sturz der Regime, die auf den Ideologien des Bösen aufgebaut waren, haben in ihren Ländern die eben erwähnten Formen der Vernichtung de facto aufgehört. Was jedoch fortdauert, ist die legale Vernichtung gezeugter, aber noch ungeborener menschlicher Wesen. Und dieses Mal handelt es sich um eine Vernichtung, die sogar von demokratisch gewählten Parlamenten beschlossen ist, in denen man sich auf den zivilen Fortschritt der Gesellschaften und der ganzen Menschheit beruft. Und auch an anderen schweren Formen der Verletzung des Gesetzes Gottes fehlt es nicht. Ich denke z. B. an den starken Druck des Europäischen Parlaments, homosexuelle Verbindungen anzuerkennen als alternative Formen der Familie, der auch das Recht der Adoption zusteht. Es ist zulässig und sogar geboten, sich zu fragen, ob nicht hier – viel heimtückischer und verhohlener – wieder eine neue Ideologie des Bösen am Werk ist, die versucht, gegen den Menschen und gegen die Familie sogar die menschenrechte auszunutzen. Warum geschieht all das? Welches ist die Wurzel dieser nachaufklärerischen Ideologien? Die Antwort ist – alles in allem – ganz einfach: Das geschieht, weil Gott als Schöpfer und damit als Ursprung der Bestimmung von Gut und Böse verworfen worden ist."[143]

Diesen Papst nennt der so getroffene, *bewusst* antichristliche oder *bewusstlos* in den Werterelativismus hineinsäkularisierte Westen bald *reaktionär. Die* Brüsseler Institution, die der Papst mit seiner Äußerung kritisiert, arbeitet derweil *Kommissaren* zu wie einst schon jene erste der radikal antichristlichen Republik von 1789, von der sie als unbeschränkt handeln dürfende Exekutoren der neuen, von Christus befreiten Zeitrechnung erfunden wurden. Die Revolutionsregime von 1917 und 1933 fanden mit ihnen eine Tradition vor, die sie nutzten im liquidatorischen Kampf gegen alles „Reaktionäre", das sie vor allem im Christlichen erkannten. Ein kritisches Bewusstsein diesem jakobinisch grundierten Funktionsbegriff gegenüber gibt es in Brüssel bis heute nicht.

---

143 JOHANNES PAUL II.: Erinnerung und Identität, (s. Anm. 140), S. 21–26.

Zunächst aber ist im Sommer 1979 Polen, sein Heimatland, der Schauplatz einer gewaltigen *Einrede Gottes* mit der prophetischen Stimme des Papstes auf einem Teil des Territoriums der „Gottesmörder des 20. Jahrhunderts, die bis ans Ende ihrer rebellierenden Logik gehen und aus der Erde das Königreich machen wollen, wo der Mensch Gott sein wird"[144]. Der polnischen Gesellschaft bringt der Papstbesuch „eine Bekräftigung des Gefühls der Stärke und der Unantastbarkeit und war gleichzeitig eine Demonstration ihrer geistigen Unabhängigkeit. Um den Papst scharte sich die Nation; an jeder Station der päpstlichen Pilgerschaft durch das Vaterland standen Hunderttausende von Menschen vor den Altären, wohl organisiert und ruhig, aber begeistert."[145] Während einer Messe „auf dem Warschauer Siegesplatz antwortet die Menge auf das sonore Polnisch des Papstes mit Sprechchören: ‚Wir wollen Gott, wir wollen Gott, wir wollen Gott im Kreis der Familie, wir wollen Gott in den Büchern, in der Schule, wir wollen Gott in den Anordnungen der Regierung, wir wollen Gott, wir wollen Gott‘.[146] Am Grabmahl des Unbekannten Soldaten erfleht der Papst mit ruhig und langsam gesprochenen Worten die Aussendung des Heiligen Geistes und durch ihn die Erneuerung des Angesichts der Erde. „Bei diesen Worten", so erinnert sich später Tadeusz Mazowiecki, Polens katholischer Übergangsministerpräsident im unblutigen Revolutionsjahr 1989, „spürten wir das Wehen einer geistigen Veränderung"[147].

Nicht wenige Polen erkennen in dieser Szene die spirituelle Gründungsatmosphäre der katholischen Gewerkschaftsbewegung „Solidarność", die ein Jahr später, nach einer mächtigen Streikwelle, die das Land fast lahm legt, tatsächlich gegründet

---

144 A. CAMUS: Der Mensch in der Revolte, Reinbek bei Hamburg 1961, S. 143.
145 J. HOLZER: (s. Anm. 139), S. 80/81.
146 M. BURLEIGH: Irdische Mächte, Göttliches Heil. Die Geschichte des Kampfes zwischen Politik und Religion von der Französischen Revolution bis in die Gegenwart, Stuttgart 2008. S. 1084.
147 M. POSSELT: Der Fels. Johannes Paul II., München 2005, S. 127/128.

und vom Regime zugelassen wird, das heißt: nicht mehr verhindert werden kann. An der Spitze der Gewerkschaft, die weitaus mehr ist als nur eine klassische Interessenvertretung von Arbeitern, sondern ein ebenso antitotalitäres wie gewaltlos operierendes gesellschaftliches Bündnis breitester Natur zwischen Arbeitern, Bauern und Intellektuellen – an der Spitze dieser Bewegung steht ein Elektriker der Danziger Lenin-Werft, sein Name Lech Wałesa. Wałesa ist, wie die meisten seiner Kollegen, katholischer Christ, und er lässt keinen Zweifel daran, dass er einer ist, ein Verehrer des polnischen Papstes, seines Landsmannes, nicht weniger: Während der Verhandlungen mit den Vertretern von Staat und Partei in Danzig im August 1980 über das Ende der Streiks und die Gründung einer eigenen, systemunabhängigen Gewerkschaft sieht man am Revers seines Jacketts das Abbild der Schwarzen Madonna von Tschentschochau leuchten, den schließlich erreichten Vertrag unterschreibt er mit einem riesigen Kugelschreiber, auf dem Johannes Paul II. zu sehen ist. Das sind keine Attitüden, die Sensation machen oder provozieren sollen – es sind Zeichen, aus welchem Geist heraus dieser Mann und seine Bewegung politisch agieren: aus dem *christlich* motivierten Geist der Gewaltlosigkeit. Das Wirken des Papstes, auch als Einwirken auf die Solidarność-Bewegung, hat er später einmal in eine Formel gebracht, die den heilsgeschichtlichen Kern des weltgeschichtlich relevanten Prozesses und seine dialektische Dynamik geradezu personifiziert: „Der Heilige Vater hat die Auseinandersetzung mit dem Kommunismus nicht nur beschleunigt, sondern auch eine blutige Konfrontation verhindert." In seiner Autobiographie spricht er davon, dass er es der Kirche verdanke, „den Sinn des Wortes *Gottvertrauen*"[148] begriffen zu haben. Einer, der dieser Auseinandersetzung als letzter, aber auch menschenfreundlichster Machthaber auf der Gegenseite unblutig zum Opfer gefallen ist, Michail Gorbatschow, konnte

---

148 L. WAŁESA: Ein Weg der Hoffnung. Autobiographie, Wien/Hamburg 1987, S. 7.

diesem Urteil nach seinem Rücktritt als Präsident der im selben historischen Moment endgültig zerfallenden Sowjetunion, dem terroristischen Staat der russischen Jakobiner, nur zustimmen: „Alles was in Osteuropa in diesen letzten Jahren geschehen ist, wäre nicht möglich gewesen ohne die Gegenwart dieses Papstes, ohne die große – auch politische – Rolle, die er auf der Weltebene zu spielen verstand."[149]

Der I. Kongress der Gewerkschaftsbewegung Solidarność findet ein Jahr später, 1981, ebenfalls in Danzig statt, aber schon unter dem wachsenden Druck des Regimes, das die Niederlage nicht hinnehmen will, auch getrieben von den übrigen kommunistisch beherrschten Staaten um es herum, und deshalb schon lange bereit ist, noch einmal mit dem einzigen „Argument", das ihm gegen Andersdenkende zur Verfügung steht, zu antworten: mit brutaler Gewalt. Auf dem Kongress aber herrscht trotz allem unübersehbar noch jenes *Gottvertrauen*, das nicht nur Wałesa der Kirche verdankt. Jòzef Tischner, der führende Priester und theologische Ethiker der Bewegung, eröffnet die Kongresstage mit *Heiligen Messen* und *Predigten* über die „Souveränität der Arbeit" oder die „Stärke unserer Hoffnung". Wenn gebetet wird, sinken über eintausend Delegierte auf die Knie und längst vom Trotzkismus geheilte linke Intellektuelle wie Adam Michnik oder Jacek Kuroń, jetzt kluge und selbstlose Berater der Gewerkschaftsbewegung, hören auf zu rauchen, um zu hören, was Tischner sagt:

> „Heute wollen wir in betendem Nachdenken Gott das anvertrauen, was Er in unsere Hände gelegt hat – unsere Hoffnung. Wir richten uns heute auf die Zukunft aus, geradeso wie die, welche einen Wald pflanzen. Von der Art des Einpflanzens der Bäume hängt das morgige Wachsen des Waldes ab. Wir sind voller Hoffnung und zugleich voller Unruhe. Das ist ganz normal, geht es doch darum, weder die Bäume noch den Boden zu verderben. [...] Es ist zu verwundern und erstaunlich, wie sehr unsere Arbeit jener ähneln wird, der früher einmal der Name ‚Evangelium' oder ‚Verkünden der Guten Nachricht'" gegeben wurde.

---

149 M. POSSELT (s. Anm. 147), S. 133.

Auch das Evangelium ist eine Arbeit, die mit der Einwurzelung von Hoffnung zu tun hat."[150]

Dass Intellektuelle wie Michnik oder Kuroń, linksrevolutionäre Agnostiker, Atheisten, Laizisten von einst, jetzt nicht mehr nur aus Höflichkeit zuhören oder bloß aus Respekt still sind, hat mit einem Prozess intellektueller Redlichkeit und, daraus resultierend, *spiritueller* Annäherung zu tun, der so nur auf dafür geschichtlich bereitetem, auf *polnischem* Boden gelingen konnte, aber in einer Weise Früchte trug, die die Welt verändert hat. Kuroń hat diesen Prozess in seinen Erinnerungen mit dem bezeichnenden Titel „Glaube und Schuld" als ganz persönliche intellektuelle *éducation sentimentale* zu Protokoll gegeben. Er darf als ein weiteres gewichtiges Beispiel zählen für das Wirken des verborgenen Gottes, von dem schon an anderer Stelle die Rede war:

> „Ich sah eine Kirche vor mir, die – wie alle Institutionen – in Formen erstarrt und verknöchert. Weil sie jedoch der Hort eines Sacrums ist, von etwas, das über das Leben vieler, vieler Menschen hinausgeht, ist sie zugleich eine lebendige gesellschaftliche Bewegung. [...] Ich hatte mir ja die Liebe zu Gott nicht vorstellen können, und dass sie aus der Liebe zum Menschen erwachse, erfuhr ich erst jetzt. [...] Wir fanden, uns müsse genügen, dass Gott unsere Liebe wird, die zugleich Liebe zu den Menschen und zur Wahrheit wird. [...] Neu war jetzt, dass wir begriffen hatten, wie unerhört einfach das Rezept für die große Liebe ist: das moralische Gesetz, das heißt das Evangelium. Man muß im Einklang mit dem Evangelium leben."[151]

Schließlich mündet solche Erkenntnis in religiöse Praxis, auch das offenbart der einstige trotzkistische Philosoph:

> Dank der „Entdeckung, dass ich Gott verstehen könne als ‚Mensch', sprach mich auch die Liturgie an. Kryś nahm uns mit in die Messe, und

---

150 J. TISCHNER: Ethik der Solidarität. Prinzipien einer neuen Hoffnung, Graz / Wien / Köln 1982, S. 155/156.
151 J. KUROŃ: Glaube und Schuld. Einmal Kommunismus und zurück, Berlin 1991, S. 547–554.

93

das war ein großes Erlebnis für mich. Besonders die öffentliche Beichte. [...] Den Weg zur Vergebung der Sünden weist das Gebet, das laut Evangelium von Christus stammt: ‚Und vergib uns unsere Schuld, wie auch wir vergeben unseren Schuldigern.‘ Ein solches transzendentales moralisches Gesetz suchten auch wir, die Leute der Linken, um die Verantwortung wissend, die auf unserer Gruppierung lag, die Verantwortung für den Kommunismus. Wir wussten, dass man gegen intellektuelle Irrtümer nicht gefeit ist. Namentlich im Handeln sind sie unvermeidlich. Wir begriffen jedoch, dass man auch gegen den moralischen Irrtum nicht gefeit ist, man braucht einfach ein transzendentes moralisches Gesetz. Was heißt: Wenn ich Unrecht tue, weiß ich darum – ich werde mich also nicht auf Wege verirren, von denen es kein Zurück mehr gibt. Zu dem Zeitpunkt begegnete ich den drei größten Männern der polnischen und möglicherweise nicht nur der polnischen Kirche. Zuerst dem Großen Primas, wie man Stefan Wyszyński nach seinem Tode nannte."

Identisch, im Kern, bis hin zur kirchlichen Dienstperson, Adam Michnik, auch wenn seine Sprache die eines rationalistischen Analytikers ist:

> „Und ich stelle fest [...], dass die Welt eine Sphäre des *Sacrum* braucht, denn die reine Rationalität ist ein selbstmörderisches Ideal. Ich komme also zur Kirche – selbst wenn mich der moralische Imperativ Kants leitet – nicht, um auf der Seite der Stärke, sondern auf der Seite der Wahrheit zu stehen. Aber wenn das so ist, muß ich Zeugnis von der Wahrheit ablegen. Auch was die Kirche angeht. Ich muß also etwas zu meiner Einstellung zu Witold Gombrowicz' Lästerungen sagen. Und zu den patriotisch-moralischen Lehren von Kardinal Stefan Wyszyński."[152]

Im Dezember 1981 aber ist das Regime bereit, noch einmal sich und aller Welt das einzige zu zeigen, was es tatsächlich beherrscht, geschichtlich, politisch, ideologisch: die Praxis stumpfsinniger Gewalt gegen die Gewaltlosigkeit der christlichen Praxis. Lüge gegen Wahrheit. Mord gegen Hoffnung. Noch einmal

---

152 A. MICHNIK: Der lange Abschied vom Kommunismus, Reinbek bei Hamburg 1992, S. 189.

sterben Menschen, werden tausende verhaftet, interniert, wird der Priester Jerzy Popiełuszko[153] von Geheimdienstoffizieren erschlagen, zum Märtyrer. Noch einmal scheint die Zeit stillzustehen, erneut verstummt Gott, setzt seine so kräftig begonnene Antwort der Gewaltlosigkeit auf das Gewaltsystem im Namen der Vernunft und ihrer demagogischen Generalparole *liberté, egalité, fraternité* scheinbar aus. Der *Partei*-General an der Spitze der Militär-*Diktatur* spricht dafür überlaut blankes *Orwell*-Polnisch, national-marxistisch aufbereitet: Krieg gegen die Bürger ist Frieden für die Nation. Die exekutierte Ohnmacht der Arbeiter ist die gerettete Macht der Arbeiterklasse. Parteirevolutionäre Gewalt ist die Verteidigung der gewaltigen Revolutionspartei. Der gesellschaftsgeschichtliche Fortschritt ist noch einmal gerettet mit dem Mittel repressiver Toleranz. Aber es ist nur ein Aufschub. Denn: Auf die Frage eines Interviewers, ob es ihm nicht auch so scheine, als besäße „diese ganze Folge von Ereignissen in Polen einen bestimmten höheren Sinn, der uns möglicherweise verborgen" bliebe, antwortet, kurz vor dem Staatsstreich, der polnische Dichter im langen amerikanischen Exil Czesław Miłos: „Ja, das glaube ich in der Tat."[154] Was bedeutet: Für *ihn*, den überzeugten Katholiken, ist Gott selbstverständlich im Spiel.

Dieser zum Zeitpunkt des Gesprächs aber noch verborgene „höhere Sinn" des Geschehens steht ein Jahrzehnt später, 1991, nicht nur aus geschichtstheologischer Perspektive aller Welt klar vor Augen: Der *terroristische* Verrat von 1789 am Menschen, der mit dem *emanzipatorischen* Verrat an Gott Jahrzehnte zuvor begann, um zwei Jahrhunderte lang auf geistig verheerende Weise zu triumphieren, endet im totalen Zusammenbruch aller Staaten Europas, die jenen französischen *Ur*-Entwurf zum befreienden Wendepunkt der Menschheitsgeschichte (v)erklärten und

---

153 Vgl. S. LAMMICH: Der ‚Popiłuszko-Prozeß'. Sicherheitspolizei und katholische Kirche in Polen, Köln 1985.
154 Gespräch mit Czesław Miłosz, in: Kontinent 18, Berlin 1981, S. 61.

seine mörderische Selbstermächtigungs-Ideologie *systemisch* perpetuierten: „In diesem ausgehenden Jahrhundert erlebt der demokratische Mensch, der ohne Gott lebt, wie die Gottheit Geschichte von Grund auf erschüttert wird: diese Angst wird er bewältigen müssen."[155] *Das* aber ist die *geschichtliche* Antwort Gottes auf die philosophische These und ihre politische Praxis, es gäbe ihn in der Geschichte nicht mehr, und es ist eine *heilende* Antwort. „Es gehört", schreibt Pannenberg in „Heilsgeschehen und Geschichte", „zum Vollsinn der Inkarnation, daß Gottes Heilstat innerhalb der universalen Korrelationszusammenhänge der Menschheitsgeschichte stattgefunden hat und nicht in einem heilsgeschichtlichen Ghetto, oder in einer Urgeschichte, deren Dimension ‚quer' zur gewöhnlichen Geschichte steht". „Das Prinzip der universalen Korrelation" wiederum ziehe „die Annahme kausaler Beziehungen zwischen den geschichtlichen Phänomenen nach sich. Ob solche Beziehungen in diesem oder jenem Fall konkret nachweisbar" seien, sei „eine Frage für sich". Es ließen aber „korrespondierende Phänomene gewöhnlich auch Wirkungs- und Beziehungszusammenhänge untereinander oder mit dritten Größen vermuten". Deshalb sollte vielleicht „klarer von durchgängiger Veränderlichkeit statt von Entwicklung gesprochen werden. Denn jede Deutung der Geschichte in ihrer Ganzheit als Entwicklung im strengen Sinne, nämlich als Entfaltung einer keimhaften Anlage, einer Entelechie, muß als Ausdruck einer immanentistischen Weltanschauung, welche der Offenheit alles Wirklichen zur Zukunft hin nicht gerecht wird, beurteilt werden"[156].

Wenn Gott Geschichte macht, macht er sie, wie im vorliegenden Falle zu zeigen versucht wurde, aus solcher *Offenheit*, zu der die dunkle Seite seiner Verborgenheit ebenso gehört wie sein Erscheinen im überhellen *kairós*-Geschehen, und zugleich macht

---

155 F. FURET: Das Ende der Illusion. Der Kommunismus im 20. Jahrhundert, München 1996, S. 625.

156 W. PANNENBERG: Heilsgeschehen und Geschichte (s. Anm. 95), S. 261/262.

er sie nicht als supranaturalistisches Zauberkunststück, sondern durch den *konkreten*, den geschichtlichen Menschen, der seinem Geist, der ein *heilender* ist, Träger, Künder und Helfer wird. Wenn Gott aber *so* Geschichte macht, *inspiriert* er zur Korrektur von Geschichte: von *einer jeden* zuerst und zuletzt, der der Mensch sein von Gott abgelöstes Erfolgsgesetz unterlegt hat – *Fortschritt* genannt. Insofern ist der Geist Gottes, geht es um *welterlösende* Gewalt-*Revolutionen*, immer schon *konter*-revolutionär: nicht als provozierter oder gar konkurrierender Macht-, sondern als un- erschütterlicher Liebhaber *des* Menschen, der seinem Geist folgt und deshalb vom gewaltrevolutionären Welterlösungsfuror irdi- scher Mächte absieht oder von ihm vernichtet zu werden droht. Diese seine heilsgeschichtliche Bewegungsform ist in ihrem ge- schichtlichen Wirkraum deshalb auch niemals repressiv zu er- fahren, immer aber *korrektiv*. Es ist eine unermüdliche *Rettungs*- Bewegung, der die Zeit eine ganz und gar eigene, ganz und gar andere ist, unseren Uhren zu groß, um mit ihnen gemessen werden zu können. Was im Übrigen auch bedeutet, dass wir wis- sen dürfen, dass die *Friedliche* Revolution von 1989 als *gegen*- geschichtliche Korrekturbewegung noch nicht zu Ende ist. Erst wenn der Warschauer *Christen*-Aufruf von 1979: „Wir wollen Gott, wir wollen Gott, wir wollen Gott im Kreis der Familie, wir wollen Gott in den Büchern, in der Schule, wir wollen Gott in den Anordnungen der Regierung, wir wollen Gott, wir wollen Gott!" am Ursprungs-Ort der Französischen Revolution, *in Paris*, ertönt, ebenso massenhaft und unüberhörbar, könnte sich die Antwort Gottes für dieses Mal vollenden und geschehen, was der französische Philosoph und Bergson-Schüler Jacques Mari- tain schon auf der Mitte des letzten Jahrhunderts erhoffte, weil er, wie Dietrich Bonhoeffer, Walter Schubart, Eric Voegelin und andere antitotalitäre Denker auch, den gefährlichen Irrtumskern allen Autonomiestrebens seit Neuzeit und Aufklärung erkannt hatte: „Daß die christliche Welt insgesamt heute mit einer Zivili- sation bräche, die geistig auf dem bürgerlichen Humanismus und ökonomisch auf der Fruchtbarkeit des Geldes beruht, sich

aber gleichzeitig vor den totalitären oder kommunistischen Irr-
tümern hütet, zu denen diese selbe Ordnung als ihrer eigenen
logischen Katastrophe hinführt."[157] Maritains Verwerfung des
„bürgerlichen Humanismus", den er mit einem „anthropologischen" identifiziert, zielt zugleich auf die Schaffung eines „christlichen", für den er den Begriff des „integralen Humanismus"
prägte. In ihm sah er potentiell und damit geschichtsperspekti-
visch „Kräfte geistiger und sozialer Wiederauferstehung" am
Werk, die „den Determinismus der materiellen Kräfte überwin-
de[n]" könnten: „Wenn der Geschichtsphilosoph der Dauer ge-
nügend Rechnung trägt".[158] Der Geschichtstheologe wiederum
geht mit Gewissheit davon aus, dass „Heilsgeschichte" und
Kairós einer Zeitlogik folgen, der die Dauer einer Sekunde ist,
damit die Sekunde zur Dauer werden kann: „Tausend Jahre sind
vor dir wie der Tag, der gestern vergangen ist, und wie eine
Nachtwache." (Psalm 90,4)

---

157 J. MARITAIN: Christlicher Humanismus. Politische und geistige Fragen
einer neuen Christenheit, Heidelberg 1950, S. 193.
158 Ebd., S. 219–221.

Kapitel II

„Es gibt keine größere Priorität als diese: dem Menschen von heute den Zugang zu Gott wieder zu öffnen, zu dem Gott, der spricht und seine Liebe mitteilt, damit wir Leben in Fülle haben (vgl. Joh 10,10)."

Benedikt XVI., 30.9.2010

Harald Seubert

Die „Furie des Verschwindens" und der Geist wahrer Freiheit
Zur Phänomenologie von zweierlei Revolutionen[1]

Prolog

„Was für ein Jahr! Im Jahr des 100. Geburtstages von Hitler eine reguläre bürgerliche Revolution! Und wir waren dabei!"[2], so notierte Walter Kempowski am 31.12.1989 in sein Tagebuch. Im Jahr 1989, so Timothy Gordon Ash damals, ging ein Völker- und Bürgerfrühling durch Europa.[3] Wahrgenommen wurde eine Revolution, die freilegte, schonte, begründete, die nicht tötete, und die sich damit von der „Mutter aller Revolutionen der Neuzeit", der französischen, markant unterschied.

Aus dem Abstand von einem Vierteljahrhundert ist uns aufgegeben, nach der tieferen Bedeutung und der Semantik dieser Zäsur zu fragen, im Sinne der philosophischen und theologischen Frage, was dieses kairoshafte Geschichtsphänomen der Sache nach ist. Dabei geht es auch um die intrikate Frage, ob ein Wirken Gottes in der Geschichte intellektuell verantwortlich konstatiert werden kann und ob dergleichen sich gar 1989 zugetragen haben könnte. Solchen Labyrinthen des Denkens

---

1 Der unmittelbare Gestus des Vortrags, gehalten zum 9. „Erfurter Gespräch zur geistigen Situation der Zeit" im Rahmen des XXXVI. Konvents der Ev. Bruderschaft St. Georgs-Orden am 18.09.2009, wurde im Manuskript weitgehend beibehalten. Deshalb begrenze ich mich auch auf die wichtigsten Nachweise.
2 Zitiert nach: E. NEUBERT: Unsere Revolution. Die Geschichte der Jahre 1989/90. München, Zürich 2008, S. 415.
3 T. G. Ash: Ein Jahrhundert wird abgewählt. Aus den Zentren Mitteleuropas 1980–1990. München, Wien 1990.

nähert man sich besser nicht direkt, sondern auf Umwegen: Wir versuchen (I), das Phänomen der Revolution von 1789 zu entziffern und (II) 1989 dagegen zu lesen. Dann erst wird, in aller Behutsamkeit, (III) die geschichtsphilosophische Frage Kants von den „Geschichtszeichen" auf die theologische nach Gottes Geschichtsmacht zurückgespielt, wobei der Freiheitsanspruch und -impetus der Geschichtszeichen weder preisgegeben werden muss noch soll. Abschließend (IV) bleibt freilich auf die Verschleifungen und historischen Kontingenzen zu reflektieren, die auch das Gedächtnis an das Jahr 1989 mittlerweile bestimmen.

I

Zunächst das magische Datum: 1789. Das Phänomen der Französischen Revolution möchte ich in der Brechung durch die deutsche Geistesgeschichte, die es unmittelbar kommentierte und auf den metaphysischen Begriff brachte, anzeigen. Mit Faszination und gleichermaßen tiefem Erschrecken nahmen Kant, Schiller, Fichte, Hegel und viele andere wahr, wie die Revolution ihre Kinder fraß und sich gleichsam in einer umfassenden Zerstörungsmacht gegen sich selbst wandte. Hegel brachte dies auf die berühmte Formel von der „Furie des Verschwindens",[4] die entfesselt wurde, als sich die leere, abstrakte Freiheit verunendlichte und absolut setzte. Alles Einzelne wurde, so Hegel, zur Staatsaktion. Die großen universalen Parolen und ihre Realisierung lassen nichts neben sich bestehen, sie brechen mit christlicher Tradition, mit Herkunft, aber auch mit der Endlichkeit der menschlichen Natur. „Das einzige Werk und Tat der allgemeinen Freiheit ist daher der *Tod* und zwar ein *Tod*, der keinen inneren Umfang und Erfüllung hat."[5] Die absolute Freiheit treibt also den gleichfalls unbegrenzten Schrecken aus sich hervor. Im Tod, nir-

---

4   G. W. F. HEGEL: Phänomenologie des Geistes. Theorie-Werkausgabe Bd. 3, Frankfurt am Main 1970, S. 436.
5   A. a. O., S. 436.

gends sonst, findet jene Freiheit ihr Gegenüber. In ihrem Sog zergeht Tradition zu nichts, was darin besonders sinnfällig wird, dass die verabsolutierte kalte Allmacht der Idee der absoluten Freiheit, die sich das Être supreme, einen neuen, aber auch seinerseits ganz und gar abstrakten Gottesbegriff, erdachte, auch die Zeit neu erfand.[6] Sie „setzte" einen von allem Habitus europäischen Ethos abgelösten leeren Tugendbegriff, der in jähem Umschlag in den Terror führte. Für die Vollstreckung jener totalen und zugleich gänzlich leeren Tugend firmiert wie eine Allegorie die Guillotine, ein auf äußerste Ökonomie gebrachtes Instrument massenhaften Tötens, unter dessen Ägide der leere Tod nach Hegel nicht mehr bedeutet, als ein durchschlagener Kohlstrunk und ein Schluck Wassers.[7] Gleichwohl: der alte Immanuel Kant sah in der Französischen Revolution auch ein „Geschichtszeichen" entworfen: was nichts anderes bedeutet, als dass die transzendentale Vernunftgeschichte in einem äußeren Ereignis zutage tritt und dass sinnfällig wird, dass die Natur sich für die Einung der Menschheit unter einer republikanischen Idee des Friedens verbürgt.[8]

Als „*Fortschritt im Bewusstsein der Freiheit*" hat Hegel diesen selben Gedanken weitergehend instrumentiert. Hegel wird seine Referenz vor der Französischen Revolution, bei aller Schärfe in der Diagnose ihrer Pathologie, immer bewahren: so sehr, dass er nicht nur jedes Jahr seinen Rotwein auf den 14. Juli trinkt, sondern ihr auch die Weihen der alten griechischen Philosophie gibt: der *Nous* des Anaxagoras sei hier reales Ereignis geworden.

6 Vgl. H. MAIER: Die christliche Zeitrechnung. Freiburg/Basel/Wien 1991, S. 100ff.; siehe auch ders.: Revolution und Kirche. Zur Frühgeschichte der christlichen Demokratie, Freiburg/Basel/Wien 51988, insbes. S. 73 ff.
7 G. W. F. HEGEL: Phänomenologie des Geistes (s. Anm. 4), S. 436.
8 Vgl. dazu grundlegend: M. RIEDEL: Objektiver Geist und praktische Philosophie, in: Ders.: Zwischen Tradition und Revolution. Studien zu Hegels Rechtsphilosophie. Stuttgart 1982, S. 11ff. Den Ansatz bei KANT: Idee zu einer allgemeinen Geschichte in weltbürgerlicher Absicht (1784), AA, VIII., S. 15–32, Berlin Nachdruck 1968.

Ebenso wie das Prinzip des Christentums, die Achtung vor der Absolutheit menschlicher Subjektivität, die erst durch die Menschwerdung Gottes in Christus möglich geworden sei (weshalb das Prinzip der Moderne und jenes der Revolution nach Hegel gerade nicht auseinanderfallen), seien in der Großen Revolution nach zwei Jahrtausenden zutage getreten.[9] Vor dieser Folie sieht Hegel auch das Versagen der Revolution, ihre Apostasie, in grellen Farben: Die verabsolutierte Freiheit blieb leer und negativ. Sie war zerstörerisch, riss die Wurzeln aus, an denen sie befestigt war. Deshalb konnte sich der Jakobinische Furor nur selbst überholen und autophag werde. Eine Ordnung vermochte sich jene Freiheit nicht zu geben. Da ihr Bindung abging, musste sie sich selbst destruieren. In der *Phänomenologie des Geistes* hat Hegel die revolutionäre Abstraktion jener der leeren in sich kreisenden unendlichen Subjektivität und nihilistischen Ironisierung der frühen Romantik unmittelbar an die Seite gestellt.[10] Mit dieser Diagnose möchte Hegel nun geradezu das Herz der eigenen Zeit durchdringen. Wie Joachim Ritter dargelegt hat, ist die Französische Revolution die Grunderfahrung Hegelschen Denkens. Dass die Revolution in dem Bewusstsein weitergetrieben wurde, dass die Idee Quellgrund der Magma der realen Geschichte war, musste ihn faszinieren. Wie unzulänglich auch immer und wie sehr in die Selbstperversion führend:[11] Hegel konnte von dieser Revolution nicht gering oder gar verächtlich denken, wie man es auch vom Feind nicht tun sollte, der doch, nach Carl Schmitt, die eigene Frage als Gestalt ist.

Auch darin ist ihm Recht zu geben. Die später viel berufenen „Ideen von 1789", universale Menschen- und Bürgerrechte, die

---

9   G. W. F. HEGEL: Vorlesungen über die Philosophie der Geschichte. Theorie-Werkausgabe Bd. 12. Frankfurt am Main 1970, insbes. S. 520ff.

10 Vgl. G. W. F. HEGEL: Phänomenologie des Geistes, Theorie-Werkausgabe Bd. III (s. Anm. 4), S. 424ff. und S. 431ff., die Kritik an einer (nachfichteschen) sich selbst unbedingt setzenden Subjektivität.

11 Dazu die bis heute maßgebliche Studie: J. RITTER: Hegel und die französische Revolution, Frankfurt am Main 1965.

Entfaltung einer mobilen bürgerlichen Gesellschaft, National-
staat und Parlamentarismus, gingen als Kernbestand in das aufklärerische Erbe Europas ein.[12] Hier aber macht sich die ganze
Dialektik der Aufklärung bemerkbar. Denn es ist eigentlich unmöglich, sie zu beerben, ohne die Legierung des Terrors wahrzu-
nehmen. Die Vorstellung einer im Volk verkörperten souveränen Macht stellte zugleich die alteuropäische Legitimation in
Frage. Es mochte nochmals zu vorübergehenden Stabilisierungen kommen wie im Mächtekonzert von Wien: Doch dauerhaft
war die Magma nicht zu bändigen. Auf diesen Charakterzug hat
jüngst Peter Sloterdijk in seiner fulminanten Analyse über die
‚schrecklichen Kinder der Neuzeit‘ hingewiesen.[13] Auch darin
war die Revolution „Epoche machend". Deshalb muss sie ihrerseits entmystifiziert und von ihrer blutigen Ursprungsgeschich-
te gelöst werden, wenn gezeigt werden soll, dass sie begründende Instanz für republikanische Verfassungstraditionen sein
soll.[14] Man würde sie aber verkennen und verharmlosen, wenn
man von ihrer Terrordimension und der untergründigen Ge-
waltgenealogie absehen wollte. Beide: eine Freiheits- und eine
Schreckenslinie gehen von 1789 aus und sind untrennbar ineinander verflochten. Die Französische Revolution ist in beidem
groß, und sie wurde als „Mutter der Revolutionen" wirksam.
Aus ihr entbindet sich nämlich eine weiterwirkende Revolutionsgeschichte, die über 1917 in den Stalinistischen Terror reicht,

---

12 Vgl. dazu: u. a. J. HABERMAS: Volkssouveränität als Verfahren, jetzt in:
Ders.: Philosophische Texte. Band 4. Politische Theorie. Frankfurt am Main
2009, S. 35ff.; siehe auch im Blick auf die Brechung M. RIEDEL: Tradition und
Utopie. Ernst Blochs Philosophie im Licht unserer geschichtlichen Denkerfah-
rung, Frankfurt am Main 1994, vor allem S. 14ff.
13 P. SLOTERDIJK: Die schrecklichen Kinder der Neuzeit. Über das anti-ge-
nealogische Experiment der Moderne, Berlin 2014.
14 Dies erfordert etwa eine Genealogie und Kritik des Volkssouveränitätsbe-
griffs, ohne dass dessen normativer Gehalt preisgegeben würde. Eine stärkere
Orientierung auf die amerikanische Revolution und Dokumente wie die Madi-
son Papers könnte die Folge sein.

und vielfache Filiationen in Asien und Afrika nahm. Diese Entwicklung, das Schattenbild des „Fortschritts im Bewusstsein der Freiheit", erahnten die deutschen gelehrten Beobachter in den 1790er Jahren nicht, als sie beschrieben, wie sich das revolutionäre Morgenrot in Blutrot färbte, das vielberufene neue Licht der Vernunft zur verheerenden Himmelsfackel wurde. Für eine Zeit, in der geistige und realgeschichtliche Grundereignisse von gleichermaßen durchgreifender Bedeutung waren, war und blieb neben Fichtes Wissenschaftslehre und Goethes „Wilhelm Meister" die Grande Revolution die Epoche machende Zäsur des Zeitalters. Fichte sprach einige Jahre später indes vom „Zeitalter der vollendeten Sündhaftigkeit", dem „Atheismus der sittlichen Welt", in dem alle Bindungen aufgelöst sind und die Emanzipation bis auf Weiteres sich von allem Ethos abgetrennt hat.[15] Zur gleichen Zeit trat ein Nihilismus in den Blick, in dessen Schatten der Tod Gottes gähnt. Ein Kataklysmus der Haltlosigkeit, der die sich überstürzenden Modernebewegungen seither in Atem hält und wie ein Sturmwind vor sich hertreibt.

Hegel traf den Kern: Eine „Ordnung der Freiheit" (Friedrich August von Hayek) zu etablieren, dies konnte jener Revolution tatsächlich nicht gelingen. An ihr wendet sich und kippt daher der rousseauistische universale *Contrat social*. Rousseau hatte Wert darauf gelegt, dass der Gesellschaftsvertrag überparteilich und rein formal orientiert bleibt. Damit ist es zu Ende. Unübersehbar bedeuten die Berufungen der Revolution auf Rousseau zugleich eine weitreichende Verzerrung, wenn die jeweils führenden Revolutionsparteien mit der *volonté generale* gleichgesetzt werden. Erst die Revolution brachte auch einen Menschentypus hervor, der ganz und gar Partei war. Mit den „Feuillants" traten bekanntlich die letzten Vertreter der geprägten Eliten von der politischen Bühne ab. Es beginnt jenes Treiben und Getriebenwerden, in dem die Revolution ihre Kinder frisst. Säuberungen

---

15 J. G. FICHTE: Die Grundzüge des gegenwärtigen Zeitalters (1804), in: Fichtes Werke, hrsg. von I. H. Fichte. Band VII. Berlin 1971, hier insbes. S. 102ff.

und ein Manichäismus, der gnadenlos zwischen Freund und Feind scheidet, bestimmen seither die Revolutionslogik. François Furet hat in seiner brillanten Revolutionsgeschichte bemerkt: „Die Guillotine, die ‚Sichel der Gleichheit', schafft die Illusion, dass beiden Wünschen, dem nach Gleichheit und rächendem Gericht, Genugtuung widerfährt."[16] Die Revolution kann exemplarisch lehren: Freiheitsgeschichte wird zur Zerstörungsgeschichte, dort, wo sie in ihrem stürmischen Furor innehält, wo ihr Zukunftsbegriff linear wird und damit jedes Maß verliert. Dies hat Walter Benjamin unter dem Signum des „Angelus novus" (Paul Klees) in ein unvergesslich eindrucksvolles Denkbild gebannt: Der Engel blickt in die Vergangenheit. Doch er wird in die Zukunft gerissen. Er möchte die Trümmer aufheben, das Zerschlagene bewahren. Doch ein Windsturm treibt und reißt ihn weiter: *ad infinitum* wächst der Leichenberg in die Zukunft hinein an.[17] Der neue Kalender der Revolution zeigt, dass sie im Sog dieses Sturmwindes die *damnatio memoriae* gleichsam zum Universalprinzip ausdehnte und insbesondere gegen das Christentum wandte.

Wenn die Ideologien der wechselnden und einander wechselseitig liquidierenden Parteien sich mit der Idee des Guten selbst identifizieren, steht, wie Hegel erkannt hat, jeder unter Verdacht: Dies bedeutet die Destruktion von Versöhnung und Verzeihung, aber auch der Möglichkeit des neutralen Rechts. Friedrich Schiller hat als einer der ersten die erschreckende Ambivalenz der Revolution zutage gefördert, in einer Analyse, die die Dialektik von Aufklärung und Moderne zur Explikation brachte und der gegenüber alles spätere, einschließlich Horkheimers und Ador-

---

16 F. FURET: Die Französische Revolution, München 1989, S. 271.

17 W. BENJAMIN: Über den Begriff der Geschichte, in: BENJAMIN: Gesammelte Schriften I.2, Frankfurt am Main 1991, S. 697/698. Es handelt sich hier um die entscheidende IX. Geschichtsphilosophische These, der als *Überschrift* das folgende Gedicht von Gershom Scholem auf den *Angelus novus* beigegeben ist: „Mein Flügel ist zum Schwung bereit / *ich kehrte gern zurück* / denn blieb' ich auch lebendige Zeit / ich hätte wenig Glück" (S. 697).

nos „Dialektik der Aufklärung", nur Glossen und Kommentare entwirft. Schillers Blick geht nach beiden Seiten: So schlaff und abgebraucht das *Ancien Régime* war, so niedrigkeitsverzerrt sind die Züge der vulkanösen Massen: Einseitigkeit, Entzweiung („Briefe über die ästhetische Erziehung").[18] Die Macht des Feuers, seit je auch ein Symbol für den Geist, auch gerade den Heiligen Geist, als Schöpfer und Tröster, *vis creatrix Dei*, sie verwandelt sich in einen alles verschlingenden Brand. In den einschlägigen Sequenzen seines „Lied[es] von der Glocke" hat Schiller dies in große Bilder gebracht, und Goethe hat die verheerende Macht der Vulkanisten immer wieder, auch im „Faust", dem verbindenden Wasser der Neptunisten entgegengestellt.[19] Wer aber mit kaltem Blick auf Grundereignisse der Französischen Revolution blickt, sieht neben den großen Ideen sogleich das Talmihafte; hinter glanzvollen Kulissen und Inszenierungen: die Leere. Darin mag man ein Indiz dafür erkennen, dass jene Revolution mehr als alles frühere *Presseerzeugnis* war. Endgültig bewahrheitet sich die Weisheit des alten Thuykdides, dass die Worte über die Taten mehr wiegen als jene Taten selbst. Meinungen, die Fama, und die von ihr geweckte Hysterie bilden die eigentliche Bewegungskraft. Das Symbol ersetzt die Handlung.

Die Zerstörungsmacht jener Revolutionen, die von 1789 ihren Ausgang nahmen und mit der russischen Oktoberrevolution von 1917 einen Höhepunkt finden, hat ihre Kehrseite in der in die Höhe gerichteten Megalomanie ihrer Bauten und der hybriden Baumetaphorik, die an den Turmbau zu Babel erinnert. Damit wurde der Übermensch zum massenpsychotischen Traum. Von 1789 her entsteht das Syndrom einer neuen Religion und der alles fixierende Fetisch des „Neuen Menschen". Die Erwartung einer Selbsterlösung und massenhaften Selbstüberhöhung: Der

---

18 F. SCHILLER: Briefe über die ästhetische Erziehung des Menschen in einer Reihe von Briefen, in: Schiller, Sämtliche Werke. Band V, hrsg. von P.-A. ALT u. a. München 2004, S. 570 ff.
19 Dazu: G. BÖHME: Goethes Faust als philosophischer Text, Zug 2005.

Mensch nicht mehr als „alter Deus", sondern als Gottheit schlechthin. Wie Eric Voegelin oder Raymond Aron[20] schon in den frühen dreißiger Jahren erkannt haben, sind es vor allem gnostisch-
manichäische Muster, die die „Neuen politischen Religionen"
bestimmen, die in ihrer linken Ausprägung sich von 1789 herlei-
ten. Bis zum Selbstopfer eines unbedingten Gehorsams unter-
werfen Reinheit, Säuberung die Politik einer abstrakten Moral
und setzen, mit den Worten von Dietrich Bonhoeffer, das Vor-
letzte an die Stelle des Letzten.[21] Wie der nationalsozialistische
so hat auch der stalinistische Terror alle Rechtsstaatlichkeit aufgelöst. Nicht vom Gott, der die Geschichte macht, war die Rede;
wohl aber vom Geschichtsprozess, der sich selbst vollstreckt
und damit an die Stelle Gottes tritt. Der Einzelne ist in einer solchen Tektonik nichts, außer Agent der Gattungsgeschichte, die
nach Trotzki zu unerahnten Höhen sich erheben sollte. Wo eine
säkulare Religionsgeschichte ihre Ansprüche erhebt, dort muss
nach Legitimationen nicht mehr gefragt werden, um den Ge-
schichtsplan geradezu liquidatorisch zu vollstrecken. Widerpart
war der faschistische Totalitarismus, regredierend, barbarisch:
Nicht der Turm, sondern die Höhle (Germania), verbunden sind
beide durch ihre gnostisch-manichäische Sicht der Welt. 1989, in
weiter gefasster Perspektive betrachtet, eröffnet in der Tat die
Möglichkeit, diese doppelte totalitäre Logik zu durchbrechen.

II

Das Gegenbild, die Revolution von 1989, hatte ein langes Vorspiel,
auch in Deutschland selbst. Dazu gehört nicht nur der 17. Juni
1953, dazu gehören auch die Biographien jener Opposition, die

---

20 Vgl. dazu H. MAIER: Politische Religionen. München 2007. Grundlegend:
E. VOEGELIN: Die politischen Religionen, München 1993. R. ARON: Demokratie und Totalitarismus, Hamburg 1970: Die Wurzeln dieser Diagnose gehen
auch bereits in die dreißiger Jahre zurück.
21 D. BONHOEFFER: Ethik. Dietrich Bonhoeffer Werke Bd. 6, München 1992,
S. 137ff.

sich dem „eisernen Band" der Ideologie stetig wie der Tropfen und teilweise entwanden.[22] Man sollte bedenken, dass ohne die schmerzliche, aber zugleich nicht zu beugende Prägung dieser Biographien durch Jahrzehnte hindurch 1989 nicht möglich gewesen wäre. Manche Lebensläufe, die zu früh endeten, die durch Gewaltwirkung zerbrochen wurden, deren Potenziale sich nicht entfalten konnten, sind erst in dem guten Ausgang gerettet und bewahrt. Nicht wenige von ihnen erkannten seit Mitte der fünfziger Jahre, dass, wie mein philosophischer Lehrer Manfred Riedel (1936-2009) formulierte, im Ulbricht-Umkreis „die Phrase in die Phrase verliebt" sei. Diese Phraseologie empörte sie, diesseits und jenseits gängiger politischer oder geschichtsphilosophischer Klischees. Nicht wenige von jenen denkenden jungen Menschen wurden in die Produktion verschickt, ihr Leben aus der Bahn geworfen: Unfälle, früher Tod waren nicht selten. Das Gesicht der „kommoden Diktatur" hatte die DDR nur für die, die schwiegen und sich anpassten, und vor allem für die Linke des Westens. Die Fratze der totalen Überwachung, der Demütigung, Erziehungsdiktatur lag nicht allzu weit unter der Oberfläche verborgen. Die Geschichte der DDR-Opposition bis in das Jahr 1989 legt auch eindrucksvoll darüber Rechenschaft ab, dass sich nicht nur Unmut angestaut hatte, dass keinesfalls Hass bestimmend und keineswegs ein arbiträrer „DM-Nationalismus" (wie Jürgen Habermas damals dekretierte) leitend war (wie verständlich auch die Suche nach einem ökonomisch besseren Leben ist!). Wesentliche Quellen des Wandels sind vielmehr ein unbändiger, oft jugendlicher Lebenswille bei jenen Frauen und Männern um das 40. Lebensjahr, die die damalige Revolution trugen, eine Parrhesia, ein Sagen- und Erkennenwollen. Den gedämpften, ergrauenden Ton wollten – und konnten – sie nicht ertragen. Ein durchgehender Tenor: Es gebe nichts Kostbareres als die eigene Lebenszeit. Sie darf nicht vergeudet werden. Kirchliche Räume

---

22 Vgl. E. NEUBERT: Geschichte der Opposition in der DDR 1949–1989. Berlin [3]2002.

bedeuteten ein *Asylon*, ganz im antiken Klang des Wortes: einen Raum der Unverletzlichkeit. Eine andere Sprache war dort zu hören als die der Partei. Und allein dies schärfte den Blick für den falschen Zungenschlag, für die Leerformeln von „Freiheit", „Gleichheit", „Frieden", „sozialistischen Brüdervölkern". Ein wesentlicher Ort waren dabei die Sprachenkonvikte und theologischen Seminare in Naumburg, Leipzig, Erfurt und Ost-Berlin. Oppositionsgeist, Widerspruch durchziehen, keineswegs nur oder auch nur primär von Akademikern geprägt, die Geschichte der DDR: von Neugier, Unbeugsamkeit bestimmt, ständig davon bedroht, zerstört und zerbrochen zu werden – und doch im letzten unverloren.

Manfred Riedel hat 1991 in seinem Erinnerungsbuch an das „vergessene Land" (nicht die DDR, sondern die verlorene Einheit des anderen Deutschland) von der „Zeitkehre" gesprochen:[23] ein großes Wort, das sich rechtfertigen lässt, wenn man das Beben von 1989 mit der langen Geschichte der Verflechtung von Ideologie, Pseudoreligion und Terror in Verbindung bringt, die sich seit der „Grande Révolution" von 1789 entfesselte. Dieses Gehäuse, das in die Geschichtserinnerung so fest eingebrannt ist wie real-sozialistische Zweckbauten in die Fundamente der Vergangenheit eingezogen wurden, brach, höchst erstaunlich, in wenigen Monaten wie ein Kartenhaus in sich zusammen. Der Umbruch hatte eine erkennbare Vorgeschichte: Martin Walsers Rede über das eigene Land Deutschland, im Herbst 1988 in den Münchener Kammerspielen, beschwor im Blick auf Gedichte von Wulf Kirsten eine Sprachkraft, die sich nicht im Teilungskäfig auffangen ließ und eben von diesem Land sprach: „erde bei meissen". Zu schweigen ist aber auch nicht von der Vorgeschichte, dem europäischen Umkreis von 1989; auch hier fließt vieles zusammen: Dass die christliche Stimme ein unüberhörbarer Gegenton gegen die totalen Gestänge und Gestelle war, zeigen

---

23 M. RIEDEL: Zeitkehre in Deutschland. Wege in das vergessene Land. Berlin 1991, hier insbes. S. 156ff.

die Jahre vor 1989 eindrücklich und in einem vielbeschriebenen vielfachen Beben durch den gesamten mitteleuropäischen Raum. Mitteleuropa konstituierte sich zwischen den Blöcken als Realität neu, wo es doch zuvor nur Schlachtfeld- und Schachbrett, ein geographischer Begriff im Niemandsland, gewesen war. Vergessenes wurde aus den Trümmern freigelegt und kam wieder zur Geltung. Die besten Züge der alten „kakanischen" Donaumonarchie, die Antipolitik, kam durch György Konrad als Ethos wieder zum Vorschein; oder durch Václav Havel, den Dichter, Anarchisten, später würdigen Präsidenten. In Polen waren die Verhältnisse anders gelagert. Niemals hatte die neue kommunistische Religion die katholische Tiefenprägung außer Kraft gesetzt. Ihre Kraft erfuhr eine ungeheure Bestätigung, als Karol Wojtyła 1978 zum Papst gewählt wurde. Stalins alte Frage nach den „Bataillonen", die der Papst hätte, beantwortete sich durch Solidarnoćź in neuer Weise.[24]

Es sind wohlverstanden immer Kontingenzen, spezifische und sehr seltene Konstellationen, die ein großes, unerhörtes Ereignis hervorbrechen lassen. Und es bleibt eines der großen Rätsel der Geschichte, wann Zufall in Notwendigkeit, oder zumindest in eine Sinndimension übergeht, von der man sagen kann, dass Gott Geschichte macht. Solange man auf der Ebene der Kontingenzen bleibt, genügt es, an Bekanntes zu erinnern: Die militärische, politische und ökonomische Überlegenheit des Westens war in den Nahostkriegen der siebziger Jahre, Stellvertreterkriegen, sichtbar geworden. Die Bereitschaft, die marode DDR zu halten, scheint schon Mitte der achtziger Jahre bei der UdSSR-Generalität und Teilen des Politbüros bereits vor dem Afghanistan-Trauma gering ausgeprägt gewesen zu sein. Es gab, dies eine Mal scheint das allzu oft zitierte, zumeist nur Dummheit und Phantasielosigkeit kaschierende Wort zuzutreffen, „keine Alternative zu Glasnost und Perestrojka". Der Weltgeschichte

24 Vgl. J. ROSS: Der Papst – Drama und Geheimnis. Johannes Paul II, Reinbek 2000.

des Aufstiegs und Falls der großen Reiche kann man von alters einen Mechanismus ablesen, der auch der Sowjetunion bestimmt war.[25] Wenn einige wenige Steine aus dem maroden Gebäude gelöst werden, dann stürzt es haltlos in sich zusammen. Von den Randbedingungen her kann man auf den Kern vorstoßen, der auch an die Frage, wie und ob Gott Geschichte macht, näher heranführt: Wolfgang Schuller hat in seiner souveränen Darstellung die Spezifika der Revolution von 1989 betont. Zu nennen ist hier nicht zuletzt ihr vielgestaltig föderales Gesicht. Die deutschen Länder wurden aus jener Revolution wiedergeboren. Auch die verschiedenen Städte und Regionen von Thüringen bis zur Ostsee haben ihre jeweilige unverwechselbare Revolutionsgeschichte – und dies obwohl die meisten der Beteiligten keinen Telefonanschluss hatten, Kommunikation extrem schwierig war.[26]

Ehrhart Neubert begriff in seinem Buch „Unsere Revolution", das durch die Verbindung von historischer Darstellung und Selbstbericht besonders berührt, die Revolution von 1989 wesentlich als ein „Sprachereignis", eine Befreiung der Sprache und dadurch von Denken und Wahrnehmung.[27] Witz, Scharfsinn wurden wach. Die alte Sklavensprache hinderte nicht mehr am Denken. Theologen nennen dergleichen seit Gerhard Ebeling und Eberhard Jüngel „Sprachereignis". Im Sprachereignis manifestiert sich die Freimut (Parrhesia) und Metanoia (Umkehr). Es vollzieht sich eine „Revolution einer Denkart", die sich in der Begegnung des Menschen mit Gott, im Angeredetsein und

25 Dazu J. BURCKHARDT: Über das Studium der Geschichte. Weltgeschichtliche Betrachtungen, München 1982, hier insbes. S. 205 ff.

26 Darauf weist E. NEUBERT in „Unsere Revolution" zu Recht hin, ebenso wie W. SCHULLER: Die deutsche Revolution 1989. Berlin 2009, S. 129ff.

27 E. NEUBERT: Unsere Revolution (s. Anm. 2), S. 13 ff. Zum Sprachereignis vgl. E. JÜNGEL: Gott als Geheimnis der Welt, Tübingen 1977. Es scheint nicht ganz zufällig, dass jene hermeneutische, auf das Sprachereignis bezogene Theologie an den Sprachkonvikten und theologischen Seminaren der einstigen DDR besonders lebendig war.

Antworten vollzieht. Das „Pleroma" ist biblisch die erfüllte Zeit, zeigt sich, wenn das Wort Ereignis wird. Die Verstellungsdialektik zerbröckelt angesichts eines Sprachereignisses. Es stellt sich die Frage, warum man denn die Sklavensprache noch sprechen soll? Manfred Riedel zitierte damals Hölderlin: „Dennoch merket die Zeit der Gewittervogel! Und zwischen / Bergen, hoch in der Luft weilt er und rufet den Tag" („Heimkunft"). Ist dies zu hoch gegriffen für die Konstellation von 1989? Ich meine nicht. Ging es doch in aller Nüchternheit und Entschiedenheit um die Wiedergewinnung der Entschiedenheit selbst, um eine Revolution in Denken und Sprechen. Die hysterische Inszenierung und Selbstmythisierung war nicht Sache dieser Revolution. Derartiges ist mecklenburger, sächsischer und lausitzer Mentalität auch eher suspekt. Dieser zurückgenommene Gestus aber ist mehr als nur Sympathie erweckend: das ist er auch, gerade in Deutschland, mit seiner oft unseligen Maßlosigkeit in Emphase und der darauf folgenden ebenso maßlos verbitterten Selbstkasteiung. An ihm lässt sich ein enger Bezug zu Wahrhaftigkeit und Wahrheit erkennen, gerade eine Absage an alles Talmihafte und alle Selbstmystifizierung.

Gewaltfrei war diese Revolution. Doch in mutiger Hartnäckigkeit wurde sie geführt. Man wich nicht zurück in den Kirchhoffrieden der alten Macht. Gewaltfreiheit bedeutete deshalb nicht die Wahrung des bestehenden Kirchhoffriedens. Das Votum „Keine Gewalt!" war darum so überzeugend, weil es als Selbstverpflichtung gemeint und gleichermaßen als Appell an die Staatsmacht gerichtet war. Es hatte ein Janusgesicht. Was indes der einstige Bautzen-Häftling und große Chronist des 20. Jahrhunderts Walter Kempowski in seiner eingangs zitierten Bemerkung als den Mangel dieser Revolution begriff, dass kein Blut floss („Kein Stasi-Mann wurde an einer Laterne aufgehängt und die ‚Staatsmacht' gab nicht einen Schuß ab"[28]), dieser vermeintliche Makel erweist sich gerade als das Siegel dieser

---

28 Wieder nach E. NEUBERT (s. Anm. 2), S. 415.

Revolution. Hinzu kommt ein Weiteres: Diese Revolution hatte unstrittig klug Handelnde, die aufeinander hören und miteinander streiten konnten; sie waren so feinhörig, dass ihnen die falschen Töne der einstigen Parteiherren, die nun selbst vom „Dritten Weg" faselten, nicht entgingen. Sie hatte indes keinen Robespierre oder Lenin, keine charismatischen Herrscher und Revolutionsführer – zu ihrem eigenen Guten. Entscheidend jedenfalls ist, dass jene Revolution eigentlich und zuerst eine *Reformatio* war, suchte sie doch hinter dem Deformierten wieder tragfähige Lebensformen zu gewinnen. Wachsender Zweifel, ein Bewusstsein, es könne anders sein, und die klare und unbeirrbare Überzeugung, sich sein eigenes Leben, das Kostbarste, was man hätte, nicht zerstören zu lassen, summierten sich, vielstimmig zu einem stillen Sturm.

Der Muff einer verödeten geistigen Gesellschaft, die ihre besten Geister kujoniert und zerbrochen, viele von ihnen vertrieben hatte, war bei allem Paternalismus unerträglich geworden! Die Fenster wurden weit aufgestoßen. So war es insbesondere die Diskrepanz zwischen der geschlossenen Selbstdarstellung der Ideologie und der Wahrnehmung der Realitäten, an der sich der Protest entzündete: Menschenwürdiger Transport von Kranken schien geradezu konterkariert durch die tatsächlichen veralteten, ruinösen Transportfahrzeuge. Die humanistische Bildung beim Wort zu nehmen, hieß: zu fordern, dass sie von Ideologie befreit wurde[29] (das alles freilich in Zeiten, in denen westliche SDS-Organisationen die Feminisierung und antifaschistische Eichung von Forschung und Lehre reklamierten!). Es ist vielleicht das Erstaunlichste, wie sich das Ethos dieser Revolution durchhielt, so sehr sie durch MfS-Spitzel und falsche Freunde beeinträchtigt wurde. Ein *Kairos* stellt sich mitunter ein. Doch dass aus ihm geschichtliche Stabilität inmitten einer Krisenzeit erwächst, ist alles andere als selbstverständlich. Nicht das gefährliche – und

---

29 Vielfaches Anschauungsmaterial bieten in diesen Fragen die Monographien von E. NEUBERT und W. SCHULLER.

verführerische große Pathos, auch nicht Enthusiasmus („Wahnsinn" war ein Ausnahmewort als die Mauer fiel), wohl aber ein veritables, belastbares Glücksgefühl zeichnete die Revolution aus. Ethos und Pathos griffen hier so ineinander, wie es die antike Philosophie lehrt: dass die Übermacht wich, dass in das stahlharte Gehäuse ein befreiender Windhauch eindringen konnte, war alles andere als selbstverständlich! Welche Lebensmacht Worte und Gedanken hatten, wurde in jenen Wochen erfahrbares – und irreversibles – Ereignis. Entscheidend ist dabei, dass es der Staats- und Parteiführung bei aller Macht und viel List, die ihr noch als Sterbender zu Gebote standen, nicht mehr gelang, sich zu rekonstruieren: Das Image der Reformer aus den Reihen der SED war nicht glaubhaft, die Krenz-„Dialoge" wurden mit Sprachwitz und semantisch moralischer Sensitivität auf die „Lüge" reduziert, die ihr trauriger Kern war. Und die Staatssicherheit als Reformer – in Gestalt von Markus Wolf – war, kaum aufgetreten, schon durchschaut. Die Aktenlage zeigt bedrückend, wie sich die Macht an ihren Bestand klammerte und was bis zu einem sehr späten Zeitpunkt von ihr zu gewärtigen war. Gerade Neubert belegt in erschütternden Details, wie zuletzt noch durch Geschichtspolitik, antiimperialistische Abwehr, oder der Abwehr „rechter" Bedrohung eine Neumobilisierung erreicht werden sollte. Verbündete im 68er geprägten linken Meinungsklima des Westens hätte man dafür unschwer gefunden![30] Doch dahinter erwachte der Sprachwitz: „Wenn die Deformer von gestern heute die Reformer sind,/ dann kann irgend etwas nicht stimmen/ oder ich bin taub und blind." Das Wiederzutagetreten einer bürgerlichen Gesellschaft zeigte, dass sie in nahezu sechzig Jahren der totalitären Einmauerung nicht zerstört war. Es zeigte sich ein Typus des Citoyens, dessen Schwäche seine Stärke war.

Als bemerkenswert an dieser Revolution erweist sich auch der Mut zum Gegensatz, Widerspruch, Auseinandersetzung.

---

30 Dazu u. a. E. NEUBERT: Unsere Revolution (s. Anm.2), S. 292 ff., der die Gegenreaktionen der Staats- und Parteiführung differenziert wiedergibt.

Einigkeit bedeutete keineswegs gesichtlose Einheit. „Nur Unterschiedenes ist gut", lehrte Hölderlin. Gerade nach dem Kairos der Maueröffnung musste zur Debatte stehen, ob die deutsche Einheit auf die Tagesordnung gesetzt wurde. Man wird dem Verlauf der Geschichte nicht zu nahe treten, wenn man festhält, dass die Form der Einung zunächst nicht in der Intention der Mehrheit ihrer Köpfe lag. Beeindruckend bleibt der nicht korrumpierbare kritische Blick, der auch dazu führte, dass eigene Positionen revidiert wurden.[31] Gewiss, es gab tiefreichende Unstimmigkeiten auch in der Bürgerrechtsbewegung. Sie konzentrierten sich auf die Frage, wie viel am Sozialismus zu retten sei. Doch es bildete sich gegen alle Evokationen eines dritten Weges, der nicht selten interessegeleitet ins Spiel kam, dennoch die Einsicht in die Unumkehrbarkeit eines Weges zu einer demokratischen Freiheit in einem europäischen Deutschland. Wie immer in den Wochen um den Wendepunkt die konkreten Konzeptionen aussahen: es flossen genuin in der deutschen Geschichte angelegte Möglichkeiten des Föderativen mit dem westlichen demokratischen Weg zusammen.

Revolutionen bedeuten immer eine ungeheure Beschleunigung der Zeit, weshalb, im Sinne Walter Benjamins, der Engel der Geschichte Einhalt rufen möchte. Sie machen Epoche, sind in sich fluktuierende, irisierende Zäsuren. „Epoche" meinte noch für Goethe gerade diese Zäsur, nicht das Zeitalter, das aus ihr hervorgehen mag. Auch 1989 trat jene Zeitbeschleunigung ein, die Demonstranten trieben die Politik vor sich her – zunächst die Gerontokraten der SED, diese „verdorbenen Greise" (Wolf Biermann) und Sinnbilder totalitärer Perzeptionsverweigerung, dann aber auch die professionalisierte Politik im Westen, die niemals über die Zweistaatlichkeit hinaus zu denken gelernt hatte. Und doch: keine Furie des Verschwindens war entfesselt! Wäre dies ein Indiz, dass Gott Geschichte macht?

---

31 Dass dieser Vorgang keineswegs „glatt", sondern im Sinne schwierigster Selbstbefragungen vonstatten ging, versteht sich.

Die Revolution musste nicht alles neu machen. Sie brauchte keine eigene Fahne, auch eine eigene Hymne hatte sie nicht. Ihre Slogans waren spontan geboren, doch wann und wo immer das „Wir sind das Volk" zuerst aufgekommen sein mag (viel spricht dafür, dass dies an verschiedenen Orten fast gleichzeitig geschah, die Früchte fallen zur gleichen Zeit in verschiedenen Gärten), wenn: „Wir sind ein Volk" daraus wurde und diese Forderung mit „Freiheit" und „Freien Wahlen", Gerechtigkeit verknüpft wurde, dann verband sich darin stets ein freiheitlicher Vernunftrepublikanismus mit einem nach- und antitotalitären Patriotismus. Die Revolution von 1989 verlor sich nie ins Allgemeine, in die immanenten Welterlösungsideologeme, auf die fast immer die (Selbst-)Zerstörung folgt. Ihre Intention trifft sich mit Kants Aussage, der „wahre Kosmopolit" müsse „in der Anhänglichkeit für sein Land Neigung haben, das Wohl der ganzen Welt zu befördern"[32]. Die Revolution von 1989 war auch eine Erneuerung (*Renovatio*): Sie zerstörte nicht, sie löschte nicht aus. Sie hob Vergessenes wieder ins Gedächtnis. Der nicht zerstörende Charakter der Revolution setzte sich im besten Sinne in den Freilegungen der Substanz der mittel- und ostdeutschen Städte fort: Der Habitus einer von Jahrhunderten geprägten Kulturlandschaft war schon nach wenigen Jahren wieder erkennbar: in Erfurt oder Weimar, Jena, Wismar oder Greifswald. Neben dem Glück findet man die nachdenkliche Klugheit (*phronesis*) in die Geschichte der Revolution von 1989 eingeschrieben. Es war niemals Fanatismus, wohl Leidenschaft, die sie leitete. Einfallsreichtum und List kamen dazu, doch eben nicht allein – dahinter zeigte sich ein tiefer, zugleich heiterer Ernst, und etwas von dem Gewissen, das Martin Luthers Reformation bestimmt: die Einsicht, *simul iustus et peccator* zu sein, ein Glutkern, der auch einen

---

32 So I. KANT: Metaphysik der Sitten, Nachschrift Vigilantius, AA XXVII, 2,1, S. 674. Dazu den grundlegenden Aufsatz von M. RIEDEL: Menschenrechtsuniversalismus und Patriotismus. Kants politisches Vermächtnis an unsere Zeit, in: Allgemeine Zeitschrift für Philosophie 18 (1993), S. 1ff.

Menschen zu prägen vermag, der nicht im ersten und letzten glauben kann. Es ging um etwas. Man mischte sich, wie Wolf Biermann lakonisch, aber zutreffend sagte, endlich wieder „in die eigenen Angelegenheiten" ein. Wenn man sich diese Stimmung im Gespräch mit den Zeugen der kaum vergangenen Zeit noch einmal vergegenwärtigt, dann zeigt sich nicht der Triumph, sondern, wenn der an Thomas Mann angelehnte Begriff erlaubt ist, ein „Gnadenglück", ein erstauntes Glück, wie viel möglich war, durch Mut, Nachdenklichkeit, die Sprache des Gewissens. Man sah, auf welch tönernen Füßen der Koloss stand, dessen Schikanen und Nadelstiche doch aus dem Leben nicht mehr wegzudenken waren. Dieser Sprachregelung nicht mehr unterworfen zu sein: Welche Energie und welche Intelligenz setzte es frei! Ich saß in jenen Wochen gebannt vor dem Fernsehschirm, wenn die großen Volkskammerdebatten bis tief in die Nächte hinein gingen; ein spätes Stadium, nach den „Runden Tischen" mit all ihrer legitimatorischen Ambivalenz, in dem aber der Geist der Revolution in den Sprechern der Bürgerbewegung einmal – und nicht selten: letztmals – öffentlich wurde. Hier waren Anzeichen von Natalität zu sehen, wie sie Hannah Arendt beschworen hatte: des lebendigen *politeuein*, gemeinsamen Handelns in *statu nascendi*, in einer politischen Zwiesprache.[33] Und: Es zeigten sich keineswegs zuerst „Menschen in der Partei" (Nietzsche).[34] Vielmehr schimmerte immer wieder eine bewusste Distanz und Differenz zwischen Mensch und Amt auf, der Mensch blieb sichtbar. Die Selbstironie, das Staunen, die Verflüssigung von Ämtern, wenn ein Pfarrer Verteidigungsminister wurde, bleiben unvergesslich. Die Würde des Amtes verliert dadurch nichts. Einbußen erleidet

33 Vgl. u.a. H. ARENDT: Was ist Politik?, München, Zürich 1993. Bei H. Arendt wird diese Natalität und Ursprünglichkeit freilich sehr stark im Kairos der Revolution verankert. Weniger scheint es sie zu interessieren, wie diese in Institutionen und Stabilisierungen übergeht. Doch gerade dies lehrt 1989 exemplarisch.

34 Vgl. dazu: F. NIETZSCHE: „Menschliches Allzumenschliches", Kritische Studienausgabe Band 2. München 1980, S. 239ff.

sie hingegen, wenn sich Karrieristen mit ihr schmücken. In der deutschen Geschichte kannte man dies nicht, und in der Weltgeschichte muss man lange suchen, bis man Ähnliches findet.

Manche Berufspolitiker und -diplomaten des bundesrepublikanischen Establishments nahmen die Demonstranten und die neuen Politiker zunächst nicht ernst. Das Wort von der „Laienspielerschar" ging glatten Technokraten der Macht, die allzu leicht ihren Frieden mit Teilung und ihre Usancen mit der SED gemacht hatten, aber für Widerstands- und Friedensgruppen nicht ansprechbar waren, schnell über die Lippen. Die deutsche Einheit werde nicht spruchreif werden, war in Dossiers noch im Sommer 1989 zu lesen.[35] Wenn man, wie in der großen Darstellung von Eckart Conze jüngst geschehen, die Geschichte der Bundesrepublik auf das Leitmotiv der „Suche nach Sicherheit" bringt und zu Recht notiert, dass sich die „Wiedervereinigung selbst" in den 1990er Jahren eher als „Reformblockade" erwiesen habe, auch, „weil die Mehrheit der Menschen in der ehemaligen DDR zu Recht den Anspruch erhoben, nun zu Bürgern der Bundesrepublik in jener Gestalt zu werden, die diese am Vorabend des Mauerfalls hatte"[36], wird man vielleicht den Randbedingungen, nicht aber der inneren Dynamik jener Revolution gerecht. Es ist wahr: der Kairos von 1990 konnte darüber hinwegtäuschen, dass die Welt ein unsicherer Ort geworden war als zuvor. Gleichwohl: 1989 zeigte sich eine eindrucksvolle Verbindung der deutschen Geschichte mit der Freiheitsfrage.[37] Wenn das Gewicht dieser Revolution geradezu eklatant verkannt und ihr abgesprochen wurde, sich in die neuzeitliche Freiheitsgeschichte einzutragen, so traten darin Muster der Grande Révolution von

---

35 Darauf weist zu Recht W. SCHULLER: Die deutsche Revolution (s. Anm.26), S. 312ff, im Blick auf eine besonders aussagekräftige, ja decouvrierende Begebenheit hin.

36 E. CONZE: Die Suche nach Sicherheit. Eine Geschichte der Bundesrepublik Deutschland. Berlin 2009, S. 745.

37 Vgl. H. MAIER: Das Freiheitsproblem in der deutschen Geschichte, Heidelberg 1992.

1789 und ihres Freiheitsverständnisses zutage, das sich in der linearen Fortschrittsgeschichte eines Projektes der Vernunft versteht. Freiheit wird aber nicht nur negativ bestimmt werden dürfen. Sie ist als ermöglichte und eröffnete Freiheit zu verstehen, womit wieder an die Sphäre des Transzendenten gerührt ist.

Es ist aufschlussreich, dass Jürgen Habermas, einer der seinerzeit vehementesten Gegenredner der Revolution von 1989, in den letzten Jahren Zweifel an jener linearen Emanzipationsgeschichte artikuliert hat. Eine öffentliche Semantik, die das, was einmal Sünde war, nurmehr säkular benenne, hinterlasse letztlich nichts als Irritationen, weiß Habermas heute.[38] Und er stellt sich in die Reihe einer andenkenden Philosophie, die mit Walter Benjamin die Erlösung als einen „Rückschein" vom Paradiese her und das Versprechen der Rettung des Gewesenen befasst. Habermas bemerkt in diesem Sinn 2004:

> „Eine entgleisende Modernisierung der Gesellschaft im ganzen könnte sehr wohl das demokratische Band mürbe machen und die Art von Solidarität auszehren, auf die der demokratische Staat, ohne sie rechtlich erzwingen zu können, angewiesen ist. Dann würde genau jene Konstellation eintreten, die Böckenförde im Auge hat: Die Verwandlung der Bürger wohlhabender und friedlicher liberaler Gesellschaften in vereinzelte, selbstinteressiert handelnde Monaden."[39]

Wolfgang Schuller ist in der Summe dieser Beobachtungen voll und ganz zuzustimmen, wenn er meint, dass sich *gemeinsames* Geschichtsbewusstsein der Deutschen in Europa vor allem auch auf den Herbst 1989 gründen lassen könnte: „Ein Ereignis, das ohne jegliche Relativierung ein neues deutsches Selbstgefühl der Freiheit begründen könnte? Das wäre eine glückhafte neue Identität aller Deutschen, die die Höhepunkte früherer deut-

---

38 J. HABERMAS: Glauben und Wissen. Rede zum Friedenspreis des deutschen Buchhandels, Frankfurt am Main 2001.
39 J. HABERMAS: Vorpolitische Grundlagen des demokratischen Rechtsstaates?, in: DERS./J. RATZINGER: Dialektik der Säkularisierung, Freiburg im Br. 2005, S. 26.

scher Geschichte in sich einschließen könnte."[40] Und Ehrhart Neubert fügt überzeugend hinzu: Erstmals sei die Zeile der Nationalhymne: „Einigkeit und Recht und Freiheit" 1989 wieder mit Leben erfüllt worden.[41] Die Revolution von 1989 hatte auch dezidiert deutsche Züge, ohne dass je der Bruch von 1933–1945 zurückgenommen worden wäre.[42] Doch Phänomen und Vermächtnis der Revolution weisen über die deutsche Dimension hinaus. Man wird sagen können, dies sei die erste Revolution der Deutschen gewesen, die den Namen verdient! Was für eine Revolution aber, eine die den Revolutionsbegriff selbst verändert, in der Sicherung von Rechtsstaatlichkeit und Gewaltenteilung vielleicht noch am ehesten der amerikanischen vergleichbar, ungleich näher aber der Reformation Luthers. 1968, aber auch 1918/19 der Aufstand der Arbeiter- und Soldaten und die Räterepublik waren, wenn man sie „Revolutionen" nennen soll, doch nur Surrogate, Filiationen von anderen großen Gärungen.

III

Spätestens hier kann man zum Fragekern vorgestoßen werden: Lässt sich eine geschichtstheologische Deutung dieser Revolution rechtfertigen, lässt sich gar begründet nahelegen, dass Gott Geschichte macht? Auch dies ist nicht selbstverständlich und erfordert eine kurze Selbstverortung: Nach 1945 trat eine „skeptische Generation" auf den Plan, die die letzten großen Fragen nicht mehr behandeln, aber auch nicht auflösen, sondern einklammernd wollte. Dies mag aus der Sicht der um 1930 Geborenen nur allzu verständlich sein. Dass eine andere Generation, durch den authentischen Engpass hindurchgehen muss, sich mit

---

40 W. SCHULLER: Die deutsche Revolution 1989 (s. Anm. 26), S. 318.

41 E. NEUBERT: Unsere Revolution (s. Anm. 2), S. 441.

42 Die Formulierung vom „untergang der deutschen nation" stammt von Rudolf Borchardt aus dem Jahr 1943. Ders.: Anabasis. Aufzeichnungen, Dokumente, Erinnerungen. 1943–1945. Hrsg. von C. BORCHARDT in Verbindung mit dem Rudolf Borchardt-Archiv, München o. J.

diesem Selbstverständnis aber nicht *eo ipso* zufriedengeben darf, scheint mir von heute her geboten zu sein.

Nun zur Sache: Entscheidend an christlicher Deutung von Geschichte ist nicht der Zweifel, ob es einen Gott gebe, sondern die Anfechtung, ob Gott je und je gegenwärtig ist. Der in Jesus Christus Mensch gewordene Gott ist in der konkreten Geschichte oftmals, ja zumeist, nicht erkennbar, oder er erscheint verzerrt, wie unter Masken. Luther sprach deshalb auch in eindrücklichen Bildern von den „Mummereien" und der „Larvatio Gottes". Der *Deus absconditus* indes ist nicht nur der *abwesende* Gott. Er kann zur Maske und Verzerrung werden, und dies umso mehr, je intensiver man nach ihm sucht. Eben dies ist die geradezu diabolische Verzerrung, die das Gesetz in seiner Zweideutigkeit annimmt. Da christlicher Glaube die Mitte in der Zeit (*ephapax*) in der Menschwerdung, dem Tod und der Auferstehung Jesu Christi sieht, kann er sich in freiem Abstand zur Frage nach dem Sinn der Geschichte verhalten. Er kann auch diesen Sinn, im paulinischen Verständnis, „haben, als besäße er nicht"[43]. Die *Heilsökonomie* Gottes ist endlichem menschlichen Wissen *eo ipso* verschlossen. Nur vereinzelt mag sie sich erahnen lassen. Dies wäre eben der Augenblick von „Geschichtszeichen", die dann aber nicht primär, wie bei Kant und Hegel auf den „Fortschritt im Bewusstsein der Freiheit" zielen, sondern auf das Handeln Gottes in der Welt.

Die große Geschichtstheologie von Aurelius Augustinus in *De civitate Dei* tritt aus dem kairologischen Bezug der frühen Christen heraus, die sich am Ende der Zeit wussten und deshalb an der Naherwartung des Endes der Zeit festhielten. Sie lehrt uns, dass die beiden Civitates, die Civitas terrena, die sich immer wieder zur Civitas diaboli verhärten und pervertieren kann, und die Civitas Dei bis zum jüngsten Tage ineinander verschlungen

---

43 Ich verweise auf die beiden exemplarischen Einführungen: G. EBELING: Luther. Einführung in sein Denken, Tübingen 41981 und: O. BAYER: Martin Luthers Theologie, Tübingen 32007.

sind. Die Wirksamkeit Gottes in der Geschichte liegt zumeist im Verborgenen, in der Kraft der Schwachen. Sie vollzieht sich aber inmitten der Abfolge der innerweltlichen Geschichte und ihrer Reiche. Eine bemerkenswerte Beobachtung ist es, dass Augustinus der *civitas terrena* und ihrer *massa perdita* letztlich bei allen Bewegungen nur Stillstand, Statik zuspricht. Die Christen – auf ihrer Pilgerschaft (*peregrinatio*) – bedienen sich des irdischen Friedens, soweit es der Schutz der Frömmigkeit und der Religion zulässt, und nähern auf diese Weise den irdischen Frieden dem von Gott gesetzten Ende der Zeit an. Entscheidend ist dabei auch eine letzte Analogielosigkeit der göttlichen und der menschlichen Dinge, kongenial in der Moderne, im engen Austausch mit Carl Schmitt, Karl Barth, aber auch Walter Benjamin von Erik Peterson entwickelt: Eine politische Theologie *post Christum natum* sei unmöglich. Dies nimmt zunächst auf die politische Theologie der Antike Bezug, eine Theologisierung des Partiellen, in den Stadtgottheiten.[44] Begründet wird dies damit, dass Gott ein für alle Mal (*ephapax*) in Christus Mensch geworden sei. Jede partielle politische Theologie muss vor diesem Grund zerschellen. Diese Analogielosigkeit aber gilt gerade im Angesicht von Revolutionen: Ist doch die Menschwerdung Gottes bis zur *turpissima mors* am Kreuz *die Revolution schlechterdings* – und wäre doch dann, zu Ende gedacht, jedwede Revolution *post Christum Natum* eine Usurpation, die Gott gerade nicht Gott sein ließe? Darum aber, Gott *Gott* sein zu lassen, ging es Paulus und darum ging es den Reformatoren des 16. Jahrhunderts. Hegel, der diesen Lutherischen Geist auf den philosophischen Begriff bringt, hat die Analogielosigkeit von Weltgeschehen und Heilsgeschichte so pointiert:

---

44 Vgl. dazu grundlegend E. PETERSON: Der Monotheismus als politisches Problem, in: DERS.: Theologische Traktate. Ausgewählte Schriften Band 1. Würzburg 1994, S. 23–83; darauf erwidert C. SCHMITT: Politische Theologie II. Die Legende von der Erledigung jeder politischen Theologie. Berlin 1970. Über die Debatten mit Schmitt, aber auch mit Blumenberg vermittelt, ist hier eine besonders bewegende Frage jüngerer Geistesgeschichte aufgeworfen.

„Wenn das Kreuz zum Panier erhoben ist, und zwar zum Panier, dessen *positiver* Inhalt zugleich das Reich Gottes ist, so ist die innere Gesinnung in ihrem tiefsten Grunde dem bürgerlichen und Staatsleben entzogen und die substantielle Grundlage desselben hinweggenommen, so dass das ganze Gebäude keine Wirklichkeit mehr, sondern eine leere Erscheinung ist, die bald krachend zusammenstürzen und, das sie nicht mehr an sich ist, auch im Dasein manifestieren muss."[45]

In einer Weise, die die genannten großen Denker des christlichen Kerygmas nicht von ferne ahnen konnten, hat in der Moderne ein entgeschichtlichender Zug die große Paradoxie der Menschwerdung Gottes auf einen Punkt zusammenschmelzen lassen. Es entsteht jener von Lessing beschworene „garstige, breite Graben" zwischen der historischen *quaestio facti* und der *quaestio iuris* des Glaubens. Wenn wir die Geschichtszeichen der Heilsökonomie in concreto entziffern wollen, richtet sich dies auch gegen diese würdige Tradition.[46] Doch die Frage der Theodizee und Anthropodizee bleibt brennend, zumal sie sich seit der Mitte des 18. Jahrhunderts, innerhalb weniger Jahre nach der europäischen Debatte um das Erdbeben von Lissabon, von der Natur auf die Geschichte verschoben hat. Und zu Recht ist zu fragen, ob gerade im Christentum ein zeit- und geschichtsenthobener Kern auszunehmen sein kann, wo es doch nicht mythisch verfasst ist, sondern der Mensch Gewordene in concreto in die Geschichte eintritt. Ist nicht dieser Mensch gewordene Gott gerade kraft seiner Analogielosigkeit eben doch zuerst in seinem geschichtlichen Heilshandeln zu verstehen?

Noch einmal: Aus dem Gesagten folgt: *Gott in der Geschichte* kann gerade *nicht* bedeuten, dass einzelne Ereignisse als unmittelbares göttliches Heilshandeln gedacht und verklärt würden, so wie es in der Zwischenkriegszeit bei Exponenten einer

---

45 G. W. F. HEGEL: Vorlesungen über die Philosophie der Religion Band II. Theorie-Werkausgabe Bd. 17, S. 290.
46 Zu Kierkegaard: K.-M. KODALLE: Die Eroberung des Nutzlosen. Kritik des Wunschdenkens und der Zweckrationalität im Anschluss an Kierkegaard, Paderborn/München u. a. 1988.

alten Geschichtstheologie wie Stapel oder Emanuel Hirsch der Fall war. Dies wäre nur die Kehrseite säkularer Heilslehren.[47] Doch die Theodizee-Frage nach einem Sinn in der Geschichte ist gleichwohl nicht unsinnig oder obsolet. Die methodische Seite der Sachproblematik ist nicht ganz unähnlich wie jene einer sinn- und zweckhaften Betrachtung der Natur im Zeichen neuzeitlicher mathematisierender und Modell bildender Wissenschaft und Technik. Kant sprach in diesem Zusammenhang von der „Auslegungskunst der Gestalten", die uns viel zu denken geben. Naturschönheit ist nicht nur mechanistisch und funktional zu begreifen. Auch wenn ihre vielfachen Spielarten nicht unter einen Begriff zu summieren sind, ähneln sie doch den Kunstwerken. Kant spricht von der „Zweckhaftigkeit ohne Zweck", die sich gerade an dem, vermeintlich, verschwenderischen freien Spiel entzündet.[48] Durch sie sind wir gleichsam dazu ermächtigt, auf einen *intellectus archetypus* zu schließen. Paul Ricœur, auf den ich mich hier beziehe, denkt die Frage nach einer handelnden Präsenz Gottes in der Geschichte weiter und unterscheidet zwei Lesarten von Geschichte: Die eine versteht er als linear fortschrittsgerichtet. Sie begreift das Gewesene im Modus der Akkumulation. Ricœur bezeichnet sie als „abstrakt". Innerhalb ihres Rahmens ist der Fortschrittstopos sinnvoll; sie

---

47 Die Abgrenzung gegenüber diesen von Kodalle anzitierten Linien möchte ich deshalb meinerseits möglichst deutlich machen. Hinsichtlich der von ihm destruierten Formen von Geschichtstheologie gibt es keinerlei Differenz. Ich bestreite aber, dass er damit eine überzeugende Kritik „jeglicher Geschichtstheologie" vorträgt. Die hier vorgetragene geschichtsphilosophische und -theologische Lesart ist (wohl nicht nur ihrer Absicht nach) keinesfalls „glatt".

48 I. KANT: Kritik der Urteilskraft AA Bd. V., S. 385ff., also insbesondere die „Kritik der teleologischen Urteilskraft". Nur als kritische, reflexive Disziplin kann die Teleologie im Sinne Kants gerechtfertigt werden, und nur in diesem Sinne ist sie hier – positives – Analogon der geschichtsphilosophischen Lesart. Vgl. auch durchgehend die Thesen der philosophisch-theologischen Meditation von U. SCHACHT in diesem Band, auf die ich insgesamt sehr zustimmend hier implizit Bezug nehme.

blickt auf Errungenschaften, Technik, Habitus. Für Krisen oder Umbrüche hat sie letztlich keine Begriffe. Es ist jene Geschichtsschreibung, die die französische Strukturgeschichte und, weit weniger brillant, die deutsche Sozialgeschichtsschreibung der Bielefelder Schule auszeichnete. Die andere, „konkrete" Lesart der Geschichte hingegen geht von Ereignissen aus, und damit auch von der Zweideutigkeit zwischen Scheitern und Gelingen. Sie hat nach Ricœur nicht zuletzt eine tragische Verfassung. Ricœur weist nachdrücklich auf den Zusammenhang zwischen Größe und Schuld in dieser konkreten Geschichtsauffassung hin.[49] Freizulegen ist dabei die geschichtliche Selbstkonzeption: Zwischen Selbstentwurf, Entscheidung, Krisis, „Metanoia". Christliche Geschichtsauffassung bewegt sich in dieser Innendimension, doch sie durchbricht das Tragische. Ist sie doch letztlich auf *Hoffnung* orientiert: Der Christ glaubt, auf Hoffnung errettet zu sein. Dies bedeutet aber, „dass die weltliche Geschichte ebenfalls am Sinn teilhat, den die heilige Geschichte entfaltet, dass es zu guter letzt nur *eine einzige* Geschichte gibt, dass alle Geschichte letzten Endes heilig ist".[50] Vor diesem Horizont bleibt Geschichte christlich lesbar. Doch der Sinn, den sie freilegt, ist immer nur Fragment, Vorschein auf einen letztlich immer verborgenen Sinn, allenfalls Geschichtszeichen. Der Gedanke aber objektiviert sich gleichsam, wenn man mit Ricœur in einem zweiten Schritt, einem Gedankengang, der von Schelling bis zurück zur Patristik und zu Platons „Timaios" führt, von Zeit und Geschichte als Abbild der Ewigkeit Gottes in der Zeit ausgeht. Dies bleibt selbstredend, von der Moderne her gesprochen, ein nur „transzendentaler" oder analogischer Gedanke: die Unähnlichkeit, oder mehr noch die Unerkennbarkeit wiegt zumindest ebenso schwer wie das Erkennbare. Indes diese Überlegung führt mit Ricœur auf eine Meditation über das uns zugängliche zeitliche Bild Gottes, und eine Theologie der Geschichte, die zu-

---

49 P. RICŒUR: Geschichte und Wahrheit. München 1974, hier insbes. S. 89ff.
50 A. a. O., S. 105f.

erst eine Theologie der Liebe ist. Gemäß der ebenso tiefen wie einfachen Aussage des Kirchenvaters Irenäus:

> „Indem sich also Gott großmütig zeigte, lernte der Mensch das Gute des Gehorsams und das Böse des Ungehorsams, damit das Auge seines Geistes beides kennen lernte, für die Wahl des Besseren sich einsichtig entscheide und niemals träge oder nachlässig in den Geboten Gottes werde."[51]

Gottebenbildlichkeit in ihrer geschichtlichen Dynamik wird sich dabei durch die Einsicht auszeichnen, dass der Mensch gleichermaßen individuell und kollektiv ist, der Bruch zwischen beiden Dimensionen und ihre Zerreißung also immer schon von Übel war. Gerade im Blick darauf kann die 1989er-Revolution als ein exemplarisches Geschichtszeichen gelesen werden: Einzelne kamen in einer den Streit und die Kontroverse nicht scheuenden Weise zusammen und verbanden sich, nicht zuletzt auch im Gebet. Man wird nicht zu weit gehen, darin einen säkular *kenotischen* Zug zu erkennen: die Kraft der Schwachen und eine Mächtigkeit der Liebe, die gerade nicht überwältigt. Eine jede konkrete Kritik der Macht hat die Berufung auf den Menschen als *Imago Dei* in sich, ein Verständnis, das implizit schon in der griechischen Antike vorklingt, wenn Platon davon spricht, dass nichts schwerer wiege als das Problem, für eine Herrschaft des Menschen über den Menschen überhaupt einen Grund finden zu können. Des Menschen Hirte könne rechtlicherweise nur ein Gott sein.[52] Bei Kant schreibt sich diese Aporetik fort, in der Frage, wie es recht sein könne, dass dieser Augapfel Gottes, der Mensch, einem anderen aus seinesgleichen untertan ist.[53]

Hier kann ein tiefster, abgründiger Punkt nur angerissen werden: Gedächtnis und Versöhnung, wie sie 1989 gelebt wurden, haben exemplarische Bedeutung für das nationale Gedächtnis,

---

51 IRENÄUS: Fünf Bücher gegen die Häresien. Bibliothek der Kirchenväter. Bde. 3–4. Kempten 1912, IV. 39, auch zit. bei RICŒUR (s. Anm. 49), S. 147.

52 PLATON: Politikos 28d5ff., zugleich mit dem Mythos von den zwei gegensätzlichen Weltumläufen.

53 I. KANT: Zum ewigen Frieden, AA Band VIII, S. 352.

auch im Verhältnis zu der höchst belastenden deutschen Katastrophe. Es ist zu fragen, was es bedeutet, dass der „Untergang der deutschen Nation" nicht besiegelt wurde. Versöhnung und Gedächtnis: Nicht zuletzt bedeutet ihr Zusammenhang den Bruch mit einer gnostischen Realitätswahrnehmung, der Scheidung in Freund und Feind, die das 20. Jahrhundert prägte. Hans Blumenberg hat in seinen großen sensiblen Arbeiten darüber belehrt, dass das Christentum gerade gegen diese Gnosis Gestalt gewinne, auch wenn ihr Schatten es immer begleitete.[54] Vergebung und Verzeihung sind explizit anti-gnostische Vollzüge, doch an ihnen muss sich, wie Hegel zeigte, die Sittlichkeit erst vollenden. Indes, Vergebung setzt die Geste der Umkehrung und des Schuldeingeständnisses voraus, fundamentaler: des *Umdenkens*, das für Luther gar ein „fröhlich werck" ist. Der jüdische Messianismus bereitete diese christliche Geschichtsauffassung vor: Er zeigt, dass die messianische Zeit keine andere Zeit sein werde, sie werde nicht durch einen Schnitt konstituiert werden, so wie es sich säkulare Heilslehren immer denken müssen. Es wird dieselbe Zeit mit ihren pathischen Landschaften und ihrem Golgatha des Individuums sein, doch im Lichte der Rettung.[55] Es wird deutlich, dass eine Revolution, die das Bild des Menschen reformierte, die Gedächtnis mit Vergebung verband (Hegelsche Vergebungstopologie), die das langher Zerstörte wieder freilegte und nicht in neue Zerstörungen überführte, in diesem Zusammenhang von der besonderen Bedeutung eines „Geschichtszeichens" sein kann. Wenn es wahr ist, was Thomas Mann einmal bemerkte, dass herausragende Ereinisse zwar in Jahrzehnten, aber doch auch in Jahrhunderten und vielleicht gar einmal in Jahrtausenden gemessen werden, dann bedeutet 1989 den Durchbruch aus jener Zerstörungs- und Selbstdepravationsgeschichte der Freiheit seit 1789, die mit ihrer abstrakten Unend-

---

54 H. BLUMENBERG: Die Legitimität der Neuzeit, Frankfurt am Main ²1988.
55 Dazu jetzt sehr überzeugend: G. AGAMBEN: Die Zeit, die bleibt. Ein Kommentar zum Römerbrief, Frankfurt am Main 2006.

lichsetzung einherging. Dann vollzog sich vor fünfundzwanzig Jahren ein Durchbrechen jener „eisernen Bande" und die Wiederversicherung des christlichen Grundes jener destruktiven Freiheit. Nicht zuletzt ging es 1989 um Wahrheit und Wahrhaftigkeit, um „Parrhesia". Freiheit ist von Wahrheit unlösbar, der Unverstelltheit, womit eine ideologische Verkehrung der Begriffe in sich zusammenfällt, wie sie für die Ideologiegeschichte immer bestimmend war.

IV

Doch nach zwei Jahrzehnten wird man zuletzt Wasser in den Wein gießen müssen. Die Revolution verhieß ein Deutschland, wie es nur partiell Realität wurde. Von dem aufbrechenden politischen Geist ist wenig mehr zu spüren, allzu wenig. Viele der mutigen, hellen, kraftvollen, auch zweifelnden Stimmen aus der Bürgerrechtsbewegung der DDR sind nur noch am Rande zu hören. Ein Gestus von Unbeweglichkeit und bleierner Zeit hat sich wieder über die Öffentlichkeit gelegt. Ökonomisierung ist das äußerste Argument, so dass trotz eines – oft schwer erträglichen, ja selbstgefälligen – Talkshowjargons die globale Krise noch gar nicht als Denk- und Zivilisationsdekadenz erkannt ist, da soll sie schon überwunden sein. Bedenklich scheint überdies, dass ein *Sensus communis*, Sinn für das Gemeinwesen, sich kaum mehr öffentlich mitteilt. Dass der große Atemhauch der dem Schibboleth der deutschen Katastrophe nicht ausweichenden, sondern sich ihr gerade stellenden Wiederaneignung und produktiven Fortbildung der Traditionen europäischer und deutscher Überlieferung die Atmosphäre des geeinten Deutschlands und sein Ethos mitbestimmen würde, dies war damals eine reale Erwartung.[56] Mit Schlagworten wie denen eines „neuen Konser-

---

56 Dies gilt auch im Blick auf die Orientierungen, die Manfred Riedel und ich selbst an der Universität Halle zu geben versucht haben. Unsere gemeinsame Buchreihe Collegium hermeneuticum wahrt diesen Impuls. In der Realität hat er sich gegen den Mainstream, der längst auch an den ostmitteldeutschen Universitäten greift, nicht durchzusetzen vermocht.

vatismus" ist jene Intention gerade nicht gekennzeichnet. Ging es doch im ersten und letzten darum, die tiefe Freiheitslinie der Neuzeit fortzuschreiben, die nicht in nihilistischer Negierung, sondern im Blick auf die tieferen Voraussetzungen unseres Herkommens begründet ist. Wenn man erwartet hatte, dass die geistige Landschaft Mitteldeutschland wiedererstehen lassen würde, so sah man sich insgesamt doch eher enttäuscht. Die Furie des Verschwindens bedroht auch das Eingedenken an die sich ereignete unerhörte Begebenheit, wie Wolf Lepenies die deutsche Einheit mit Goethes Definition der Novelle genannt hat. Wenn das ganze Leben ständige Veränderung ist, wenn nur bleibt, dass alles anders wird, dann verliert der Revolutionsbegriff überhaupt seinen Sinn. Aber auch der der Geschichte, und es bleibt stupide Wiederkehr des Gleichen. Das Jahr 1989 enthält dagegen so viel Einzigartiges an Lektion, an Tiefe und Verständigung, dass das Eingedenken mehr sein sollte als ein bloßes Ritual.

Epilog

Wie dem auch sei: Die Kantische Lehre von den „Geschichtszeichen" und erst recht die theologische Frage an die Geschichte in der Spannung der *Augustinischen Civitates* erinnern uns bei jedem Schritt daran, dass sich die von einem Heilshandeln Gottes, von einem Gang der Vernunft zeugenden *Kairoi* und Verläufe der Geschichte gerade nicht in eine lineare Fortschrittsgeschichte übersetzen lassen. Hegel, der dieser Denkform durchgängig folgt, spricht gar vom Maulwurfsgang des Geistes in der Weltgeschichte. Immer wieder kann der Maulwurf ins Licht sehen, und doch bleibt er im Dunkel.[57] Die Erwartung, dass er sich langsam nach oben gräbt. Gerade in dieser Differenz besteht aber ein Kriterium der Beurteilung des Wirklichen. Ohne die Frage nach den Zwecken, ohne das *Hou heneka* wird auch das harte „Bohren dicker Bretter" (Max Weber), wenn Politik denn darin überhaupt

---

57 G. W. F. HEGEL: Vorlesungen über die Geschichte der Philosophie. Theorie-Werkausgabe Bd. III., Frankfurt am Main 1970, S. 461f.

noch bestehen sollte, sich in die Verzweiflung verlieren – oder in Gedankenlosigkeit und Aktionismus.

Zuletzt dies: „was bleibet aber stiften die Dichter" (Hölderlin)! Dichtung, Kunst und Literatur machen die Spuren des Heiligen in der Profanität besonders sinnfällig, auch und gerade angesichts der um sich greifenden Furie des Verschwindens. Das unerhörte Ereignis von 1989 ist in einem Gedicht Ulrich Schachts, geschrieben am 23. September 1985, ebenso vorweggenommen wie bleibend gebannt und von Wolfgang Schuller zu Recht seiner Biographie der „Deutschen Revolution" vorangestellt. Solche Sicht der Geschichte öffnet sich auf ihren *numinosen* Sinn. Und dazu kann man, wie Heidegger im Blick auf die Musik, nur sagen: „Das können wir nicht mit der Philosophie!"

> „Tagtraum in B.
>
> Zwischen rauchgefleckten Säulen, auf
> Der oberen Stufe der Treppen des
> kuppellosen Gebäudes, oder auf dem
> Balkon hinter der Brüstung, ein Mann
> den ich kenne, er sagt:
>
> Weint, Leute, das Land kann wieder
> lachen, er sagt: Singt, Leute, die
> Mauern sind gefallen, er sagt: Glaubt,
> Leute, endlich dem Träumer, er sagt:
> Geht, Leute, von nun an stiller
> durch diese Stadt."[58]

---

58 W. SCHULLER: Die deutsche Revolution 1989, Berlin 2009, S. 7. Zuerst in: Ulrich Schacht: Lanzen im Eis. Gedichte, Stuttgart 1990, S. 23.

Martin Leiner

Versöhnung
Zeichen für Gottes Wirken in den Revolutionen 1789 und 1989

I

Ohne Fragezeichen erweckt eine solche Überschrift kritische Rückfragen, wenn nicht Ablehnung. Allzu oft haben Theologen alle möglichen Ereignisse, bis hin zu den schlimmsten Untaten und Verirrungen religiös überhöht. Allzu deutlich steht – spätestens seit 1933 – die Kritik Karl Barths an jeder natürlichen Theologie vor Augen. Dennoch wird man theologisch daran festhalten, dass nach Auffassung aller Schriften der Bibel *Geschichte* ohne Gott nicht denkbar ist. Alles Geschehen wird dort als in unterschiedlicher Weise von Gott hervorgebracht verstanden: teils zutiefst unverständlich und nur in der tiefen Nacht des Vertrauens durchlebbar (etwa bei Jeremia), teils aus Gründen, über die man verschiedene Erklärungen entwickelt[1] wie Strafe und Erziehung (bei Amos) oder Wirken widergöttlicher Mächte (Hiob), zugelassen, teils heller und offensichtlich auf Gott verweisend (so die Heilsaussagen, etwa im Jesajabuch).

II

In der Interpretation von Karl Barths Ablehnung der natürlichen Theologie hat sich in der Theologie inzwischen eine wichtige Präzision durchgesetzt. Es war zu keiner Zeit seiner Entwick-

---

[1] Vgl. dazu H. W. WOLFF: Studien zur Prophetie. Probleme und Erträge. München 1987. Wolff argumentiert dafür, dass die Unheilsgewissheit bei den Propheten das Grundlegende als göttliche Eingebung Erlebte war, während die Erklärungen des Unheils vom Propheten gegebene Erklärungen waren.

lung so, dass Barth Gottes Wirken in der Weltgeschichte abgelehnt und sich etwa erst spät in seiner *Lichterlehre* der Möglichkeit einer positiven Würdigung weltlicher Lichter und Zeichen zugewandt hätte. Eberhard Busch verweist auf einen Text, den Barth 1934 als Erläuterung der 1. Barmer These („Jesus Christus ist das eine Wort Gottes") verfasst hat. Barth schreibt dort: „Wir leugnen nicht den Satz, daß Gott die ganze Welt und also auch solche Gestalten, Ereignisse und Mächte in seinen Händen hält, daß er sich auch in ihnen offenbart."[2] Die Kritik Barths bezieht sich nur auf zweierlei: die in Konkurrenz zu Jesus Christus tretende Identifizierung Gottes mit diesen Ereignissen und den Anspruch, diese Ereignisse eindeutig interpretieren zu können.

> „Wir erkennen Gott nicht so in diesen Gestalten, Ereignissen und Mächten [sc. der gegenwärtigen Weltgeschichte], daß wir mit dem Finger darauf weisen könnten: Hier ist er, daß dieses Erkennen zu einem Erkennen neben der Erkenntnis Gottes in Jesus Christus werden könnte. Z. B. die Erkenntnis der deutschen Stunde! Darüber wissen wir nicht so Bescheid. Gott hat sich an *einem* Ort unzweideutig ausgesprochen. Wenn wir uns fragen: Wo ist Gottes Wort?, so haben wir uns *daran* zu halten."[3]

III

Um nur einen Theologen zu nennen, der im 20. Jahrhundert in höchst bemerkenswerter Weise positiv und mutig Gottes konkretes Wirken in der Geschichte zu verstehen suchte, soll an Dietrich Bonhoeffer erinnert werden. Er war zutiefst von dem Glauben bestimmt, dass „wir nicht Herren, sondern Werkzeuge in der Hand des Herrn der Geschichte"[4] sind. Die Frage nach dem Sinn der je konkreten Geschichte stellt Bonhoeffer an vie-

---

2 K. BARTH: Texte zur Barmer Theologischen Erklärung, hrsg. von Martin Rohkrämer. Zürich 1984, S. 19.

3 Ebd. Hervorhebungen von Karl Barth. Vgl. Eberhard Busch, Die große Leidenschaft. Einführung in die Theologie Karl Barths. Gütersloh 1998, S. 75f.

4 D. BONHOEFFER: Widerstand und Ergebung. Briefe und Aufzeichnungen aus der Haft. DBW 8. Gütersloh 1998, S. 34.

len Orten seines Werks. Ein besonders dichter Text sind seine Gedanken zum Tauftag von Dietrich Wilhelm Rüdiger Bethge vom Mai 1944. Bonhoeffer geht aus von den unterschiedlichen Erfahrungen der Generationen und den großen kulturellen Wandlungsprozessen: Dorfpfarrhaus und Bürgerhaus wird es in Zukunft nicht mehr geben, die Kirche wird tiefgreifend umgestaltet werden. Dann spricht er über die zerbrechenden Lebenspläne seiner eigenen Generation.

> „Deutlicher als in anderen Zeiten erkennen wir, daß die Welt in den zornigen und gnädigen Händen Gottes ist. Bei Jeremia heißt es: ‚So spricht der Herr: siehe, was ich gebaut habe, das breche ich ab, und was ich gepflanzt habe, das reute ich aus – und du begehrst große Dinge? Begehre es nicht! Denn siehe, ich will Unglück kommen lassen über alles Fleisch. Aber deine Seele will ich dir zur Beute geben, wohin du ziehst'. Wenn wir aus dem Zusammenbruch der Lebensgüter unsere lebendige Seele unversehrt davontragen, dann wollen wir uns damit zufriedengeben."[5]

Künftigen Generationen wird es wieder gegeben sein, etwas aufbauen zu können. Nach einer Selbstkritik seiner Generation, die „zu stark in Gedanken gelebt"[6] und zu wenig den Willen Gottes in die Tat umgesetzt (Mt. 7,21) hat, den Schmerz nicht hinreichend kannte und „die Bedeutung des Vernünftigen und Gerechten auch im Geschichtsablauf immer wieder überschätzt"[7] hat, kommt Bonhoeffer auf die Vorteile der neuen Generation zu sprechen: „Ihr, die Ihr in einem Weltkrieg aufwachst, den 90 Prozent aller Menschen nicht wollen und für den sie doch Gut und Leben lassen, erfahrt von Kind auf, daß Mächte die Welt bestimmen, gegen die die Vernunft nichts ausrichtet. Ihr werdet euch mit diesen Mächten nüchterner und erfolgreicher auseinandersetzen."[8] Für die Kirche sieht Bonhoeffer keinen

---

5 A. a. O., 432.
6 A. a. O., 433.
7 Ebd.
8 A. a. O., 433f.

schnellen Weg zum neuen Aufbau. „Unsere Kirche, die in diesen Jahren nur um ihre Selbsterhaltung gekämpft hat, als wäre sie ein Selbstzweck, ist unfähig, Träger des versöhnenden und erlösenden Wortes für die Menschen und für die Welt zu sein."[9] Jeder Versuch einer vorschnellen organisatorischen Machtentfaltung der Kirche wird „nur eine Verzögerung ihrer Umkehr und Läuterung sein"[10]. Nur durch Beten und das Tun des Gerechten wird der Tag vorbereitet – der Tag

> „an dem wieder Menschen berufen werden, das Wort Gottes so auszusprechen, daß sich die Welt darunter verändert und erneuert. Es wird eine neue Sprache sein, vielleicht ganz unreligiös, aber befreiend und erlösend, wie die Sprache Jesu, daß sich die Menschen über sie entsetzen und doch von ihrer Gewalt überwunden werden, die Sprache einer neuen Gerechtigkeit und Wahrheit, die Sprache, die den Frieden Gottes mit den Menschen und das Nahen seines Reiches verkündigt. ‚Und sie werden sich verwundern und entsetzen über all dem Guten und über all dem Frieden, den ich ihnen geben will‘ (Jerem 33,9)."[11]

IV

Im Folgenden soll versucht werden, in einer gewissen Analogie zu Bonhoeffers Suche, Geschichte als Gottes Wirken zu verstehen. Dies alles kann natürlich nur mit Furcht und Zittern und im Bewusstsein der eigenen Irrtumsfähigkeit geschehen. Gottes Wirken in der Geschichte wird dabei nicht als ein Handeln verstanden, das in Konkurrenz zu den natürlichen Kausalitäten und menschlichen Aktionen steht. Deshalb soll der Begriff des Hervorbringens in seinem wörtlichen Verständnis hier zur Anwendung kommen. Geschichte bringt jeweils etwas hervor, was dann Problem, Erfahrung, Thema für viele Menschen wird. Dieses Hervorgebrachte war oft von keinem der Akteure als solches intendiert. Dennoch ist gerade das Hervorgebrachte ein Ort der

---

9 A. a. O., 435.

10 A. a. O., 436.

11 A. a. O., 436.

Frage nach Gott. Wie dies durch die beiden Revolutionen von 1789 und 1989 geschehen ist, soll exemplarisch an der Entdeckung der Versöhnung als politisch-sozialer Grundaufgabe aufgezeigt werden.

V

Revolutionen enthalten in der Regel zwei Aspekte, die für eine theologische Deutung besonders relevant sind. Zum einen bringen sie die großen Worte in einer neuen Weise in die Öffentlichkeit. Große Worte sind Worte wie Freiheit, Gleichheit, Brüderlichkeit, Gerechtigkeit, Würde, Leben in der Wahrheit, Friede, Wohlstand, manchmal sogar Liebe oder Bewahrung der Schöpfung. Diese Worte haben alle einen theologischen Kern. Sie verweisen auf etwas, was mehr ist als das, was konstatierbare, messbare Gegebenheit ist. Freiheit meint mehr als die Garantie von einigen Freiheitsrechten, Brüderlichkeit mehr als Sozialstaat, Friede mehr als die Abwesenheit von Krieg und Wohlstand mehr als ein hohes Bruttosozialprodukt. Dieses „Mehr" wird in Revolutionen aufgerufen und motiviert zahlreiche Menschen, sich der Revolution anzuschließen und die mit diesem Engagement verbundenen Gefahren auf sich zu nehmen. Da dieses „Mehr", diese „bessere Gerechtigkeit", dieses „Reich Gottes hier auf Erden" von keiner anderen Religion so massiv ins Zentrum gestellt wurde, wird man sogar sagen können, dass alle Revolutionen in meist unbewusster Weise von der christlichen Botschaft zehren. Manchmal wird von diesem Mehr sogar etwas, sei es momenthaft oder in dauerhaften Veränderungen, verwirklicht. Für einen solchen Moment mag die Öffnung der Mauer am 9.11.1989 stehen, für Dauerhaftes die Menschen- und Bürgerrechte, die am 26.8.1789 erklärt wurden.

VI

Der zweite Aspekt besteht darin, dass Revolutionen Erfahrungen und Interpretationen, Probleme und Verirrungen mit sich bringen, selbst wieder theologisch interpretiert werden können.

Jede Revolution hat die Enttäuschung zu verarbeiten, wenn die großen Worte eben doch nur in etwas viel Kleinerem umgesetzt werden oder wenn die Revolution von anderen Mächten und Interessen in Beschlag genommen und in eine Richtung gelenkt wird, die viel mehr als Verlust denn als Gewinn gewertet werden muss. Viele Revolutionen beginnen mit universalen, menschheitlichen Idealen und enden in Kriegen und Nationalismen, so in gewisser Weise bereits die amerikanische Revolution, dann vor allem die Französische Revolution und die russische Oktoberrevolution. Auch die Revolution von 1989 endete in der Wiederherstellung der nationalen deutschen Einheit und steht zumindest in der Gefahr, als nichts weiter als dies erinnert zu werden. Jede Revolution stellt die Theodizeefrage, insbesondere im Hinblick auf die Gewalt, das Böse und das unschuldige Leiden, das viele Revolutionen hervorbringen. Revolutionen schaffen nicht selten eigene zivilreligiöse Konstruktionen, die theologisch höchst problematisch sind. Schließlich bringen Revolutionen die Notwendigkeit einer Versöhnung mit hervor, die nach einer gewissen Zeit die alten und die neuen Machthaber, aber auch die Menschen in ihrem Verhältnis zu sich selbst und ihrer Geschichte sowie die Institutionen, die Familien und die Einzelnen erreicht. Im Hervorbringen des Themas Versöhnung liegt die christliche Herausforderung, die Revolutionen stellen, der in diesem Aufsatz nachgedacht werden soll.

VII

Dass Bonhoeffer, wenn er im zitierten Text zur Taufe von Dietrich Wilhelm Rüdiger Bethge vom Versagen der Kirche spricht, auf Versöhnung und Erlösung zu sprechen kommt, ist kein Zufall. Versöhnung ist nach Paulus die zentrale Bestimmung der Aufgabe des Christen. Gott hat „uns das Amt gegeben, das die Versöhnung predigt" (2. Kor. 5,18) „So sind wir nun Botschafter an Christi statt", die stellvertretend bitten „Lasset euch versöhnen mit Gott!"(2. Kor. 5,20). Die Versöhnung bezieht sich zuerst auf die Versöhnung der Welt mit Gott, die in Christus geschehen ist (2. Kor. 5,19), sie impliziert aber auch die Versöhnung zwischen den Menschen und Völkern. Die Versöhnung zwischen den Menschen betont die Bergpredigt. „Wenn Du deine Gabe auf dem Altar opferst und dort kommt dir in den Sinn, dass dein Bruder etwas gegen dich hat, so lass dort vor dem Altar deine Gabe und geh zuerst hin und versöhne dich mit deinem Bruder, und dann komm und opfere deine Gabe" (Mt. 5,23f.). Über Juden und Heiden schreibt der Epheserbrief: Christus „ist unser Friede, der aus den beiden eines gemacht hat und den Zaun abgebrochen hat, der dazwischen war, nämlich die Feindschaft" (Eph 2,14).

VIII

Gesellschaften brauchen Versöhnung. Wie grundlegend die Frage nach der Versöhnung ist, brachte erst die Französische Revolution zum Bewusstsein. Vorher war Versöhnung kein politischer Begriff, nur selten dachten wohl Einzelne daran, dass Sieger und Verlierer, Unterdrücker und Unterdrückte in irgendeiner Weise versöhnt werden sollten. Die Rede von Versöhnung blieb auf das Verhältnis zu Gott und zwischen Einzelnen, etwa Ehepartnern oder rechtliche Streitfälle beschränkt. Dass Versöhnung zu einem zentralen Thema wurde, hängt mit der neuen Erfahrung von Gewalt im politischen Raum zusammen.

> „Nun verband sich mit dem Begriff der Revolution die Erfahrung eines dramatischen, von Gewalt begleiteten umfassenden Wandels in Politik und Gesellschaft mit dem Anspruch, eine neue gerechte Ordnung zu schaffen und damit den geschichtlichen Fortschritt zu gestalten. [...] Daß dieser gedrängte politische Wandel mit Gewaltakten des Volkes verbunden war, führte zu einer tiefen Polarisierung in Wahrnehmung und Deutung der Revolution. Bei den Verteidigern der alten monarchischen Ordnung rief die gewalttätige Revolution Angst und Empörung hervor. Für die Patrioten, die Anhänger der Revolution, waren die Gewaltakte zunächst unerwünschte Begleiterscheinungen, die nichts mit der erhofften Erneuerung Frankreichs zu tun hätten und durch diese in naher Zukunft überflüssig würden. Bald sollten jedoch

zum Begriff der Revolution nicht nur die Erfahrung extremer Beschleunigung, sondern auch Radikalisierung und der Einsatz von Gewalt als Instrument der Veränderung gehören."[12]

Vor dem Hintergrund der hervorbrechenden Gewalt erkannten besonnene Akteure, dass eine nationale Versöhnung notwendig ist, wenn die Revolution nicht in Terror und Bürgerkrieg abgleiten soll. Eine solche Tendenz gewann in dem „glücklichen Jahr" (Furet) der Revolution 1790 die Oberhand. Am ersten Jahrestag der Erstürmung der Bastille, am 14. Juli 1790, fand auf dem Marsfeld ein Fest der nationalen Versöhnung statt, das Föderationsfest.[13] Das Fest folgte Vorbildern aus Südfrankreich, etwa aus Lyon. Die Nationalversammlung hatte dieses Fest als Feier der Versöhnung und Einheit aller Franzosen beschlossen. Nach zeitgenössischen Berichten wohnten 100.000 Menschen den Feierlichkeiten mit dem König, der Nationalversammlung, Vertreter aller Departements, amerikanischen Gästen, Bischof Talleyrand mit 300 Priestern und Lafayette, dem Kommandeur der Pariser Nationalgarde und viel bewunderter Held des amerikanischen Unabhängigkeitskriegs als Hauptakteur bei. Zeitgenossen beschrieben diese Feier als überwältigend.

> „Die Luft hallte von Gesängen und Freudenschreien wider; man sah nur Soldaten und Grenadiere, die liefen und sprangen und sich dabei an den Händen hielten. Es war ein einmalig angenehmes und zugleich eindrucksvolles Schauspiel, wie die Armee, da sie schwor, ihr Blut bis zum letzten Tropfen für die Freiheit zu vergießen, unter den Augen der gesetzgebenden Körperschaft um den Altar des Vaterlandes tanzte."[14]

---

12 H.-U. THAMER: Die Französische Revolution. 4. Aufl., München 2013 (EA 2004), S. 9f.

13 Zu diesem Fest vgl. M. OZOUF: La fête révolutionnaire 1789–1799, Paris 1976, Kapitel 2.

14 D.-J. GARAT: „Garat über das Fest der Föderation", in C. E. PASCHOLD / ALBERT GIER (Hrsg.): Die Französische Revolution. Ein Lesebuch mit zeitgenössischen Berichten und Dokumenten. Stuttgart 1989, S. 134–141,139.

Als 1880 der 14. Juli zum Nationalfeiertag Frankreichs wurde, war es nicht der Sturm auf die Bastille, sondern das auf Einheit und Versöhnung ausgerichtete Fest der Föderation, Fête de la fédération, an das hauptsächlich erinnert werden sollte. Die Feier, die 1790 stattfand, hatte freilich trotz zahlreicher Verbrüderungsszenen auch problematische Elemente. Der Eid auf die Nation am Altar des Vaterlandes ist zumindest ein zweideutiger Ausdruck einer Nationalreligion, die dabei war, ihre christlichen Elemente mehr und mehr abzulegen. Es kam auch zu keiner wirklichen Abkehr aller Beteiligten von Gewalt, wie das bei den Aufbauarbeiten gesungene Lied „ça ira" zeigt, bei dem es um das Aufhängen von Aristokraten an Laternenmasten geht. Problematisch ist, dass allein die Eide, die alle Anwesenden geschworen haben, für ausreichend befunden wurden, und man keine nachhaltige Versöhnungsstrategie verfolgte. Mit dem Versöhnungsfest wurde eine Thematik gesetzt, die für alle Revolutionen relevant ist: Wie beendet man eine Revolution und wie bringt man die unterschiedlichen gesellschaftlichen Gruppen nach einer Revolution wieder zusammen? Die Französische Revolution hatte keinen Erfolg mit ihrem Bemühen um Versöhnung. Die Revolution geriet immer mehr unter die Herrschaft radikaler Jakobiner, die mit dem Wohlfahrtsausschuss (Comité de salut public) die Terreur einführte und ideologische Argumente und Praktiken der Unterdrückung hervorbrachte, die in den Grausamkeiten vieler späterer Revolutionen wie beispielsweise in Russland, China, Kambodscha oder im Iran wiederkehrten. Allein in den letzten Monaten der Schreckensherrschaft, im Juni und Juli 1794, fielen 16.594 Männer und Frauen der Terreur zum Opfer.[15]

IX

In theologischer Deutung wird man das Fest der Föderation nicht direkt als Wirken Gottes ansehen können. Zu ambivalent

---

15 Für die Zahlen vgl. H.-U. THAMER (s. Anm. 12), S. 88.

ist der Kontext, zu ambivalent sind auch die Requisiten der Feier: der Altar der Nation, die Verbindung von politischer Feier und Hochamt, die Person des Bischofs Talleyrand, der bekennender Atheist war, und die fehlenden Auswirkungen des geleisteten Schwurs sind problematisch. Als Gottes Hervorbringen wird man aber wohl ansehen können, dass die Notwendigkeit von gesellschaftlich-politischer Versöhnung erkannt und zum Thema gemacht wurde. Was in Frankreich geschichtliches Ereignis wurde, fand zeitgleich in Deutschland in der Dichtung und Philosophie statt. Die Notwendigkeit, Versöhnung zu denken, erscheint dabei einmal bei Autoren wie Schiller und Schelling in der Bemühung, die Dichotomien der kantischen Philosophie wie Vernunft und Sinnlichkeit, Glauben und Wissen, Pflicht und Neigung zu überwinden. Sie erscheint auch im Nachdenken über geschichtlich-soziale Abläufe. Angeregt durch das positive Verständnis von *polemos* (Krieg, vor allem bei Heraklit) und *eris* (Wett-Streit) in der griechischen Philosophie gelangte Friedrich Hölderlin zu einer positiven Sicht des Streits als immer schon auf Versöhnung ausgerichtet. Im Oktober 1798 schrieb Hölderlin am Ende seines Romans Hyperion:

> „Ach! viel der leeren Worte haben die Wunderlichen gemacht. Geschieht doch alles aus Lust, und endet doch alles mit Frieden. Wie der Zwist der Liebenden, sind die Dissonanzen der Welt. Versöhnung ist mitten im Streit und alles Getrennte findet sich wieder. Es scheiden und kehren im Herzen die Adern und einiges, ewiges, glühendes Leben ist Alles. So dacht'ich. Nächstens mehr."[16]

G. W. F. Hegel machte schließlich Versöhnung zu einem Zentralbegriff seiner gesamten Philosophie. Die Bemühung um die Überwindung der Dichotomien Kants spielt dabei ebenso eine Rolle wie die Betrachtung der politisch-sozialen Gegensätze. In der Rechtsphilosophie spricht Hegel von der „Gegenwart", in

---

16 F. HÖLDERLIN: 1797–1799. Empedokles, Frankfurter Plan. Oden. Horaz. Hyperion, Band II. Sämtliche Werke, Briefe und Dokumente. Hrsg. v. D. E. Sattler. München 2005, S. 169.

der „die wahrhafte Versöhnung objektiv geworden, welche den Staat zum Bilde und zur Wirklichkeit der Vernunft entfaltet"[17]. Versöhnung wird dabei zu einem Grundbegriff des Nachdenkens über Gesellschaft, Staat und Recht. Auf dem Weg über Hegel und seine Kritiker wird Versöhnung zu einem akademischen und gesellschaftlichen Thema, das immer wieder auch die Frage nach Gottes Versöhnung zu stellen erlaubt hat.

X

Wie verhält sich dies zur Revolution von 1989? Die Revolution in der DDR von 1989 unterscheidet sich von vorausgegangenen Revolutionen dadurch radikal, dass sie eine gewaltfreie Revolution war. Die Revolution brach mit dem irrigen Glauben, dass ohne Gewalt kein Neuanfang möglich wäre. Hannah Arendt beschreibt diesen Glauben:

> „Daß das Problem des Anfangs oder Ursprungs für das Phänomen der Revolution von ausschlaggebender Bedeutung ist, ist offenbar. Daß ein enger Zusammenhang zwischen einem solchen Anfang und der Gewalt besteht, scheint durch die Ursprungslegenden der biblischen wie der klassischen Tradition bezeugt: Kain erschlug Abel, Romulus erschlug Remus; Gewalt stand am Anfang, woraus zu folgen scheint, daß kein Anfang ohne Gewaltsamkeit möglich ist, daß jeder Neubeginn etwas vergewaltigt."[18]

„Keine Gewalt" war zunächst eine der Botschaften auf den Transparenten von Demonstranten und in den Ansprachen von Pfarrern und anderen, die die Demonstrationen begleiteten. Gewaltlosigkeit, zumindest was Gewalt gegen Menschen anbelangt, prägte auch den Umgang der sich durchsetzenden Revolution mit den einstigen Machthabern. Die Revolution in der DDR von

---

17 G. W. F. HEGEL: Grundlinien der Philosophie des Rechts oder Naturrecht und Staatswissenschaft. Werke in 20 Bänden, Band 7, 8. Aufl., Frankfurt am Main 2004, § 360.

18 H. ARENDT: Über die Revolution. München 2011 (EA: On Revolution. New York 1963), S. 21.

1989 revolutionierte gemeinsam mit der wenig später erfolgten samtenen Revolution in der Tschechoslowakei den Begriff von Revolution selbst. Das seit der Französischen Revolution wesentliche Moment der Gewalt fehlte diesen Revolutionen. Es scheint so, dass Versöhnung oder zumindest der Gedanke an ein gemeinsames Leben nach der Revolution die Akteure auf beiden Seiten bestimmt hat, Grenzen nicht zu überschreiten und letzte Schritte zu physischer Gewalt nicht zu unternehmen. Die Rahmenbedingungen der Revolution von 1989 waren freilich auch wesentlich günstiger als die der französischen, der russischen oder der iranischen Revolution. Diese Revolutionen wurden bald in Kriege mit Nachbarländern verstrickt, wohingegen die DDR und die ČSSR auf ein unterstützendes Umfeld von Nachbarländern wie Westdeutschland, Polen und Ungarn und eine duldende bis unterstützende Einstellung der beherrschenden Mächte UdSSR, USA, Großbritannien und Frankreich bauen konnten. Die Revolution von 1989 wurde beendet durch Integration in ein stabiles Westdeutschland und in die EU.

XI

Die Frage nach Versöhnung kam 1990 nach der Wiedervereinigung auf, nachdem einige erste Vorgänge der Aufarbeitung der DDR-Zeit erfolgt waren. Zu beklagen war der unbefriedigende Zustand nach der Wende, die Gerechtigkeitslücke, der Umstand, dass Opfer nicht hinreichend entschädigt, Täter nicht hinreichend bestraft wurden, dass manche durch die Nachwendeentwicklung Nachteile in Kauf nehmen mussten, während andere verschont wurden oder profitierten. 1993 brachte der Rowohlt Verlag ein Manifest heraus, das die Suche nach Versöhnung auch im Titel und in der Konzeption spiegelte: „Weil das Land Versöhnung braucht".[19] Marion Gräfin Dönhoff, Peter Bender, Friedrich Dieckmann, Adam Michnik, Friedrich Schorlemmer, Richard

---

19 M. GRÄFIN DÖNHOFF u. a.: Weil das Land Versöhnung braucht. Manifest II. Reinbek b. Hamburg 1993.

Schröder und Uwe Wesel sind seine Autoren. Das Manifest zeigt die Gegensätze zwischen Ostdeutschen und Ostdeutschen und zwischen Ost- und Westdeutschen auf und fordert andere, bessere Anstrengungen für eine Versöhnung der Menschen. Aber auch dieses Manifest enthält unbefriedigende Elemente, etwa das Herunterspielen christlicher Bezüge oder der ganz von der Sorge, Westdeutsche könnten über Ostdeutsche öffentlich zu Gericht sitzen, bestimmte Beitrag von Richard Schröder, der für die Opfer nicht viel mehr als die Aufforderung zu schweigen und zu vergessen bereithält. Dennoch hat Gott auch hier wieder das Thema Versöhnung in der Geschichte hervorgebracht. Dieses Thema liegt da, 2015 nicht anders als 1993, und könnte von der christlichen Verkündigung aufgegriffen werden.

Peter Voß

„Gott widersteht den Hoffärtigen!"
Der 9. November 1989:
Ein moralischer Gottesbeweis?

Macht Gott Geschichte? Lenkt und leitet er die Geschicke der
Menschen so, dass daraus das entsteht, was wir Weltgeschichte
nennen, und mehr noch: der Gehalt eines „Heilsplans", der aus
dieser „Weltgeschichte" „Heilsgeschichte" werden lässt? Oder ist
die Geschichte der Menschheit ohne jeden tragenden Sinn und
damit ohne jedes erlösende Ziel? Ist sie lediglich eine unendli-
che Abfolge von Auftauchen und Verschwinden biologischer
Individuen, die denken können, von Glück und Schrecken, die
ihnen widerfahren, von Verzweiflung und Hoffnung, in die
sie gestürzt werden bis zum „Jüngsten Tag", an dem die Welt
physisch untergeht oder, noch einmal biblisch gesprochen: die
„Apokalypse" eintritt? Vergeht einfach nur Zeit, die ausgefüllt
werden muss: mit der Schicksalskontingenz der Menschen, die
an Gott glauben oder nicht, oder an andere Götter, nicht zuletzt
politische? Ich will versuchen, am Beispiel weniger historischer
Figuren des politischen Umbruchs in der DDR, der sogenannten
„Friedlichen Revolution", die in der Konsequenz eine Revolution
für ganz Deutschland war, auf einige ihrer Verhaltensweisen in
genau jenem Moment hinzuweisen, den wir „historisch" nennen und in dem für mich Gottes verborgenes Handeln insofern
offenbar geworden ist, als in der Faktizität ihres Handelns so
etwas wie ein „heilsgeschichtlicher" Horizont erkennbar wird.
Erkennbar, indem Menschen, die nichts von Gott wissen oder
wissen wollen, in der hochgefährlichen Situation einer drama-
tischen politischen Krise, in genau seinem Sinne handeln, und
sei es nur durch *Nicht*-Handeln, durch innere Blockaden dem

Bösen gegenüber, durch Hilflosigkeit, wenn wir die Normen des Dekalogs voraussetzen sowie das Liebes- und Friedensgebot des Neuen Testaments. Waren *sie* doch den Revoltierenden auf der Straße wiederum, bis ins Unterbewusste hinein, selbstverständliche Norm, kamen sie doch im Sinne des Wortes aus dem *Raum* der Kirchen und ihren sie zurüstenden Gebeten und Gesängen: Kerzen in der Hand, nicht Steine, Friedens-Worte, aber keine tödlichen Waffen. Nichts von alldem also, was in den Gewaltrevolutionen der europäischen Geschichte zuvor machtmethodisch immer die Hauptrolle gespielt und entsprechende Opferberge produziert hat.

I

Als am 3. Dezember 1989 das Zentralkomitee der SED, dem formal höchsten Gremium der diktatorischen Einheitspartei, zu seiner 12. Tagung zusammentrat, ahnte es noch nicht, welch einen Gefühlsausbruch und was für eine Abrechnung mit seiner Politik es an diesem Tag aus dem Munde seines langjährigen Mitglieds Bernhard Quandt erleben würde. Der Auftritt des 86-jährigen, ehemaligen 1. Sekretärs der SED-Bezirksleitung Schwerin, konserviert auf einem Tondokument, lässt ahnen, welch ein fanatischer Glaube und welche Überzeugungskraft in den Altkommunisten der 20er und 30er Jahre, deren Generation er angehörte, steckte. Während es bei den anderen Rednern dieser letzten Tagung des SED-Gremiums in alter Formation aufgeregt und tumultarisch zuging, herrschte bei der Rede Quandts absolute, fast tödliche Stille. Hier wurde in einer Form im engeren Kreis der Macht abgerechnet, wie man es dort so noch nie erlebt hatte. Und keiner der Angegriffenen, keiner der Verurteilten wagte, dem Ankläger zu widersprechen. Es war, als ob der alte Moses zu seiner letzten Posaune griff und zum Untergang blies, zu einem letzten Gericht über all die Lügen und Falschheiten der Vergangenheit: Es ist der geradezu alttestamentarisch erscheinende Klageruf eines Menschen, der für das Unglück, das er beklagt, zwar mitverantwortlich ist, der aber gerade deshalb

zum Kronzeugen seiner eigenen Anklage wird und den amorali-
schen Abgrund der politischen Idee und ihrer Machtgestalt, der
er aus seiner Sicht aufrichtig gedient hat, in dieser Stunde freilegt
bis in den letzten Winkel. Ein Scherbengericht, das mit dem seelischen Zusammenbruch des Anklägers und Richters in einem
endet.

„Liebe Genossen!

Mir wird es sehr schwer, hier heute vor dem Zentralkomitee aufzutre-
ten, wo gesagt worden ist, dass unsere Partei, unsere ruhmreiche Partei, in Gefahr ist, sich aufzulösen. Das wird mir sehr schwer, zu begreifen. Ich bin mit, ich will keine Biografie erzählen, aber ich bin mit 16
Jahren Mitglied des Metallarbeiterverbandes geworden, Mitglied der
sozialistischen Jugend, ein Jahr Mitglied der sozialdemokratischen
Partei, und 22 als Mitglied der kommunistischen Partei in Hamburg
eingetreten. Und seit dieser Zeit ehrlich gekämpft, immer als Einzelkämpfer in Mecklenburg manches Mal, wenn ich an die Fürstenabfin-
dung denke, in weiten Kreisen einzeln gegen eine Bande – Bande von
Konterrevolutionären aufgetreten. Und jetzt soll es mit der Partei zu
Ende sein? Das darf nicht sein, Genossen, das darf nicht sein!

Das Zentralkomitee muss so stark sein, dass aus ihrer Mitte ein
neues Politbüro entsteht, das mit der Verbrecherbande des alten Politbüros, entschuldigt Genossen, nichts zu tun hat. Ich bin dafür, ich bin
dafür, Genosse Erich Honecker und Genosse Egon Krenz, wir haben
im Staatsrat die Todesstrafe aufgehoben: Ich bin dafür, dass wir sie
wieder einführen, und dass wir die alle standrechtlich erschießen, die
unsere Partei in eine solche Schmach gebracht haben, so dass die ganze Welt vor einem großen, einem solchen Skandal steht, die sie noch
niemals gesehen hat.

Entschuldigt, ich bin sehr aufgeregt. Ich sehe vor mir, liebe Genossen, 30.000 Menschen. Die sind standrechtlich vom Volksgerichtshof,
vom Blutgericht Freislers verurteilt worden, und 30.000 Menschen
sind aufrechten Gangs unter das Fallbeil gegangen, und *wir* stehen als
Zentralkomitee einer solchen Verbrecherbande als Gefolgschaft hintereinander. Das will mir nicht in den Kopf! Darum bin ich gestern
Nachmittag, nachdem ich erwacht bin, in Weinkrämpfe verfallen. Das
ist nicht möglich! Ich bin ehrlich! Ich habe ein weißes Hemd in jedem
Falle an! Nirgends hab ich mir was angeeignet! Immer hab ich für die
Partei, für die Ziele der Befreiung der Arbeiterklasse gekämpft und al-

ler Werktätigen. Das werde ich in Zukunft (haut mit der Faust aufs Pult, Anmerkung d. Autor) auch tun. Und ich denke, dass es auch so weit ist. Mir gefällt einiges nicht. Ich bin dafür, liebe Genossen, habe zumindestens gedacht: Wenn das Politbüro zurücktritt in seiner Gesamtheit. Ich seh auch keinen anderen Ausweg. Ich habe neulich Werner Jarowinski schon entgegengenommen: ‚Du machst es dir zu leicht! Du bist doch jahrelang dort gewesen, du musst doch das gewusst haben! Warum erzählst du das jetzt? Warum nicht auf dem siebten und achten und neunten Plenum?' Dann wär' das anders gekommen. Dann hatten wir das Politbüro damals (pocht aufs Pult) abgelöst. Dann wär das Zentralkomitee sauber dagestanden. Jetzt sind wir alle mit beschmutzt. Aber dagegen wehre ich mich. Ich bin nicht beschmutzt. Ich hab mit den Verbrechern nichts gemein. Ich bin zumindestens, liebe Genossen, bin ich noch der Meinung, dass so viel Intelligenz in unserm Zentralkomitee sitzt, die innerhalb zwei Stunden einen Aufruf an die Arbeiter und Bauern und an die Intelligenz unseres Landes verfasst, vom letzten Zentralkomitee aus, und sich reinwäscht in allen Farben, und neu vors Volk hintritt und das Volk und unsere Genossen mobilisiert, die jetzt machtlos sind.

Und dann kriege ich einen telefonischen Anruf, neben all den Dingen. Ob ich zuhause bin? Jawohl, ich bin von Berlin zurück. Ja, es kommt ein Genosse zu dir, der hat einen besonderen Auftrag. Und der Genosse, das ist ein junger Genosse. Ich weiß gar nicht, wer das ist. Der sagt: ‚Genosse Quandt, ich soll die persönliche Waffe, die Sie haben, von Ihnen abholen.' Und ich hab ihm gesagt: ‚Bestellen Sie dem Genossen Schwanitz einen schonen Gruß von mir. Die persönliche Waffe kriegst Du von mir im Zentralkomitee, die ich bisher zur Verteidigung der Revolution benutzt habe, kriegst Du von mir im Zentralkomitee persönlich ausgehändigt.' (legt die Waffe aufs Pult, Anm. des Autors) Dankeschön!"[1]

Der Kommentator des Tondokuments resümiert zutreffend und verweist so auf die überpersönliche Pointe dieser Gerichtsstunde, die Schillers Sentenz, dass die Weltgeschichte das Weltgericht

1   H.-H. HERTELE: Der Sound des Untergangs. Tonmitschnitte aus den letzten Sitzungen des SED-Zentralkomitees, Oktober bis Dezember 1989, Eine Dokumentation, Berlin 2013.

sei, ein weiteres Mal ins Bewusstsein hebt: „Mit der Abgabe seiner persönlichen Waffe versinnbildlicht Bernhard Quandt den Moment der bedingungslosen Kapitulation des alten SED-Zentralkomitees."[2]

II

Bernhard Quandts Rede wirkt wie das Erwachen aus einem langen ideologischen Traum, in dem die Menschheitsgeschichte, zusammengehalten von der strengen Dogmatik des „wissenschaftlichen Kommunismus", wohlgeordnet und „gesetzmäßig" abläuft. Er selbst spricht von „Weinkrämpfen", in die er am Tag zuvor gefallen sei. In der Tat brach für überzeugte Parteigenossen und „gläubige" Funktionäre im Herbst 1989 die in den Heften und Broschüren des jeweiligen „Parteilehrjahrs" zusammengefasste „wissenschaftliche Weltanschauung" des Marxismus-Leninismus wie ein Kartenhaus zusammen. Damit aber zerstob auch alle Lebenshoffnung, alle Sinnfindung, wie sie die staatlich verordnete Ideologie eines totalitären politischen Systems suggeriert. Ein solches Ende ist der Einbruch der Wirklichkeit in eine Traumwelt. Seit seinem 16. Lebensjahr, also 70 Jahre lang, lebte Bernhard Quandt in ihr. In dieser Zeit waren die Leitsätze des Kommunismus tief in sein Bewusstsein eingedrungen, in sein Herz, in sein Gemüt, hatten ihm Halt und Standhaftigkeit gegeben, besonders in der Zeit der NS-Diktatur, in der so viele seiner Genossen in Gefängnissen und Konzentrationslagern verschwanden oder unter dem Fallbeil endeten. Auch nach dem Krieg, beim Aufbau der neuen, der „ausbeutungsfreien" Gesellschaft, hatten sie sein Handeln bestimmt. So war die kommunistische Überzeugung sein Lebenselixier, sein *marxistisch-leninistischer Glaube* geworden. Dabei war ihm entgangen, dass eine Überprüfung dieser Glaubensdogmen und programmatischen Leitsätze angesichts des Alltags derer, die zu führen Quandts Partei als ein vom Geschichtsgesetz selbst abgeleitetes Recht de-

---

2 Ebd., Zwischenkommentar: Joachim Schönfeld.

finierte, schon lange nicht mehr stattfand. Wenn sie unter sich waren, er und seine Genossen, in der Bezirksleitung, im ZK, und die verfassungsrechtlich abgesicherte „führende Rolle" der Partei wahrnahmen, war alles in bester, in gesetzmäßig „fortschrittlicher" Ordnung. Die Berichte, die ihnen zugingen, sprachen nur von Erfüllung oder gar Übererfüllung der auf den Parteitagen beschlossenen Pläne. Für Krisen und Defizite in diesem Zusammenhang war der „Klassenfeind" verantwortlich, notfalls das Wetter. Und jetzt? 1989? Jetzt sollte das alles nicht mehr wahr sein? Jetzt sollte die „sozialistische Gesellschaft", die „sozialistische Menschengemeinschaft", wie Walter Ulbricht sie einst ideologisch „getauft" hatte, gescheitert sein? Die Partei am Ende? Kein Wunder, dass ein alter Stalinist wie Quandt sofort nach den Schuldigen fragt und das Problem, in der Logik des Gewaltsystems, dem er ein Leben lang gedient hat, mit Gewalt, durch Liquidierung dieser Schuldigen, lösen will.

Seine Rede eignet sich deshalb hervorragend als Predigtbeispiel, allerdings aus dem „Gottesdienst" einer politischen Religion. Alle theologischen Grundelemente sind in ihr enthalten: *Sündenerkenntnis*: („Jetzt sind wir alle mit beschmutzt."); *Buße*: („Wenn das Politbüro zurücktritt in seiner Gesamtheit."); *Umkehr*: („sich reinwäscht in allen Farben, und neu vors Volk hintritt"); *Rechtfertigung* und *Vergebung*: („Aber dagegen wehre ich mich. Ich bin nicht beschmutzt. Ich habe ein weißes Hemd in jedem Falle an"). Ähnlich argumentierte übrigens auch Quandts altkommunistischer Genosse, das ZK-Mitglied Karl Kayser: „Ich habe keine Schuld daran, wirklich nicht. Ich habe geglaubt an die Partei. In mir ist alles zerbrochen!"[3] Am Ende hatte niemand Schuld. Bis zuletzt, dokumentiert sich damit, waren die Genossen blind für die Tatsache, dass der Keim des Unheils im System selbst steckt. In der Marxschen „Diktatur des Proletariats" ebenso wie in der „Aufhebung des Privateigentums an den Produktionsmitteln", in der Leninschen Privilegierung der Partei und

---

3 A. a. O., Nr. 25.

ihrer Führung zur „Avantgarde" der Arbeiterklasse, schließlich in der Stalinschen periodischen „Säuberung der Partei von allen bourgeoisen und konterrevolutionären Elementen". Das zu erkennen, hätte aber für Genossen wie den hohen Parteifunktionär Bernhard Quandt nicht nur ein Wegbrechen der Glaubensdogmatik bedeutet, es wäre auch einer Selbstaufhebung der politischen Existenz und ihrer Machtbasis gleichgekommen. Quandt scheint in besagter ZK-Sitzung der einzige gewesen zu sein, der diese Konsequenz mit quasireligiöser Unausweichlichkeit auf sich zukommen sah und zugleich aus sich herausschrie im Ton eines Ertrinkenden. Eine Art geistiger Selbstentleibung stand drohend am Horizont. Wie jetzt noch weiterleben? Nackt steht der Mensch vor Gott. In diesem Falle: vor dem Geschichtsgott der Partei.

III

Über den Tag hinaus aber bleibt eines klar: In den oben genannten Grundprinzipien des Kommunismus selbst liegen die Ursachen seines Scheiterns. Es ist das darin enthaltene Bekenntnis zur Gewalt. Schon im „Kommunistischen Manifest" wird zur Aufhebung des Privateigentums durch Gewalt aufgerufen. „Diktatur des Proletariats" bedeutet, das Recht der Mehrheit des Volkes, dem Proletariat, Gewalt gegen die enteignete Minderheit, die ehemalige Bourgeoisie, auszuüben und dadurch Gewalt zu legitimieren. Dazu kommt Lenins Entscheidung, auf Druck der auf der Straße ausgelösten, aber dann gewaltlosen bürgerlichen Februarrevolution von 1917 im Oktober eine gewaltsame, eine „proletarische Revolution", den Sturm auf das Winterpalais durch Revolutionsgarden, folgen zu lassen, der als Massenereignis zugleich eine Legende ist und tatsächlich nichts anderes war als ein Staatsstreich, gegen einen Staat, dessen Macht herrenlos auf der Straße herumlag. Wer es bis dahin noch nicht begriffen hatte, welcher Art die neuen Herren der Stunde waren, die sich als Avantgarde der Arbeiter-, Bauern- und Soldatenmassen verstanden wissen wollten, in deren Auftrag zu handeln sie vorgaben, dem wurde am 18. Januar 1918 eine Lektion erteilt: der Tag, an dem die „verfassungsgebende Versammlung" zusammentreten sollte, die Konstituante, um über die endgültige Staatsform zu beschließen. Die frei gewählten Abgeordneten wurden auf Befehl Lenins vor dem Duma-Gebäude mit schussbereiten Karabinern und Maschinengewehren empfangen und dann auseinandergetrieben. Damit war klar: Über die endgültige Staatsform war schon am 26. Oktober beschlossen worden, als Lenin nach der Einnahme des Winterpalais und der Verhaftung der Kerenski-Regierung vor den II. Allrussischen Sowjetkongress trat und den „Aufbau des Sozialismus" verkündete. Diese Gewaltakte waren, weil unaufgebbares und sich zugleich perpetuierendes, mithin konstitutives Herrschaftsprinzip, der Anfang vom Ende des Kommunismus, auch wenn dies erst ein Dreivierteljahrhundert Jahre später eintrat. Dann allerdings mit einer millionenfachen Opferbilanz.

Das *Gewaltprinzip* hat die SED auf ihrem Zwangsvereinigungsparteitag mit der SPD 1946 von der bolschewistischen KPD, abgesichert durch die sowjetische Besatzungsmacht, übernommen und nach Gründung der DDR im Oktober 1949 auf allen Ebenen durchgesetzt. Bernhard Quandt symbolisiert das mit dem öffentlich gemachten Besitz seiner persönlichen Waffe im Moment ihrer demonstrativen Abgabe, die zugleich Ausdruck einer totalen Kapitulation ist: „Bisher zur Verteidigung der Revolution benutzt!" Es ist aber nicht nur die bedingungslose Kapitulation, wie der Kommentator meint; es ist das Eingeständnis des Scheiterns des *Gewaltprinzips* und damit des Scheiterns des Kommunismus. Der Höhepunkt seiner Rede, der Aufruf zur Erschießung des alten Politbüros, der „Verbrecherbande", zeigt noch einmal den alten *Gewaltrevolutionär*, für den ein Neuanfang ohne Blutvergießen undenkbar ist. Wir wissen heute deutlicher als je zuvor: Diese Gewalttradition des Kommunismus geht nicht nur auf den russischen Anarchismus (Bakunin, Netschajew) zurück, er wurzelt auch und vor allem in der Französischen Revolution von 1789 (Babeuf, Saint-Just, Robespierre).

Für Babeuf war die gewaltsame Niederhaltung des entmachteten Ancien Régimes *absolute* Notwendigkeit. Robespierres Sturz am 9. Thermidor 1794 wiederum, nach bis dahin beispiellosen Blutbädern durch die Terrormaschinerie der Revolutionsgerichte, war für Lenin der Beweis, wie Recht Babeuf damit hatte. Für das SED-Politbüro wurde der 3. Dezember 1989 zum 9. Thermidor, als die neugewählten Ersten Sekretäre der Bezirksleitungen seinen Rücktritt erzwangen. Der neue Mann in Moskau an der Spitze der KPdSU hatte das Gewaltprinzip zum alten Eisen geworfen, hatte es als Machtmittel zur Rettung der zusammenbrechenden Staaten des Ostblocks suspendiert. Im Ursprungsland des kommunistischen Weltsystems selbst war die Gewalt erodiert. Eine Wiederholung des Aufstandes vom 17. Juni 1953 in seiner gewaltsamen Beendigung durch sowjetische Truppen würde es deshalb nicht geben. „Wer zu spät kommt, den bestraft das Leben." Mit dieser Lektion, selbst wenn die authentische Version im Verhältnis zum legendären Satz variieren sollte, verabschiedete sich Michail Gorbatschow nach seinem Besuch zum 40. Jahrestag der DDR auf Nimmerwiedersehen. Ohne gewaltbereite Schutzmacht aber war der SED-Diktatur der Boden für das eigene Gewalthandeln entzogen.

IV

Ein wichtiger Schutzmechanismus unseres individuellen wie kollektiven Lebens ist die Angst. Sie resultiert unmittelbar aus dem Selbsterhaltungstrieb des Menschen und ist insofern ein Potential seiner Seele. Angst kann vor Schäden bewahren, sie kann aber auch wichtige, manchmal lebensrettende Aktionen behindern oder gar verhindern. Die Kunst, mit der Angst umzugehen, besteht darin, die jeweilige Situation realistisch einschätzen zu können. Angst ist dort zu überwinden, wo höchster Einsatz gefordert ist: soldatischer oder sportlicher. Eines der wesentlichen Ziele von Ausbildung in diesen Bereichen ist daher, durch Übung, Manöver und Training Selbstvertrauen zu gewinnen und dadurch die Angst zu überwinden. Aus Angst kann

Sorge entstehen, aber auch, rationalisiert, Vorsorge, sollen bedrohliche Katastrophen verhindert werden. Eine der stärksten Äußerungen von Angst ist die Flucht. Sie setzt ein, wenn die Bedrohung meiner Selbsterhaltung nicht mehr anders abgewendet werden kann. Flucht kann Leben retten. Sie verzichtet aber zugleich auf entschlossene Bekämpfung der Gefahr. Wer flieht, hat alle anderen Mittel, die Gefahr abzuwenden, verworfen. Oder er hat erkannt, dass sie nicht ausreichen.

Als Christen erleben wir jedoch immer wieder das Staunen machende Phänomen, dass Angst durch Beten tatsächlich besiegbar ist. Indem wir uns mit unserer Angst an Gott wenden, übergeben wir ihm die Sorge für unser Leben. Dies ist eine ungeheure, geradezu befreiende Entlastung. Gott wiederum öffnet Wege und Möglichkeiten, an die wir selbst nie gedacht hätten. Theologisch gesehen steht die Angst als Selbsterhaltungstrieb zwischen Mensch und Gott. Angst kann auch von Gott trennen. Im Kriege kamen Menschen in Extremsituationen zum Glauben, andere fielen vom Glauben ab, weil sie das erlebte Ausmaß an Grausamkeit nicht mit ihrem Gottesbild vereinbaren konnten. Über diesem Vorgang steht aber immer das Wort Jesu, Lukas 9,24: „Denn wer sein Leben erhalten will, der wird es verlieren; wer aber sein Leben verliert um meinetwillen, der wird's erhalten." Das jedoch erfordert totale Hingabe an den, den man als seinen Herrn erkannt hat. Eine Form des individuellen Gebets ist die Fürbitte: Vor Gott für andere einzutreten, insbesondere für Notleidende, vertreibt eigene und fremde Angst. Der Schutzraum, in den Gott uns einhüllt, wird erweitert. Wir durchbrechen mit der Fürbitte das Kreisen um uns selbst und öffnen dem Mitmenschen eine Möglichkeit, Angst zu überwinden und Glaubensgemeinschaft herzustellen. Darum schreibt Paulus im Epheserbrief 6,18: „Von Gebet und Fürbitte lasst nicht ab! Betet alle Zeit im Geist und dazu seid wach! Seid beharrlich in der Fürbitte für alle Heiligen!" Die „Heiligen" sind hier nicht die großen Märtyrer der Geschichte, sondern alle, die vom Heiligen Geist auf den dreieinigen Gott getauft sind und zur Gemeinde gehören.

Das Jahr 1989 hat nun in paradigmatischer Weise gezeigt, wie durch Gebet und Fürbitte nicht nur Angst überwunden werden kann, sondern wie in Vollzug und Konsequenz ihrer Handlungsfiguren für unmöglich gehaltene politische Veränderungen erreicht werden können. Dazu war die *Gemeinschaft* aller Getauften, Betenden, Glaubenden und Hoffenden, aber auch entschlossen Handelnden nötig. Zunächst schien es, als begaben sich die Teilnehmer an den Friedensdekaden und der Montagsgebete in einen Feuerofen. Wie *Daniel in der Löwengrube* saßen sie zwischen den sie verschlingenden Augen der Mitarbeiter der Staatssicherheit, den Augen ihrer sichtbaren und unsichtbaren Geheimpolizisten. Angefangen hatte es 1978 in der Leipziger Nikolaikirche, wo der sächsische Pfarrer Christian Führer zu Friedensgebeten einlud. Der „Kalte Krieg" drohte damals zum heißen zu werden. US-Präsident Ronald Reagan hatte mit seinem „SDI-Programm" eine neue Rüstungsspirale eingeleitet und die Absicht verkündet, „den Osten totrüsten" zu wollen. Nach dem NATO-Doppelbeschluss 1982, der allerdings eine Reaktion auf sowjetische Vorrüstung mit dem SS 20-Projekt und ursprünglich vom sozialdemokratischen Bundeskanzler Helmut Schmidt eingefordert worden war, wurden auf beiden Seiten des „Eisernen Vorhangs" neue Mittelstreckenraketen stationiert. Aus eigener Erfahrung weiß ich, wie in Mecklenburg die Zufahrtsstraßen zu den Stationierungsorten ausgebaut und asphaltiert wurden. Nun rollten auch an unserem Pfarrhaus in Waren die bedrohlich wirkenden Raketentransporte vorbei. Wahrend in der Bundesrepublik die Oster- und Friedensmärsche zunahmen, sahen die Menschen in der DDR nur in den Kirchen einen Raum, ihre Ängste, ihre Kritik und ihren Zorn angesichts weltweiter Kriegstreibereien artikulieren zu können. Die evangelische Kirche war plötzlich *das* institutionelle Synonym für Meinungsfreiheit geworden. Für die damit verbundene Erwartungshaltung kamen die Einladungen der Kirchgemeinden zu Friedensgebeten gerade rechtzeitig. *Doch beten macht nicht nur frei von Angst, es macht auch mutig!* Die Zahl der in die Kirchen Kommenden wuchs ständig, die kirchlichen Räume reichten oft nicht mehr aus. Am 4. September 1989 formierte sich aus dem Montagsgebet in der Leipziger Nikolai-kirche die erste Protestdemonstration. Das war der Monat, in dem die Grenze zur Tschechoslowakei überraschend geschlossen wurde. Gegen die Waffen der Sicherheitsorgane hatten die Demonstranten nichts anderes als Kerzen und klare, beruhigende Worte. Damit gingen sie auf die Volks- und Bereitschaftspolizisten zu, damit redeten sie auf sie ein. Der *paradoxe Schlachtruf* lautete: *„Keine Gewalt!"* Ebenso am 9. Oktober, als 70.000 Demonstranten über den Leipziger Innenstadtring zogen, „Wir sind das Volk!" und „Keine Gewalt!" skandierend. Das war der Auslöser für die dann bis zum 9. November sich täglich steigernden Massendemonstrationen in immer mehr Städten und Dörfern der DDR: Eine sanft steigende Flut, die am Ende das Gewaltpotential des Systems regelrecht über- und dann unaufhaltsam hinwegspülte.

Wie stark gerade Kirchgemeinden dazu beitrugen, die Angst aus den Herzen und Köpfen der Menschen zu vertreiben, dokumentiert beispielhaft ein Bericht über einen Abend in der Ostberliner Elisabethkirche, genauer: Es war der Abend des 7. Mai 1989, dem Tag der Kommunalwahlen in der DDR, der zum ersten Mal die systematischen Wahlfälschungen der Diktatur öffentlich machte:

„Am Abend des 7. Mai 1989 fand im Gemeindehaus der Kirche eine Wahlparty statt. [...] Neben Journalisten [...] waren etwa 3000 Mitglieder aus Basisgruppen zugegen." Daraus wurde in kürzester Zeit so etwas wie eine revolutionäre Tradition: „In den Räumen der Gemeinde fand am 14. Oktober 1989 auch das erste DDR-weite Koordinierungstreffen des Neuen Forums statt [...] Im Herbst 1989 tagten hier [...] auch der Vorstand der Sozialdemokratischen Partei (SDP) und die Initiatoren der Bohlener Plattform, die sich später Vereinigte Linke nannte. Seit Ende der 80er Jahre waren die Räume der Gemeinde der Standort der Kirche von unten."[4]

---

4 M. JANDER: Orte der friedlichen Revolution Berlin, Berlin 2009, S. 14.

Weitere Orte in Ostberlin, in denen Luthers Dialektik von der Freiheit eines Christenmenschen, der im entscheidenden Moment jedermanns und niemandes Untertan ist, plötzlich Wirklichkeit verändernde Praxis wurde: Das Sprachenkonvikt. Dort studierten die späteren Gründer der „SDP" Martin Gutzeit, Markus Meckel und Richard Schröder Theologie. Hier „und in der benachbarten Golgathakirche fand am 25. und 26. August 1989 ein Seminar zum Thema Menschenrechte statt. In dessen Rahmen wurden der Aufruf zur Gründung der SDP erstmals öffentlich vorgestellt".[5] Oder die Gethsemanekirche:

> „In der Gethsemanekirche organisierten Mitarbeiter des Weißenseer Freundeskreis und der Umwelt-Bibliothek Berlin ab dem 2. Oktober 1989 eine Mahnwache und eine Fastenaktion für die Menschen, die seit September des Jahres bei Demonstrationen in Leipzig, Dresden und anderen Orten verhaftet worden waren. Über ein Telefon der Kirchengemeinde hielten die oppositionellen Gruppen untereinander ihre Kontakte aufrecht. An diesem Kontakttelefon arbeitete auch Marianne Birthler mit, die heutige Bundesbeauftragte für die Unterlagen des Staatssicherheitsdienstes. [...] Am Abend des 7. Oktober 1989 war eine Demonstration [...] aus dem Stadtzentrum in den Prenzlauer Berg gezogen. Vor dem Portal der Gethsemanekirche brannten hunderte von Kerzen zum Gedenken an die Verhafteten. Gegen 21 Uhr wurde die Gegend hermetisch abgeriegelt. Vergitterte Lastwagen und Wasserwerfer fuhren auf. Um Mitternacht wurde die Menge, die immer noch Parolen für die Freilassung der Inhaftierten, die Pressefreiheit, die Zulassung des Neuen Forums und ‚Keine Gewalt' skandierte, gewaltsam auseinandergetrieben, viele wurden verhaftet."[6]

Die Gethsemanekirche gilt seitdem „als das Revolutionssymbol schlechthin". Hier arbeitete „seit dem Frühjahr 1989 das oppositionelle Kontakttelefon, das für die Informationsgewinnung und -verbreitung eine zentrale Rolle spielte"[7].

---

5   A. a. O., S. 22.
6   A. a. O., S. 30. Inzwischen wird die Stasiunterlagen-Behörde von dem ehemaligen DDR-Bürgerrechtler und Journalisten Roland Jahn geleitet.
7   Ebd.

„In der folgenden Nacht wiederholte sich die Prügelorgie der Polizei [...] Nach einer Fürbittandacht kesselten Polizeieinheiten die aus der Kirche kommenden Menschen ein und prügelten sie später in der Nacht auseinander. Die Aufklärung [...] dieser Polizeieinsatze und die Bestrafung der Verantwortlichen wurde [...] eine Vorbedingung für den Dialog zwischen Opposition und SED."[8]

Auch in der Zionskirche, in der 1931/32 Dietrich Bonhoeffer tätig gewesen war, geschah Vergleichbares:

„In den Gemeinderäumen der Kirche in der Griebenowstraße 16 wurde im September 1986 die Umwelt-Bibliothek Berlin eingerichtet, die nicht nur zur Umweltthematik, die auch die Zeitschrift Umweltblätter herausgab. [...] In der Umwelt-Bibliothek fanden öffentliche Diskussionen statt. Mit den Räumen der Bibliothek, einer eigenen Druckmaschine sowie der Zeitschrift und ihrem Verteilersystem wurde die Umwelt-Bibliothek zu einem der Organisationszentren der DDR-kritischen Gruppen. [...] Mit Mahngottesdiensten, Protestbriefen und Demonstrationen übten die Gruppen Ende 1987, was zwei Jahre später zu ihrem Erfolgsrezept werden sollte, gewaltfreier, öffentlicher, ziviler Ungehorsam für Menschenrechte. Die Inhaftierten kamen frei."[9]

Ebenso in der Samariterkirche in Berlin-Friedrichshain: Auch sie war ein wesentlicher Treffpunkt oppositioneller Gruppen.

„Das hing nicht zuletzt mit Pfarrer Rainer Eppelmann zusammen, der seit 1979 in der Kirche Bluesmessen veranstaltete. [...] Ursprünglich hatten lediglich zwei junge Bluesfans gefragt, ob sie die Kirche für ein Konzert nutzen konnten. Mit ihnen entwickelte Eppelmann die Bluesmessen. [...] Die Veranstaltungen mussten wegen des großen Andrangs häufig viermal hintereinander durchgeführt werden. [...] Am 20. Oktober 1989 konstituierte sich hier... die Bürgerbewegung Demokratischer Aufbruch. [...] Rainer Eppelmann war einer der Mitbegründer dieser Gruppe."[10]

Vom Geschehen in der Erlöserkirche wird berichtet:

„Am 28. Oktober 1989 fand hier eine Gemeinschaftsaktion der Ostber-

---

8 A. a. O., S. 32.
9 A. a. O., S. 33/34.
10 A. a. O., S. 36.

liner Künstlerverbände unter dem Titel Wider den Schlaf der Vernunft statt."[11] „Die Organisatoren der Veranstaltung hatten für den 4. November 1989 auch die Demonstration auf dem Alexanderplatz angemeldet. Die Nachricht über die Genehmigung der Demonstration traf während der Veranstaltung in der Erlöserkirche ein und löste großen Jubel aus."[12]

Schließlich verwandelt sich auch die Bekenntniskirche in einen Ort des Gebetswiderstandes: „Diese Kirchengemeinde und ihr damaliger Pfarrer Werner Hilse nahmen sich der Anliegen von Ausreisewilligen an." Hilse „suchte eine Form zu finden, den Ausreisern Halt und Unterstützung zu geben. Mit ihnen zusammen entstand die einmal monatlich stattfindende Reihe Sonntagsgespräche."[13]

Soweit die bemerkenswerte Liste zur Wirkung von Gebet und Fürbitte, Gesang und freiem Gespräch allein in den Kirchen von Ostberlin. Und Gott, wie schon in den Büchern und Abschnitten des Alten und Neuen Testaments zahlreich bezeugt, erhörte auch hier offenbar, was ihm zugerufen wurde. Der Adressat schwieg nicht, er antwortete, mitten in die geschichtliche Situation hinein: durch Geschichte machende *Geschichtszeichen*. Das größte Zeichen dieser Art war dabei die von der Erlöserkirche ausgehende Anmeldung der Demonstration auf dem Alexanderplatz am 4. November 1989, zu der schließlich eine halbe Million Menschen zusammenströmte. Die Angst war endgültig besiegt.

---

11 A. a. O., S. 39.
12 A. a. O., S. 40.
13 A. a. O., S. 42/43.

V

Nachdem Immanuel Kant in der „Kritik der reinen Vernunft" die Unmöglichkeit eines ontologischen Gottesbeweises begründet hat, da im Begriff eines Dinges seine Existenz nicht zwangsläufig enthalten sei, stellt er in der „Kritik der praktischen Vernunft" einen *moralischen Gottesbeweis* auf. Der Gedankengang ist folgender: Das sittliche Handeln des Menschen, das heißt sein Dienst an der Allgemeinheit zur Beförderung der vollkommenen Gesellschaft, dem höchsten Gut, kann sich immer nur stückweise, etappenweise realisieren. Jede Reform, jede Revolution bringt das höchste Gut zwar näher, die vollkommene „Glückseligkeit", so Kant, erlangen wir auf Erden jedoch nicht. Die Ursache dafür ist, dass ein aus der Natur selbst stammendes Wesen, wie der Mensch eines ist, und damit von ihr abhängiges, nicht handeln kann, als stünde es als ein von ihr unabhängiges Wesen über der Natur. Wir versuchen uns also, indem wir weltverbessernd, das ist: *sittlich*, handeln, am eigenen Schopf aus dem Sumpf zu ziehen, uns mit natureigenen Mitteln aus unserem Urzustand zu emanzipieren. Notwendig ist ein Wesen, das von der Natur unabhängig, gleichzeitig seine erste Ursache ist. Kant: „Folglich ist das Postulat der Möglichkeit des höchsten abgeleiteten Guts zugleich das Postulat der Wirklichkeit eines höchsten ursprünglichen Guts, nämlich der Existenz Gottes."[14] Da die vollkommene Gesellschaft nur durch ein von aller Gesellschaft und aller Natur unabhängiges Wesen als deren Ursache zu erreichen ist, das Streben nach dem höchsten Gut aber moralische „Pflicht" des Menschen, „ist es moralisch notwendig, das Dasein Gottes anzunehmen".[15]

Von hier ausgehend will ich im Folgenden versuchen, das moralische Handeln von am 9. November 1989 in frontaler Konstellation agierenden Menschen mit diesem Gottesbeweis in Übereinstimmung zu bringen. Zunächst stellen wir fest: Alles

---

14 I. KANT: Kritik der praktischen Vernunft, Leipzig 1978, S. 150.
15 Ebd.

Streben nach Befreiung von der kommunistischen Unterdrückung und Einsperrung war Ausdruck der Sehnsucht nach einer humaneren, die Menschenrechte achtenden Gesellschaftsform, also nach einem weiteren Stück Realisierung des „höchsten Guts". Nach Kant gäbe es diese Sehnsucht in uns nicht ohne das Vorhandensein „eines höchsten ursprünglichen Guts, nämlich der Existenz Gottes". Das heißt: Gott selbst, wie er uns in der Heiligen Schrift entgegentritt, will Veränderung, will die immer weitere, ihm und seinen Normen gemäße Annäherung an jenes „höchste Gut", und er hilft uns dabei in einer Weise, wie wir das im vorigen Abschnitt über das Verschwinden der Angst durch das Gebet gesehen haben. Wie umfassend, auch radikal das geschieht, werden wir in diesem Abschnitt erkennen, indem wir die Szenerie von den Basisgruppen weg zu ihren Gegnern im SED-Staatsapparat verlagern und unseren Blick auf das Phänomen richten, dass Gott im entscheidenden Moment die Unwahrhaftigen mit Blindheit schlägt.

In Florian Hubers Buch „Schabowskis Irrtum. Das Drama des 9. November" wird minutiös, nach Zeit und Stunde, Ort und Personen, jenes Geschehen aufgerollt, das zugleich Weltgeschichte gemacht hat und sie wiederum dauerhaft ins historische Bewusstsein spiegelt. Es wird von einem „Zettel" berichtet, der den vorgeschriebenen Umlauf durch das Politbüro und Zentralkomitee der SED, über die einzelnen Ministerien des Ministerrats, bis hin zu seiner Verlesung auf der entscheidenden Pressekonferenz durch Politbüromitglied Günter Schabowski absolviert und auf dem in Stichworten u. a. festgehalten ist, dass es eine neue Reiseverordnung der DDR gibt, die offenbar „unverzüglich" in Kraft trete. Parallel dazu werden Wirkung und Folge der Verlesung der entscheidenden Passage des „Zettels" bei der Ostberliner Bevölkerung und an der Grenzübergangsstelle *Bornholmer Straße* geschildert sowie die daraus resultierende Kopflosigkeit der Grenzwächter und das bedrückende Schweigen des „Ministeriums für Staatssicherheit" (MfS). Der Weg dieses „Zettels" mit der vorläufigen Reiseregelung durch die Parteiinstanzen wird letztlich von folgenden Personen bestimmt: Vom Autor des Textes, dem Leiter der Hauptabteilung Pass- und Meldewesen im Innenministerium im Rang eines Obersten der Volkspolizei und „IM" des MfS, Gerhard Lauter, von Egon Krenz, neu gewählter SED-Generalsekretär, der den „Zettel", den er vom Vorsitzenden des Ministerrats Willi Stoph bekommen hat, nach dessen Verlesung im Zentralkomitee wie nebenbei an Günter Schabowski weiterreicht, der anschließend zu besagter Pressekonferenz mit ausländischen Journalisten eilt und den „Zettel" ungelesen bei sich trägt. Aber ausschlaggebend für die Grenzöffnung wird am Ende ein Oberstleutnant Harald Jäger sein, der schließlich, von tausenden Berlinern bedrängt und nach vergeblichen Versuchen, von Vorgesetzten Weisung, wie zu verfahren sei, zu erhalten, auf eigene Verantwortung den Schlagbaum öffnet, um Schlimmeres zu verhindern.

An diesem Punkt sind die psychologischen Vorgänge unserer Protagonisten bedeutungsschwer, denn mit ihnen geschieht etwas, was sie selbst weder begreifen, noch wollen: *Gott handelt durch Menschen!* Er steht dabei jenseits von Gut und Böse (nach irdischen Maßstäben), das heißt: Er fragt nicht nach der glaubens- oder weltanschaulichen Qualität, der sozialen oder charakterlichen Eigenart seiner „Mitarbeiter", wenn er seine Ziele durchsetzen will. Aus der Josephsgeschichte *1. Mose 37–50* wissen wir, dass er gerade durch die boshaften Handlungen seiner Brüder Joseph an den Hof des Pharao bringt. Am 8. November 1989 nun erhält der Oberst der Volkspolizei Gerhard Lauter von Innenminister Friedrich Dickel den telefonischen Befehl, mit seinen Mitarbeitern den Entwurf eines neuen Reisegesetzes auszuarbeiten und ihn bis 9. November mittags vorzulegen. Vorausgegangen war die Drohung der tschechoslowakischen Regierung, die Grenze zur DDR wegen des Flüchtlingsansturms zu schließen, der auf bis zu 20.000 Menschen täglich angewachsen war. So war der Auftrag für ein neues Reisegesetz vom Politbüro, das heißt von Egon Krenz, dem neuen Partei- und Staatschef, selber gekommen. Ein erster Vorschlag von dort liegt bereits vor und

wird Lauter von zwei Mitarbeitern der Staatssicherheit über-
reicht. Darin ist allerdings nur von „ständiger Ausreise" ohne
Rückkehrmöglichkeit die Rede. Lauters Reaktion: „Genossen, so
geht das nicht! Das bringt das Fass zum Überlaufen, das hebt den
Deckel weg. [...] Wir müssen das anders regeln."[16] Dahinter steht
die Angst vor dem Untergang der DDR: „Wir dachten, jetzt
konnten wir es noch einmal packen! Mit geordneter Reisefreiheit, die die DDR noch einmal stabilisieren würde."[17]

Lauter stellt seine Genossen vor die Alternative: Entweder
Ausreise mit Rückkehrmöglichkeit und Erhalt der DDR oder
Ausreise mit gleichzeitiger Ausbürgerung, wie das Politbüro es
wünscht, was zu einem Ausbluten der DDR führen würde.[18] Es
wäre eine Wiederholung der Fehler des Reisegesetzes vom 6. November 1989, das nach seiner Bekanntgabe von allen Seiten empört abgelehnt worden war. Hinter Lauter steht die Angst vor
einem erneuten Desaster. Der Vorgang, der jetzt folgt, ist für die
Abfassung des Textes entscheidend:

> „Mit diesem Argument kann Lauter seine Ministerialkollegen und die
> beiden Genossen von der Staatssicherheit auf seine Seite ziehen, ob-
> wohl sie alle wissen, was sie im Begriff sind zu tun. Sie missachten eine
> Anweisung des Politbüros, des Gremiums der Halbgötter, denen zu
> widersprechen in der stalinistischen Tradition der DDR als Majestäts-
> verrat gilt. Doch das Außergewöhnliche geschieht. [...] Also diktiert
> Lauter seiner Sekretärin als ersten Satz der neuen Regelung: ‚Privatrei-
> sen nach dem Ausland können ohne Vorliegen von Voraussetzungen
> (Reiseanlässe oder Verwandtschaftsverhältnisse) beantragt werden.'
> Die vom Politbüro gewünschte Lösung für ständige Ausreise behan-
> delt erst der zweite Absatz."[19]

Man verhängt eine Sperrfrist über das Papier: Ab vier Uhr morgens am 10. November 1989 erst darf ADN diese Meldung veröf-

16 F. HUBER: Schabowskis Irrtum. Das Drama des 9. November, Berlin 2009,
S. 62.
17 A. a. O., S. 63.
18 Ebd.
19 A. a. O., S. 72.

fentlichen.[20] Und nun geschieht etwas, was nur als unerklärliches Wunder bezeichnet werden kann. Während der „Zettel" alle vierundzwanzig Ministerien, das Zentralkomitee und das Politbüro durchläuft, fällt niemandem auf, dass der Text erheblich von der Vorlage des Politbüros abweicht, das nur von „ständiger Ausreise", nicht von „Privatreisen" mit Rückkehrmöglichkeit gesprochen hatte. Das nächste Wunder ist, dass die Sperrfrist „vier Uhr morgens" beim Umlauf des „Zettels" durch die Instanzen schlicht verlorengeht. Da sie auf ihm nicht vermerkt ist, wissen weder Willi Stoph, noch Egon Krenz noch am Ende Günter Schabowski von ihr. Ohne zunächst an das ihm von Krenz übergebene Papier zu denken, referiert Schabowski auf der internationalen Pressekonferenz eine Stunde lang in langweiligem Funktionärsdeutsch über die ZK-Tagung. Dabei fällt kein Wort zur Ausreiseproblematik. Am Ende stellt der italienischer Journalist Riccardo Ehrmann eine Frage nach dem inzwischen vom Politbüro wieder zurückgezogenen Reisegesetz vom 6. November. Schabowski erinnert sich: „In diesem Augenblick durchfährt es mich wie ein Blitz: Mein Gott, ich wollte und sollte ja noch über diesen Punkt informieren."[21] Was jetzt geschieht, kommt einer Chaosveranstaltung gleich, einer weltgeschichtlichen Clownerie: *Gott handelt mit Hilfe von Zufall und Improvisation:* „Währenddessen sucht Schabowski in seinen Papieren, er blättert, sortiert, wühlt".[22] Schabowskis Erinnerung: „Da lag mein Zettel und andere Papiere aus der ZK-Tagung. Ich greife nach diesem Haufen und suche das Papier, das ich ja verlesen sollte. Ein Mitarbeiter kommt dazu und hilft mir, es mit aus dem Stapel herauszusuchen. Und da war der Text der Reiseverordnung."[23] Nachdem er ihn hastig verlesen hat, stellt der Hamburger Journalist Peter Brinkmann schließlich die alles entscheidende Frage,

20 A. a. O., S. 73.
21 A. a. O., S. 116.
22 Ebd.
23 Ebd.

die nach der Gültigkeit der neuen Reiseverordnung: „Ab wann? Sofort? Wann tritt das in Kraft? Wieder blättert Schabowski in seinen Papieren, blickt fragend zu seinen Genossen zur Rechten. Dann spricht er die Worte: ‚Das tritt nach meiner Kenntnis – ist das sofort, unverzüglich!'"[24]

Damit ist die Sperrfrist aufgehoben, die auf dem „Zettel" selbst ohnehin nicht vermerkt war, sondern nur auf dem Anschreiben Lauters an das Innenministerium. Statt am 10. November 1989, morgens um vier, ist die Reisefreiheit damit schon am 9. November kurz vor 19.00 Uhr verkündet und verbreitet sich als Nachricht via Westmedien wie ein Lauffeuer.

VI

Bevor ich die weiteren Vorgänge des 9. November 1989 schildere, möchte ich eine Zwischenbilanz ziehen, die das Faktische, das geradezu Banale daran geschichtlich in Richtung Gott transzendiert, in das, was theologisch „Heilsökonomie" genannt wird. Günter Schabowski sagt in seinem Buch „Wir haben fast alles falsch gemacht":

> „Ja, ich war in diesem Augenblick nicht mehr und nicht weniger als ein Werkzeug der Geschichte. [...] Stunden nach der Pressekonferenz sollte ich Augenzeuge des ‚Wunders' werden. [...] Ich entschloss mich kurzerhand nach Berlin zu fahren [...] ein Durchkommen war unmöglich. Der Run auf die Mauer war gewaltig. Wie sehr hatten wir das Bedürfnis der Menschen unterschätzt!"[25]

Wer im Ursprungsland des „Deutschen Idealismus" sich als „Werkzeug der Geschichte" erkennt, liefert ungewollt einen Beitrag zur Metaphysik. Hegel sagt: „Die Metaphysik ist das Moment des Geistes, der sich selbst gefunden hat."[26] Dies sei „die

---

24 A. a. O., S. 117.

25 G. SCHABOWSKI: Wir haben fast alles falsch gemacht, Berlin 2009, S. 32–34.

26 G. W. F. HEGEL: Jenenser Logik, Metaphysik und Naturphilosophie, Berlin 1968, S. 184.

Idee des absoluten Wesens" als „absoluter Geist".[27] Diese „Rückkehr" des Geistes zu sich selbst, die Erkenntnis, schon immer das gewesen zu sein, als was er sich nun erkennt, ist nach Hegel ein „einfacher Kreislauf".[28] Auf Schabowski angewandt, bedeutet das, dass der Reflexionsprozess, angestoßen von der Wirkung der verfrühten Bekanntgabe der Reisefreiheit, auf das Allgemeine, über deren Bedeutung er sich im Augenblick der Bekanntgabe nicht klar ist, die ihm erst angesichts der Folgen auf das Allgemeine klar wird, das notwendige Moment ist im Ablauf der Weltgeschichte, in der sich nach Hegel der „absolute Geist", theologisch gesprochen „Gott", manifestiert. Schabowski, der marxistische Atheist, kann das nur mit dem Wort „Wunder" ausdrücken. Dabei vollzieht er mit seiner Reaktion den wichtigsten Schritt: Er begreift „die Geschichte" nicht mehr „marxistisch", als gesellschaftliches „Naturgesetz", sondern als metaphysische Person, deren „Werkzeug", das heißt deren willenloses Instrument er ist. „Geschichte" bekommt so für ihn Willensqualität: *Geschichte ist Wille!* Wille aber ist nach Schopenhauer das „Sein an sich", und nach Schopenhauers „Satz vom Grunde" der Ursprung aller Manifestationen, selbst aber dem Satz vom Grunde im Gegensatz zu den Erscheinungen nicht unterworfen. Auch entspringt nach Schopenhauer jede Handlung aus dem Charakter des Menschen. Er würde daher Schabowskis zeitlichen Irrtum als Ausdruck einer in seinem Charakter liegenden Willenshandlung klassifizieren.[29] Selbst der Atheist Schabowski kann das nur als „Wunder" bezeichnen, also als einen völlig unerwarteten, nur mythologisch erklärbaren Vorgang.

Nun ist aber Schabowskis Irrtum nur das Ende einer ganzen Kette von geschichtswirksamen Unachtsamkeiten wie auch von kapitulierender Gleichgültigkeit angesichts der sich rasend

27 Ebd.
28 A. a. O., S. 185.
29 A. SCHOPENHAUER: Sämtliche Werke in sechs Bänden, Band 1, Hrsg. v. E. GRIESBACH; Bd. I; Leipzig 1920, S. 167.

verändernden Wirklichkeit – die Spitze einer zu diesem Zeitpunkt allgemeinen Blindheitsskala im SED-Apparat. Der ganze
Vorgang muss daher als metaphysisch gewollt begriffen werden.
Abgeschlossen ist er jedoch erst mit den Ereignissen am Grenz-
übergang *Bornholmer Straße*, sind die Ereignisse dort doch, von
heute her gesehen, ein geradezu klassisches Beispiel für Kants
moralischen Gottesbeweis. Der entscheidende Mann für das Folgende ist jetzt besagter Harald Jäger, Oberstleutnant der Grenztruppen, stellvertretender Leiter der hier stationierten Passkontroll-
einheit. Der militärische Rang ist eine Tarnbezeichnung. Eigentlich ist Jäger Mitarbeiter des Ministeriums für Staatssicherheit
und empfängt seine Befehle von seinem dortigen Vorgesetzten,
einem Oberst Rudi Ziegenhorn. Zufällig sieht er in der Kantine
im Fernsehen den Auftritt von Politbüromitglied Günter Schabowski und hört die für ihn später so grundstürzenden Worte:
„sofort, unverzüglich". Jäger glaubt, sich verhört zu haben, reagiert entsetzt, panisch, alle trainierten militärischen Formen
und Formeln vergessend: Er springt vom Tisch auf und ruft in
den Raum: „Was ist denn das für ein geistiger Dünnschiss?"[30]
Er hat jetzt nichts Eiligeres zu tun, als sich mit seinem Vorgesetzten vom MfS in Verbindung zu setzen. Der ist jedoch genauso
ratlos wie er. Folgen wir der Darstellung Florian Hubers, so läuft
an der Grenzübergangsstelle von nun an ein Szenario ab, für das
die Wörter „grotesk", „chaotisch", „rat-" oder „entschlusslos" zu
schwach sind, um die Reaktion auf das für unmöglich Gehaltene
auszudrücken. Es bedeutete für die an der Grenze und bei der
Passkontrolle Tätigen, also für diese hochsensiblen kommunistischen Kader, nichts anderes als den *Weltuntergang*. Dies führt
uns Huber nun anhand des Oberstleutnants Harald Jäger vor,
dessen Weltbild vor allem aufgrund des Schweigens aus dem
vorgesetzten Telefonhörer zusammenbricht. Im Grunde sind Jäger und seine Genossen an der vordersten Front des Geschehens
in diesem Moment nichts anderes mehr als allein gelassene, rest-

---

30 F. HUBER: Schabowskis Irrtum (s. Anm. 16), S. 119.

los betrogene Verführte: „Wenn Leute an die Grenze kommen", lautet die knappe Instruktion von zwischenzeitlich doch noch erreichten Vorgesetzten, „einfach wegschicken!"[31]

Und dann kommen sie: erst einzeln, zaghaft, schüchtern noch, dann immer mehr, hunderte – im 20-Minuten-Takt mit der Straßenbahn. Bald steht Jäger zwischen zwei Fronten: Auf der einen Seite die Ankömmlinge, die sofortige Ausreise fordern – auf der anderen Seite die Weisung des MfS, die „Wegschicken!" lautet. Als es zweihundert Menschen und mehr werden, löst Jäger den Alarmfall aus. Dadurch bekommt er sechzig Mann Verstärkung plus Bewaffnung, die die neuralgischen Punkte an der Grenzübergangsstelle besetzen. Als es tausend Ausreisewillige sind, schickt er wieder einen Hilferuf zu seinem Vorgesetzten. Der sagt nur: „Ich kann auch nichts machen, weißt du doch."[32] Jäger ist jetzt der einsamste Mensch auf der Welt: „Die Bürger ausreisen zu lassen – das war die einzige Alternative, die ich sah."[33] Aber noch wagt er es nicht, das Unvorstellbare. Noch nicht! Bis nach ganz oben, zu MfS-Generalleutnant Gerhard Neiber, dem Stellvertreter des bis zu diesem Zeitpunkt fast allmächtigen Armeegenerals Erich Mielke, geht sein nächster Hilferuf. Es sind inzwischen Tausende, die nach Ausreise schreien. Er hält den Telefonhörer in den Lärm und das Stimmengewirr: Neiber soll sich selbst überzeugen. Als er ihn wieder zurückzieht, ist die Leitung unterbrochen. Neiber und Ziegenhorn haben sich verabschiedet. Jetzt brennt bei Oberstleutnant Jäger eine Sicherung durch: „Er knallt den Hörer auf die Gabel. ‚Ich war fertig mit der Welt. Ich konnte es nicht begreifen, dass man mir keinen Glauben schenkte. Ich bin völlig konfus in diesem Häuschen umher gerannt.'"[34] Huber schreibt, dass Jäger jetzt die Augen aufgehen, „über seine Vorgesetzten, über seine Partei und die

---

31 A. a. O., S. 136.
32 A. a. O., S. 156.
33 Ebd.
34 A. a. O., S. 157.

Staatsführung"³⁵. Dass er in diesem Augenblick „mehr über die Gesellschaftsordnung der DDR lernt als in allen Parteilagern, Politschulungen und anderen Veranstaltungen der vergangenen Jahrzehnte"³⁶. Dann kommt plötzlich die Weisung von Oberst Ziegenhorn, die lautesten, aufsässigsten Schreier mit einem Stempel auf ihr Passfoto ausreisen, aber nicht wieder einreisen zu lassen. Diese Entscheidung ergibt Stunden später ein unbeschreibliches Durcheinander zwischen denen, die noch rüber wollen auf die westliche Seite Berlins, und denen, die wieder zurück strömen in den Ostteil der Stadt, aber nicht dürfen. Oberstleutnant Jäger ist am Ende seiner Kraft und Geduld. Schließlich startet er einen allerletzten Versuch, eine Ausreiseentscheidung legitimieren zu lassen, um einer möglichen Bestrafung zu entgehen. Er ruft seine ihm unterstellten Mitarbeiter, die Offiziere und Unteroffiziere des Kontrollpostens, zusammen und legt ihnen drei Handlungsalternativen vor:

1. Weiter abwarten, die Bürger auf Distanz halten, bis endgültige Befehle vom MfS kommen. Risiko: Massenpanik.

2. „Soldaten von den NVA-Grenztruppen anfordern und das Gebiet hermetisch abriegeln." Das hieße: Schießbefehl anwenden! Für Harald Jäger nicht tragbar. „Denn das liefe unweigerlich auf ein Blutvergießen hinaus."

3. „Die DDR-Bürger ausreisen zu lassen." Keiner weiß, welche Konsequenzen das für beide Seiten hätte. Jäger will wissen, ob er dafür seine Leute hinter sich hat.³⁷

Die Situation ist so dramatisch, dass ich hier nicht ohne den Originaltext, ebenfalls dokumentiert in Hubers Buch, auskomme:

> „‚Soll ich die DDR-Bürger jetzt ausreisen lassen?', fragt er daher in die Runde der Offiziere. Alle bleiben stumm. ‚Oder soll ich schießen lassen?' Um Gottes willen! Jetzt entgleiten ihnen die Gesichtszüge, denn dafür will niemand geradestehen. Jäger hat sie bewusst provoziert. ‚Ich wollte wissen, ob sie mich unterstützen. Ich wollte, dass die Genossen

---

35 Ebd.
36 Ebd.
37 A. a. O., S. 173.

sagen: Harald, ausreisen ist die einzig richtige Variante. Wir rechtfertigen das mit. [...] Aber da kam nichts. Sie haben sich nur empört, dass ich sagte: ‚Oder soll ich schießen lassen?'"

Das ist das Ende der Dienstversammlung im Leiterzimmer: „Harald Jäger spürt, dass er nun noch einsamer geworden ist."[38] Inzwischen aber wird die „Ventillösung", das Verbot der Rückkehr von Ausgereisten, zum „Bumerang". Weinend stehen Menschen, die ohne ihr Wissen faktisch ausgebürgert wurden, vor dem Postenhaus und wollen in ihre Ostberliner Wohnung zurück. Harald Jäger entscheidet, sie wieder in die DDR zurückkehren zu lassen. „Die Ventillösung ist gescheitert."[39]

VII

Was nun geschieht, ist praktisch die Verwirklichung von Immanuel Kants „kategorischem Imperativ der Pflicht" und seinem „moralischen Gottesbeweis" in ein und demselben Moment. „Pflicht", das war für Jäger jetzt nicht mehr der Gehorsam gegenüber dem staatlichen Grenzgesetz und seiner ideologischen Begründung, sondern *Pflicht* war jetzt für ihn der Dienst an den draußen vor dem Schlagbaum wartenden Menschen geworden. Er steht in der Situation „Antigones" bei Sophokles, die gegen das staatliche Verbot, den Feind zu begraben, ihrem Herzen folgt und den Bruder begräbt, mag er auch ein Feind des Staates sein. Sie nennt es „Göttergesetz", dem sie folgen muss. Diese Entscheidung für das höhere, ja „höchste Gut", für die Mitmenschlichkeit, für das „moralische Gesetz", theologisch gesprochen: für das „Liebesgebot Jesu", ist nach Kant der Beweis für das „Dasein Gottes", der dem Menschen das „Sittengesetz" ins Herz gelegt hat.[40] Für dieses Sittengesetz entscheidet sich Harald Jäger, der Oberstleutnant der Grenztruppen der SED-Diktatur, in die-

38 A. a. O., S. 174.
39 A. a. O., S. 177.
40 I. KANT: Kritik der praktischen Vernunft (s. Anm. 14), S. 150.

sem Augenblick: „Mir war zu diesem Zeitpunkt alles wurscht. Ich war trotzig. Ich hatte Wut im Bauch."[41] Der Verrat derjenigen, auf die er sein ganzes Leben als Staatsdiener und Parteigenosse vertraut hatte, stößt ihn in diese zornbebende Einsamkeit. Bis zur Grenze des Erträglichen hat ihn sein dienstliches Pflichtgefühl gezwungen. Dann reißt die seelische Spannung, dann ergreift das Sittengesetz von ihm Besitz, macht ihn souverän, hebt die bis eben noch gültige Freund-Feind-Kennung in ihm auf:

> „,So, jetzt reicht es! Jetzt entscheidest du auf eigene Faust.' Er weist an, im Bereich 6, unten an der Vorkontrolle Ausreise, den Schlagbaum zu öffnen und alle DDR-Bürger ausreisen zu lassen. Ohne Kontrolle. […] Die Passkontrolleure lösen die Sicherung des Schlagbaums und schwenken ihn nach innen."[42]

Nun ergießt sich der tausendköpfige Strom weinender, lachender, jubelnder, erschütterter Menschen mitten hinein in die Grenzanlagen, in den Todesstreifen, der plötzlich, in sein radikales Gegenteil verkehrt, zur Lebensader geworden ist: Nicht mehr auf- und abgehalten mit Waffengewalt, im Sinne des Wortes das Gefühl grenzenloser Freiheit auskostend bis in die letzte Zelle des Unterbewusstseins. Und wie reagiert das MfS? Oberst Ziegenhorn nimmt sofort ab, als Harald Jäger dort anruft:

> „Jäger macht knapp Meldung. ,Ich hab' aufgemacht, wir konnten die GUST nicht mehr halten. Wir lassen alle DDR-Bürger raus.' Sein Vorgesetzter erwidert eine Weile gar nichts. Dann sagt er nur: ,Ist gut, Jäger!' Dann legen beide den Hörer auf. […] ,Niemand hat mehr angerufen.'"[43]

Mit dieser Kapitulation der SED-Führung und ihres Ministeriums für Staatssicherheit, dem „Schild und Schwert der Partei", ist das Ende der kommunistischen Diktatur besiegelt. Was jetzt

---

41 F. HUBER: Schabowskis Irrtum, (s. Anm. 16), S. 179.
42 A. a. O., S. 180/181.
43 Ebd.

noch kommt, sind völkerrechtliche und politische Formalitäten, die im Laufe des Jahres 1990 zur politischen Vereinigung von DDR und BRD in Form eines „Beitritts" der fünf „neuen Bundesländer" nach Artikel 23 GG führen. Ein Provisorium, das bis zur Verwirklichung des Artikels 146 GG, des in Inkrafttretens einer endgültigen Verfassung für Deutschland, die geschichtliche Entwicklung nach vorn immer noch offen lässt.

Es ist hier darum der Ort, alle genannten Aspekte zum Thema „Wenn Gott Geschichte macht" noch einmal zusammenzufassen, um abschließend die Frage zu erörtern, welche Bewusstseins-Veränderungen aufseiten der involvierten Staats- und Systemakteure in Bezug auf das offenbar gottgewollte Befreiungs-und damit unlösbar verknüpfte Vereinigungsgeschehen sichtbar geworden sind. Dazu war mir wichtig, am Beispiel eines Einzelschicksals wie dem des hohen Parteifunktionärs Bernhard Quandt die psychischen Folgen des Zusammenbruchs kommunistischer Staatsideologie zu zeigen, die fast ein halbes Jahrhundert lang sowohl in der Sowjetischen Besatzungszone wie auch später in der DDR die geistige und weltanschauliche Basis für die politische Abgrenzung vom Westen Deutschlands gewesen ist. Gerade weil *Ideologie* und *Gewalt*-Politik im Kommunismus fast nahtlos miteinander verquickt sind, hat ein staatlicher und parteiorganisatorischer Zusammenbruch katastrophale psychische Folgen auf jene Funktionärsriege, die bis in den Herbst 1989 hinein die Abgrenzungspolitik zum westlichen Teil Deutschlands betrieb. Die Rechtfertigungsversuche jenes Spitzenfunktionärs Bernhard Quandt sind aus meinem Blick auf das Geschehen Indizien nicht nur für den politischen Verfallsprozess, sie sind für mich auch scharf umrissenes „Heilshandeln" Gottes im atheistischen Staat: Gott hat, so lässt es sich deuten und verstehen, diese ebenso mächtigen wie selbstherrlichen Funktionäre einer Diktatur, der zweiten in der deutschen Geschichte, in die absolute Ausweglosigkeit irren lassen, die sie zuletzt blind und unfähig machte auch für die eigene Selbsterhaltung. Parallel zu dieser Erosion erstarkte das Selbstbewusstsein der Unterdrückten. Im

Bibelwort 1. Petrus 5,5 – „Gott widersteht den Hoffärtigen, aber den Demütigen gibt er Gnade." – erscheint deshalb aufs Präziseste das offenbare Grundmuster von Gottes Heilshandeln in dieser wie in allen vergleichbaren geschichtlichen Situationen. Was sich in den aufgeführten Kirchgemeinden und Basisgruppen bis zu diesem historischen Umschlagspunkt tat, ist ohne Beispiel. Noch nie haben bloße *Gebete* und *Fürbitten* in Deutschland eine so eindeutig *revolutionäre* und damit politische Wirkung gehabt. Martialisch und damit paradox ausgedrückt: Die SED-Diktatur wurde durch *friedliche* Gebete und Demonstrationen sturmreif „geschossen" für die Ereignisse vom 9. November. Am Ende öffnet sie denen, die sie vierzig Jahre lang an der Ausübung ihrer Freiheitsrechte unter Androhung von Waffengewalt gehindert hat, die Schlagbäume und Tore im System der hochgesicherten Grenze zwischen den beiden Staaten in Deutschland. Dieser epochale Vorgang aber, ein *Kairos*-Geschehen, kann zuletzt eben doch nicht allein mit Begriffen wie „Zufall" oder „Folge ökonomischer Misswirtschaft" zu erfüllender Erklärung gebracht werden. Er dürfte genau *die* historisch konkrete Gestalt jenes „moralischen Gottesbeweises" sein, von dem Kant gesprochen hat und damit vom Drang des Menschen nach dem „höchsten Gut", in dem der Königsberger Philosoph eine von Gott in uns eingeprägte Signatur erkennt, wodurch wiederum dessen Existenz unübersehbar offenbar wird: mitten im Geschichtsprozess selbst, den wir so oder so als sein objektives Heils-Handeln erkennen können. Oder anders gesagt: als sein „wunderbares".

Kapitel III

„Ich will ihnen ein anderes
Herz geben und einen neuen
Geist in sie geben."

Hes 13,19

Ulrich Schacht

Geschichtsgott oder Gott der Geschichte?
Eine theologisch-philosophische Meditation
in fünf Schritten

I

Wenn wir Geschichte deuten, haben wir in der Regel die Wahl.
Wenn wir Geschichte erfahren, haben wir eine Wahl in der Regel nicht. Deutung von Geschichte, heißt das, folgt in der Regel
ihrer Erfahrung; die Erfahrung aber verändert sich regelmäßig
ins Gedeutete. Die Dialektik dieses Prozesses organisiert in der
Konsequenz ein Erinnerungs-*Bild*, das wesentlich mehr zeigt als
nur das Gewesene; es zeigt, in seiner Substanz-Ambivalenz von
vergangener Nähe und präsentischer Ferne, *Seiendes* gleichsam
in verdoppeltem Sinne: von *Gewesen-* und *Geworden*-Sein. Geschichtsstoff in erweiterter Potenz also, der jedoch nicht amor-
pher wird, tiefenschärfer dagegen schon. Was damit in Sicht
kommt, ist eine Prozess-Gestalt, die sich, um eine Metapher zu
nutzen, als Fluss erweist, zu dem, wie zu jedem Fluss, eine Quelle gehört, zugehören *muss*, wie auch ein Delta, in das er mündet.
Geschichtstheologie wie Geschichtsphilosophie, ihr säkularer
Bruder und schärfster Konkurrent, riskieren in der *Wahr*-Neh-
mung des Phänomens aber nichts anderes als das geistige Abenteuer, dieser Quelle auf die Spur und ihr so näher zu kommen.

Das ist auf den ersten Blick in der Tat eine verdächtig riskante
Unternehmung, weil die Karten, nach denen vorgegangen werden muss, eher Fragment sind denn topographisch präzise
Messblätter. Tatsächlich aber bewegt sich unser Blick nur in genau den Realien historischer *Tat*-Sachen und *Zeit*-Gestalt, die auf
den zweiten Blick allesamt Elemente eines Flussbettes sind, in
dem etwas in Bewegung ist. Der Fluss der Geschichte verlässt

aber zu keinem Zeitpunkt sich selbst, noch sein Ziel. Damit bewegt er sich in einem Zeit-Raum-Kontinuum, dessen Dimensionen sich jeder endgültigen Raum-Zeit-Kontrolle insofern entziehen, als *eine* Sicht auf alle Abschnitte gleichzeitig unmöglich ist und damit jeder Deutungspunkt durch uns, dem das Panorama ein Ganzes würde. Wenn aber nur das Ganze das Wahre ist, wie Hegel sagt, ist die ganze uns mögliche Wahrheit kein Deutungs-Ziel, allenfalls ist sie eine Ziel-Deutung, deren Anschlussfähigkeit an das Unerreichbare notwendig Konfession bleibt. Nun erst, heißt das, besteht die Chance, im faktischen Geschichtsstoff geschichtliche Fakten in ihrem Zusammenspiel zu erkennen, das jeder Ausgangs- wie Ziel-Spekulation *Spiegel* wird: mit dessen Bild sie entweder identifiziert werden kann, also erkannt, oder von dem sie verworfen wird, also falsifiziert. Was immer auch geschieht an diesem Punkt: Der zunächst rein quantitativen Kumulation kontingenter Bruchstücke wird unter Umständen, die zwar nicht garantiert sind, aber auch nicht unmöglich, ein Muster ablesbar, eine Struktur, die dem bislang als amorph Wahrgenommenen urplötzlich Kontur geben: *Gestalt.* So erscheint in der Gestalt eine Realität, deren Vordergrund sich selbst nicht hinreichend zu begründen vermag, wohl aber, im augenfällig Defizitären, das nach Tiefenschärfe verlangt, auf einen Hintergrund verweist, den Whitehead in *Process and Reality* mit der Conclusio auf den Begriff zu bringen versucht:

> „Die Folgenatur Gottes ist sein Urteil über die Welt, so wie sie in die Unmittelbarkeit seines eigenen Lebens übergeht. Es ist das Urteil von einer Zartheit, die nichts verliert, was gerettet werden kann. Es ist auch das Urteil von einer Weisheit, die alles verwendet, was in der zeitlichen Welt bloß Trümmer ist. Ein anderes Bild, das auch erforderlich ist, um seine Folgenatur zu verstehen, ist das seiner unendlichen Geduld [...] Gottes Rolle liegt nicht in der Bekämpfung produktiver Kraft mit produktiver Kraft, von destruktiver Kraft mit destruktiver Kraft; sie besteht in der geduldigen Ausübung der überwältigenden Rationalität seiner begrifflichen Harmonisierung. Er schafft die Welt nicht, er rettet

sie; oder genauer: Er ist der Poet der Welt, leitet sie mit zärtlicher Geduld durch seine Vision von Wahrheit, Schönheit und Güte."[1]

II

Wenn Gott aber in eben diesem Sinne Geschichte *macht*: nicht als Macher im Sinne von Fatum, Vorsehung oder Prädestination für uns, umso mehr jedoch als Retter aus den fatalen Konsequenzen irdischer Surrogate der auf Gott gerichteten Omnipotenz-Prädikate, dann kommt mit höchster Plausibilität ins geschichtliche Spiel jener mittlerweile nicht zuletzt von Kirche und Theologie für die eigene Glaubens-Reflexion und -Praxis radikalsuspendierte Begriff der „Heilsökonomie", dem alle von Menschen gemachten Erlösungs-Paradigmen seit Langem einen unheiligen Kampf angesagt haben: im Namen ausgerechnet jener Vernunft, die sich im Gedächtnis der Menschheit vor allem mit rational begründetem Massenmord in ideologisch gerahmten Offensiven, *Revolutionen* genannt, zum Zwecke der Weltreinigung profiliert hat, sich gründend in radikal-aufklärerischer Selbstermächtungs-Ideologie und von Marx in die prometheisch kolorierte Formel eines hybrid-anthropologischen Autonomie-Dogmas gefasst, derzufolge der Mensch nichts weniger als *selbst* Gott werden muss. Das heißt: *Heilsökonomie* als geschichtstheologische Deutungskategorie ist vor solchem Hintergrund nicht nur legitime, vor allem ist sie wieder und wieder *notwendige* Antwort auf das katastrophische *Kontra*-Konstrukt einer *Vernunft*-Ökonomie der Geschichte, die sich moralgeschichtlich zugleich immer als gerechtigkeitsrevolutionär gewandet sehen will, also fortschrittlich, modern. Das hieß und heißt zuletzt aber immer nur: als *antichristlich* und deshalb empathie*selektiv*, den Bedingungen jeder *Unheils*-Geschichte.

---

1 A. N. WHITEHEAD: Prozeß und Realität. Entwurf einer Kosmologie, Frankfurt am Main 1984, S. 618.

III

Vor allem aber ist „Heilsökonomie" notwendige Antwort auf eine Praxis der Not, die selbst dann noch regiert, wenn materieller Überfluss herrscht. Es ist die Not der materialistisch definierten Seele à la La Mettrie, der vernunft-ökonomische Gesellschaften wie Vampire das Blut absaugen, um über Untote zu herrschen. Das Material der Geschichte, zusammengesetzt aus unserer Erfahrung und ihrer Deutung durch uns und andere sowie aus Erfahrungen anderer und ihrer Deutung durch sich wie uns, entbehrt also seit Langem letzte Muster, denen wir ein *Sinn*-Bild abzulesen vermögen, das über den jeweiligen historischen Horizont und seine spekulativ unterstellte und angerechnete Bedingungsrationalität wesentlich hinausreichte. Solche *Sinn-Bilder* meinen geschichtstheologische wie geschichtsphilosophische Muster, die das empirische Geschichtsmaterial einem auf Sinnhaftigkeit orientierten, teleologisch formierten *Weltgeschicks*-Prozess zuordnen, dem sie zugleich Illustration und Beweis sind.

Die Formelfolge *Gott, Vernunft, Fortschritt* bildet in diesem Zusammenhang nicht nur einen paradoxen Komparativ negativer Steigerung, also konsequenter Verflachung; sie endet zuletzt im transgressiven Begriff der Säkularisation, in dem sich aufgelöst hat, was jemals ins Innerweltliche gerichtete transzendentale Gründungs- und Wirkgewissheit für sich und seine Bewegung in Anspruch nahm, um jene Legitimations-*Dignität* zu erlangen, die über die jeweilige Stunde historischer Erregung hinaus existentielle Stabilität als Faktum und Sinn-Chiffre zugleich verspricht: Die scheinbar unaufhaltsam in den Himmel strebende Geschichts-Achse *Gott, Vernunft, Fortschritt* ist deshalb spätestens seit der zweiten Hälfte des 20. Jahrhunderts vollends zerbrochen. An ihr als Einheit kristallisiert sich keine logische *Sinn*-Garantie mehr empor. Seitdem wurde sie abgelöst vom naturgesetzlichen Schachbrett *Welt* als frei schwebender Pointe, auf dem *bio*-logische Kontingenzsubjekte in scheinbar objektiver Kontingenz-Dynamik komplexer Faktoren *Spielfiguren* produktiver oder destruktiver Fasson in unendlicher Gestalt- und Konstellationsvariabilität kumulieren: *Schicksale* genannt, die zu begründen über sich hinaus keine „Heilsökonomie", von der alle Geschichtstheologie – selbst in ihrer Verkleidung als Philosophie – ausgeht, mehr zur Verfügung steht und die sich vor allem in Durch-Setzung von Gerechtigkeits-Normen unabhängig geschichtlicher Bedingtheiten zeigte, aber in unauflöslicher Anbindung an die *Imago-dei*-Würde aller menschlichen Geschöpfe.

IV

Geschichtstheologische wie davon abgeleitete geschichtsphilosophische Sinn-Muster solcher Begründung aber, heißt das, sind zuerst und zuletzt souveräne, weil *dekalogisch* grundierte Gerechtigkeits-Muster, dem definitorischen Zugriff durch Menschen und ihrer Macht entzogen insofern, als diese nur daran gemessen werden können, nicht aber das *Ur*-Maß aufheben. Paul Ricœur spricht in diesem Zusammenhang, um ihn zu überwinden, von der Möglichkeit der „drei Les-Arten" von Geschichte: „die abstrakte Ebene des Fortschritts, die existentielle Ebene der Zweideutigkeit, die geheimnisvolle Ebene der Hoffnung". Sie ermöglicht dem Christen „die Zerrissenheit der erlebten Geschichte und die augenscheinliche Absurdität einer Geschichte zu überwinden, die oft genug einem aberwitzigen Narrenstück ähnelt, das ist die Tatsache, dass die Geschichte sich mit einer anderen Geschichte überschneidet, deren Sinn sich nicht erschließt, sondern der *verstanden* werden kann". *So* begründete „christliche Hoffnung aber" *ist* Hoffnung „auch *für* die Geschichte". Deshalb „wird der Christ durch seinen Glauben und im Namen auf dieses Vertrauen auf einen verborgenen Sinn in dem Versuch bestärkt, *Verstehensmuster* zu erproben, ein Stück Geschichtsphilosophie zumindest als Hypothese einmal anzunehmen".[2] Wer von hier aus *Gott* sagt, *muß* mit ihm rechnen.

---

2 P. RICŒUR: Geschichte und Wahrheit, München 1974, S. 89–147.

181

Wer aber mit ihm rechnet im durch sich selbst unberechenbaren Sinne, vertraut einer anderen Mathematik als die Moderne, die sich Gott aus aller Geschichte, der individuellen wie kollektiven gleichermaßen, herausgerechnet hat wie einen grundsätzlichen Fehler. Geschichte ist für sie reine *Bruch*-Rechnung. Ihre Zähler und Nenner sind die Gesetze des Biologischen unter der Bedingung des Zufälligen, der Kontingenz. Gott kommt in den damit zusammenhängenden Formeln und Ergebnissen nicht mehr vor, deshalb fehlt er auch nicht. Sein Fehlen darin sagt aber nur etwas über jene Formeln aus, die Welt fatalistisch unter das Gesetz des Absurden stellen und zugleich behaupten, sie logisch, berechenbar machen zu wollen. Das Rationale war aber schon immer ein Vorwand, Macht zu erobern und sie danach in die Legitimität des Abstrakten zu überführen, wo ihr das Konkrete als Kritik der Praxis nichts mehr anhaben kann.

V

Hier jedoch schließt sich der Kreis: *Gott* ist konkret, nicht abstrakt. Zuletzt ist es eben nicht entscheidend zu *wissen*, ob Gott in der Geschichte wirkt oder nicht, wenn die, die sich auf ihn berufen, weil sie sich von ihm *inspiriert* wissen, in der Geschichte wirksam werden. Weil in diesem je und je historischen Moment der je und je neue Beweis geführt wird ins Unbestreitbare im Sinne geschichtlicher Empirie, die nicht mehr auf Deutung durch uns angewiesen ist, die sich selbst deutet, indem sie über den Horizont des Geschichtlich-Faktischen hinaus einen hermeneutischen ins Über-, ins *Heils*-Geschichtliche zwischen Verheißung und Erfüllung eröffnet. Er aber erhellt blitzartig, was bislang im Dunkeln lag: Die *Logos*-Linie im Raum der Zeit, auf die Whitehead zielt und an der sich Geschichte kristallisiert in Formen des Glücks und der Schönheit, des Hässlichen wie des Schreckens, aber immer in der Symmetrie des Ganzen, der keine Verwerfung zuletzt gewachsen ist.

Geschichtstheologie, die in diesem Sinne auf den *Gott der Geschichte* setzt – gegen den *Geschichtsgott* des Menschen –, mithin *jede* wirkliche *Theo*-Logie, ist deshalb immer zugleich Variation der berühmten Wette Pascals, der zufolge jeder Spieler „mit Gewissheit wagt, um mit Ungewissheit zu gewinnen.[3] Das aber führt in die Konsequenz: *für* etwas Gewisses und Ungewisses zugleich sich entschieden zu haben. Also für *den* Gott, der sich in seiner flammenden Dornbusch-Rede (2. Mose 3,1–15) als ebenso hör- wie unverfügbar *in einem* bewiesen hat. Was final bedeutet: Gott *muss* gewinnen, damit der Mensch nicht verliert. Oder noch radikaler: *Nicht* auf ihn zu setzen, ist *sinnlos*. Die Aufgabe, die einer jeden Theologie als *Theologie der Geschichte* auch heute noch oder heute erst recht daraus erwächst, kann sich deshalb allein in einer souveränen Überschreibung der 11. Feuerbachthese von Marx entfalten: Die Geschichtsphilosophen haben Gott aus der Welt nur verschieden *hinausinterpretiert*; es kommt aber darauf an, ihn *in ihr wiederzuentdecken*.

---

3 B. PASCAL: Gedanken, Leipzig, 1987, S. 170f.

Sebastian Kleinschmidt

Am Punkt der äußersten Utopie
Was heißt es, theologische Fragen an die
Geschichte zu richten?

I

Was eigentlich ist Theologie? Theologie ist wissenschaftlich re-
flektierte Religion. Und was ist Religion? Religion ist Rückbindung des Menschen an ein überlegenes geistiges Wesen, eine
Rückbindung im Modus des Glaubens, nicht des Wissens. Religion ist Zwiesprache mit Gott, und sie ist Meditation des gläubigen Menschen über sich selbst. Sie vollzieht sich öffentlich und
privat, öffentlich im gemeinschaftlichen Gottesdienst, privat im
häuslichen Gebet. Religiöser Glaube ist Hingabe an und Ergrif-
fensein von einer heilsspendenden Macht, ein Fürwahrhalten
von Vorstellungen, die weder zu sehen noch zu beweisen sind.
Schon aus diesem Grund ist echte Frömmigkeit etwas Fragiles,
denn sie kann ihre Inhalte nur im Glauben festhalten und lebendig machen. Außerhalb des Glaubens sind es lediglich Trugbil-
der. Hinzu kommt, dass der Glaube nicht in der Verfügungsgewalt des menschlichen Willens steht. Es ist so ähnlich wie mit
der Poesie. Es muss etwas von außen kommen, das uns ergreift
und verwandelt. Aber was auch immer da kommt, es ist rätsel-
haft und flüchtig. Das wissen Gläubige besser als Ungläubige.
Und diese seine Form macht den Glauben zu etwas Vertrauli-
chem. Georges Bataille verstand Religion als „Suche nach der
verlorenen Intimität".[1] Der religiöse Mensch scheut sich, öffentlich darüber zu reden, und wenn er es doch tut, dann unter
Gleichgesinnten, in der Gemeinde, unter dem Dach der Kirche.

---

[1] G. BATAILLE: Theorie der Religion, Berlin 1997, S. 50.

Tut er es anderswo, läuft er Gefahr, sich selbst und andere in Verlegenheit zu bringen. Das Paradoxe der Lage hat Pascal einmal auf die ironische Formal gebracht: „Einwand der Atheisten: ‚Wir haben keine Erleuchtungen!'"[2] Der polnische Dichter Adam Zagajewski wurde auf einer Pressekonferenz einmal gefragt, was Poesie sei, und er antwortete, das wisse er nicht. Er wisse es erst, wenn er ein Gedicht geschrieben hat, heute aber habe er noch keins geschrieben. So ähnlich ist es auch mit dem Glauben, und das sollte man immer im Auge behalten, wenn über Theologisches gesprochen wird. Und noch etwas. Wenn Theologie die Selbstauslegung des gläubigen Menschen ist, dann sollte ein jeder, der über Glaubenserfahrungen verfügt, das Recht haben, theologisch zu sprechen. Wenn Theologie aber Auslegung von Gottes Wort ist, dann wird es schon schwieriger. Paulus sagt, es werde kein Gebet erhört, wenn nicht Gottes Geist in uns bete. Und für die Theologie gilt *mutatis mutandis* dasselbe. Damit aber stellt sich die Frage der Vollmacht.

II

Das alles will bedacht sein, besonders von einem wie mir, der in diesen Dingen eben ohne Vollmacht spricht. Ich bin kein Theologe, kein Bischof, Pfarrer oder Großkomtur, ja noch nicht einmal das, was man einen glaubensstarken Christen nennt. Ich wüsste also nicht, wodurch ich legitimiert wäre, theologische Fragen zu stellen, noch dazu theologische Fragen an die Geschichte. Nur Priester, Propheten und Apostel haben ein solches Recht. Der Priester durch die Ordination, der Prophet durch die Inspiration, der Apostel durch die Mission. Mit nichts davon kann ich dienen. Es bleibt mir nur, persönlich zu sprechen, im Selbstauftrag, als Laie und Liebhaber der Theologie. Ich möchte mit Luther beginnen. Ehe ich Luther zum ersten Mal las, hatte ich Anfang der siebziger Jahre als Student der Philosophie in Ostberlin schon einiges über ihn gehört. Zum Beispiel aus der

---

2   B. PASCAL: Gedanken, Leipzig 1987, S. 114.

berühmten „Einleitung zur Kritik der Hegelschen Rechtsphilosophie" von Marx, geschrieben 1843: „Deutschlands revolutionäre Vergangenheit ist [nicht praktisch, sondern – S.K.] theoretisch, es ist die Reformation. Wie damals der Mönch, so ist es
jetzt der Philosoph, in dessen Hirn die Revolution beginnt. Luther hat allerdings die Knechtschaft aus Devotion besiegt, weil er
die Knechtschaft aus Überzeugung an ihre Stelle gesetzt hat. Er
hat den Glauben an die Autorität gebrochen, weil er die Autorität des Glaubens restauriert hat. Er hat die Pfaffen in Laien verwandelt, weil er die Laien in Pfaffen verwandelt hat. Er hat den
Menschen von der äußern Religiosität befreit, weil er die Religiosität zum innern Menschen gemacht hat. Er hat den Leib von der
Kette emanzipiert, weil er das Herz in Ketten gelegt. Aber, wenn
der Protestantismus nicht die wahre Lösung, so war er die wahre
Stellung der Aufgabe."[3]

So klangen sie, die Fanfarenstöße des kommunistischen Anfangs, wir haben sie noch im Ohr. Diese Anfänge gingen unmittelbar aus Feuerbachs Religionskritik hervor. Der Kommunismus wollte die Religion nicht verraten, sondern ihr Versprechen
erfüllen. Er wollte sie nicht abschaffen, sondern verwirklichen.
Hören wir noch einmal Marx: „Die Religion ist der Seufzer der
bedrängten Kreatur, das Gemüt einer herzlosen Welt, wie sie der
Geist geistloser Zustände ist. Sie ist das Opium des Volks. Die
Aufhebung der Religion als des illusorischen Glücks des Volkes
ist die Forderung seines wirklichen Glücks. Die Forderung, die
Illusionen über seinen Zustand aufzugeben, ist die Forderung,
einen Zustand aufzugeben, der der Illusionen bedarf. Die Kritik
der Religion ist also im Keim die Kritik des Jammertales, dessen
Heiligenschein die Religion ist. Die Kritik hat die imaginären
Blumen an der Kette zerpflückt, nicht damit der Mensch die
phantasielose, trostlose Kette trage, sondern damit er die Kette
abwerfe und die lebendige Blume breche. Die Kritik der Religion

---

3 K. MARX: Zur Kritik der Hegelschen Rechtsphilosophie. Einleitung, in:
MEW, Bd. 1, Berlin 1957, S. 385–386.

enttäuscht den Menschen, damit er denke, handle, seine Wirklichkeit gestalte wie ein enttäuschter, zu Verstand gekommener Mensch, damit er sich um sich selbst und damit um seine wirkliche Sonne bewege. Die Religion ist nur die illusorische Sonne, die sich um den Menschen bewegt, solange er sich nicht um sich selbst bewegt. Es ist also die Aufgabe der Geschichte, nachdem das Jenseits der Wahrheit verschwunden ist, die Wahrheit des Diesseits zu etablieren."[4] Das war die Ouvertüre des Kommunismus, hochgestimmt und mitreißend. Und nun, 150 Jahre später, kennen wir auch das Lied von seinem Ende. Einem traurigen Ende, keinem tragischen. Zur Tragödie gehört, dass der untergehende Held wertmäßig höher steht als seine Antagonisten. Doch der Kommunismus hatte diese Qualität nur am Anfang, nicht mehr am Ende, nur in der Idee, nicht in der Verwirklichung. In der Verwirklichung hat er sie verspielt.

III

Wo, wenn nicht hier im Augustinerkloster zu Erfurt, darf einmal daran erinnert werden, dass die Welt mit Glaubensaugen zu betrachten für Luther zuallererst hieß, sie mit dankbaren Augen zu sehen. Als ich Luther mit fünfunddreißig Jahren ausgiebig zu lesen begann, es war im Luther-Jahr 1983 in der DDR, hatte ich den Wunsch, ihn wirklich von innen zu verstehen. Was ja nicht leicht war in einem Staatswesen, das den Atheismus auf seine Fahnen geschrieben hatte. Und was nicht leicht ist in einem Zeitalter, dem es, mit Hegel zu sprechen, keinen Kummer mehr macht, von Gott nichts zu wissen. Mehrere Monate las ich nichts anderes, man hatte ja Zeit. Und am Ende hatte ich das Gefühl, von einer so mysteriösen Sache wie dem Glauben etwas zu verstehen.

Vieles machte mir Eindruck, auch noch das Unwahrscheinlichste, das nämlich, was Luther über Gottes verborgenes Wirken in der Geschichte sagt. Oft frage der Glaube, der den tiefen

---

4 A. a. O., S. 378–379.

Zwiespalt alles menschlich-geschichtlichen Daseins und Geschehens vor sich sieht, in den unsichtbaren Hintergrund hinein: Wo ist Gott in diesem wirren Geschehen? Überall – antwortet Luther. Gott wohne nicht etwa nur in den lichten und edlen Kräften, sondern er gebe auch den wilden und dämonischen ihr Leben. Luther war nicht der Meinung, dass Gott in den großen Katastrophen der Geschichte schweige. Im Gegenteil, dort rede er. Aber vorher, wenn die Menschen noch meinen, dass alles gut geht und übermütig werden, verharre er in zornigem Schweigen. Gottes Gericht in der Katastrophe sei immer Gericht über unsere Schuld, und zwar immer über die eine und gleiche Schuld: Vermessenheit, Selbstsucht und Undankbarkeit. An den Vermessenen bereite Gott heimlich sein Gericht vor. Luther sagt, er lässt sie

> „groß und mächtig sich erheben. Er zieht seine Kraft heraus und lässet sie nur von eigener Kraft sich aufblasen. Denn wo Menschenkraft hereingeht, da geht Gottes Kraft hinaus. Wenn nun die Blase voll ist und jedermann meinet, sie liegen oben und haben gewonnen, und sie selbst nun auch sicher sind und haben's ans Ende gebracht, dann sticht Gott ein Loch in die Blase, so ist's ganz aus. Die Narren wissen nicht, dass sie eben während sie aufgehen und stark werden, sie von Gott verlassen sind und Gottes Arm nicht bei ihnen ist. Darum währet ihr Ding seine Zeit; danach verschwindet es wie eine Wasserblase, wird als wäre es nie gewesen."[5]

Ist es dem Kommunismus nicht so ergangen, ist er nicht wie eine löchrige Blase in sich zusammengefallen? War es nicht geradezu das Wunder einer Implosion?

Wer sich heute der Revolution von vor sechsundzwanzig Jahren erinnert, einer Revolution, die nicht nur das Ende des kommunistischen Zeitalters bedeutete, sondern auch den Weg freimachte zur Wiedervereinigung des zweigeteilten Deutsch-

---

5   M. LUTHER: Lobgesang der heiligen Jungfrau Maria, genannt das Magnificat, verdeutscht und ausgelegt. 1521. In: Luthers Werke für das christliche Haus, Leipzig 1924, Bd. 6, S. 224.

land, der kommt nicht umhin, stets aufs Neue darüber zu staunen, dass dies alles friedlich und ohne jene Schrecken vonstatten ging, die mit Revolutionen, mit der Leidenschaft ekstatischer Massen, ihrem Hass, ihrer kollektiven Gewalt, ihrer geistigen Bedenkenlosigkeit üblicherweise verbunden sind. Wo gab es je so einsichtsvolle, sanftmütige, disziplinierte und höfliche Revolutionäre? Und wo gab es je ein so demütiges und geräuschloses Abtreten von Staaten, ein so widerstandsloses Sich-Fügen ins geschichtliche Abtreten, wo ein derartiges In-sich-Zusammensinken von Macht? Und vergessen wir nicht, diese Macht war kein nur ins Agitieren, Propagieren und Dekretieren verliebter Orden gläubiger Parteisekretäre, das war ein von Waffen starrendes, alle Kommandohöhen der Gesellschaft besetzt haltendes Regime, das niemandem gestattete, es zur Rede zu stellen. Dass wir ihres gewaltlosen Endes ansichtig werden durften auf der Bühne der Geschichte, einer Bühne, auf der es normalerweise ohne Blut und Tränen nicht abzugehen pflegt, ist ein Glück. Und Glück ist in diesem Fall nur ein anderes Wort für Ausnahme. Zur Ausnahme gehört es, dass sie unvorstellbar ist. Und was nicht vorstellbar ist, das ist auch nicht voraussehbar. Ein solches Ende des Kommunismus hat niemand vorausgesehen, nicht seine Anhänger und nicht seine Gegner. Lädt es nicht förmlich ein zur theologischen Betrachtung? Denn was in der Geschichte der Ausnahmefall, ist in der Religion das Wunder.

War es nicht ein Wunder, dass Gorbatschow vier Jahre vor dem *annus mirabilis* zum Generalsekretär der KPdSU gewählt worden war? Er kam als Reformator des Kommunimus und er wurde zu seinem Totengräber. Er wollte demonstrieren, dass Kommunismus und Freiheit zu vereinen sind, und er bewies das Gegenteil. So wurde er wider Willen zum Helden des Rückzugs. War es nicht ein Wunder, dass Armee und Polizei während der Massendemonstrationen im Oktober in Dresden und Leipzig und beim Erstürmen der Stasizentrale in Erfurt und Berlin nicht eingegriffen haben? Bewaffnete Kräfte, die doch darauf vereidigt waren, dass ihre höchste Pflicht darin besteht, die Macht des sozialistischen Staates mit allen Mitteln zu schützen. Wie war es möglich, dass alles das gut ging? Hat jemand die Hand darüber gehalten? Aber welcher Historiker glaubt so was? Die Wissenschaft steht auf Seiten Athens, nicht auf Seiten Jerusalems. Man freundet sich bestenfalls an mit einem Als-Ob. Als ob jemand die Hand darüber gehalten hätte. Als wäre das alles ein Wunder gewesen. Aber so ist es: Geschichtstheologie ist für die Wissenschaft ein Irrealis. Und das nicht zu Unrecht. Wissenschaft gründet auf einem atheistischen Wirklichkeitsbegriff. Und Philosophie? Zugegeben, es gibt den Gott der Philosophen. Aber religiöse Menschen ahnen, dass das nicht der Gott Abrahams, Isaaks und Jakobs ist. Heidegger meinte sogar, Philosophie sei ein Handaufheben gegen Gott. Er sagt: „Der Philosoph glaubt nicht."[6] Aber Wissenschaft und Philosophie sind nicht die einzigen Räume der Wahrheit, auch nicht der Wahrheit der Geschichte. Jeder Mensch denkt über Geschichte nach und versucht sie zu verstehen. Und jeder Mensch hat das Recht, so über sie zu sprechen, wie er sie versteht. Geschichte ist mehr als nur ein Forschungsgegenstand für Leute vom Fach. Sie ist schließlich unser gemeinsames Schicksal, wir alle sind an ihr beteiligt, als Subjekte und als Objekte. Aber den einen ist sie ein Segen und den anderen ein Fluch, die einen erfahren durch sie Gerechtigkeit und die anderen Ungerechtigkeit, die einen macht sie zu Siegern und die anderen zu Besiegten. Geschichte als Schicksal ist zwar für uns alle etwas Gemeinsames, aber sie ergibt keinen für alle gemeinsamen Sinn.

IV

Was bleibt dann von ihrer theologischen Betrachtung? Ich rede nicht von Carl Schmitt und nicht von Walter Benjamin, jenen beiden, die wie niemand sonst dazu befähigt waren, noch die radikalsten Säkularisate in der Begriffswelt von Staat und Recht,

---

6 M. HEIDEGGER: Der Begriff der Zeit. Vortrag vor der Marburger Theologenschaft Juli 1924, Tübingen 1989, S. 6.

von Philosophie und Politik auf ihre verborgenen theologischen Ursprünge zurückzuführen. Ich spreche von uns, den zweiflerischen, transzendenzentwöhnten Zeitgenossen der modernen Welt. Für uns bleibt wohl nur jenes Als-Ob, von dem ich schon sprach. Sein Modus ist nicht der buchstäbliche religiöse Sinn, sondern der übertragene, eine Art Gottestreue in Zeiten der Anfechtung und der Glaubenskrise. Das Als-Ob ermöglicht dem Agnostiker, sich in ein metaphorisches Verhältnis zur Gottesrede zu stellen. Und das ist nicht wenig. Nicht nur, dass so der Horizont für religiöse Erfahrung offengehalten wird. Metaphern sind mehr als nur rhetorischer Schmuck. Sie sind ein eigener, echtgeborener Zweig der Wahrheit und des Erkennens. Sie erlauben uns Fragen an den Menschen und die Geschichte zu stellen, die zu einer höheren Stufe von Wahrnehmung und Empfindung führen. Es ist wie in der Kunst. Die Figuren sind lebensvoll, die Fiktionen sind welthaltig. Die vorgestellte Welt hat orientierende Kraft für die wirkliche Welt. Und Orientierung braucht der Mensch. Er ist die einzige Kreatur auf Erden, die sie braucht.

Kehren wir zum Schluss noch einmal zurück zum Kommunismus und seinem glücklichen Ende. Hegel, unser größter Geschichtsdenker, sagte einmal, die Weltgeschichte ist nicht der Boden des Glücks. Die Perioden des Glücks sind leere Blätter in ihr.[7] Wie wohltuend, dass er hier einmal irrte. Und wie wohltuend auch, dass er nicht irrte, als er sagte: „Geschichte ist Fortschritt im Bewusstsein der Freiheit."[8] Das ist sie gewesen im Herbst 1989, aber sie ist es nicht immer und wird es nicht immer sein. Und gerade bei denen war sie es nicht, die ihre Bühne einst in ihrem Namen betreten hatten. Die Marxisten waren davon überzeugt, erstmals philosophisches Licht ins Dunkel der Geschichte gebracht zu haben, und so verhießen sie einer nach Diesseitserlösung hungrigen Welt, dass nunmehr ein Zeitalter

---

7   G. W. F. HEGEL: Vorlesungen über die Philosophie der Weltgeschichte, Bd. 1, Leipzig 1917, S. 71.
8   A. a. O., S. 32.

beginne, in dem der Mensch Geschichte mit Bewusstsein vollzieht, dass die Vorgeschichte der Menschheit zu Ende ist und ihre eigentliche Geschichte nun anfängt.

Und hier, am Punkte der äußersten Utopie, der zugleich der Punkt der höchsten Verblendung ist, können wir vielleicht doch ein Körnchen Wahrheit in der Geschichtstheologie entdecken: dass Menschen nämlich Geschichte nicht nach Einsicht und Plan machen können, dass das Anmaßung ist, Hybris, eine besonders vermessene Form moderner Selbstermächtigung. Der Mensch ist nicht berufen, sich zum Herrn der Geschichte aufzuschwingen, er kann sie nicht an sich zu reißen. Und wenn er es doch versucht, in wessen Namen auch immer, so wird sich erweisen, dass es nicht die Geschichte war, die er an sich riss, sondern lediglich die Macht. Und so kommt er zu Fall. Als hätte Gott die Geschichte zum Prüffeld für den Menschen gemacht.

Wolfgang Schuller

„Kein Tropfen Blut ist geflossen!"
Kerzen, Glockengeläut und Choräle:
Die gewaltlose Volksrevolution von 1989

I

Liberté, liberté chérie – „Freiheit, geliebte Freiheit!" Wie herrlich
klingen diese Worte aus Frankreichs Nationalhymne, für manche Ohren erst recht dann, wenn man sie mit den vorhergehen-
den zusammennimmt: *amour sacré de la patrie* – „heilige Liebe
zum Vaterland"! Aber wie unheimlich klingen die Worte vom
sang impur, vom „unsauberen Blut" der Feinde, mit dem man seine Felder düngen will. Ja, die Französische Revolution trug und
trägt dieses Doppelgesicht von rauschhaftem Freiheitsdurst und
wildem Blutvergießen. Beides hat Friedrich Schiller unvergäng-
lich ausgedrückt, zunächst in seinem Gedicht „Drei Worte des
Glaubens", in dem es geradezu programmatisch heißt:

> „Der Mensch ist frei geschaffen, ist frei
> Und würd er in Ketten geboren"

Dann im Freiheitsdrama „Wilhelm Tell, mit naturrechtlich grundierter Gewissheit:

> „Nein, eine Grenze hat Tyrannenmacht,
> Wenn der Gedrückte nirgends Recht kann finden,
> Wenn unerträglich wird die Last – greift er
> Hinauf getrosten Mutes in den Himmel
> Und holt herunter seine ewgen Rechte,
> Die droben hangen unveräußerlich
> Und unzerbrechlich wie die Sterne selbst."

Schließlich, inspiriert vom Schiller zutiefst anekelnden Revolutionsterror auf Frankreichs Plätzen und Straßen, was dazu führte, dass er die ihm in Paris verliehene Ehrenbürgerschaft zurückgab, in der Ballade „Die Glocke", die einst Generationen von deutschen Schülern auswendig lernen mussten:

> „Weh, wenn sich in dem Schoß der Städte
> Der Feuerzunder still gehäuft,
> Das Volk, zerreißend seine Kette,
> Zur Eigenhilfe schrecklich greift!
> [...]
> Freiheit und Gleichheit! Hört man schallen,
> Der ruhge Bürger greift zur Wehr,
> Die Straßen füllen sich, die Hallen,
> Und Würgerbanden ziehn umher,
> [...]
> Weh denen, die dem Ewigblinden
> Des Lichtes Himmelsfackel leihn!
> Sie strahlt ihm nicht, sie kann nur zünden
> Und äschert Städt und Länder ein."

Beides, Freiheit und Blutvergießen, hat fast überall auf der Welt ansteckend gewirkt, zum Segen der Menschheit und zu ihrem Versinken in Strömen fremden und eigenen Blutes. Die russische Revolution, die die französische teilweise nachspielen wollte und dabei deren Schrecken um ganze Schreckensdimensionen noch überboten hat, vergoss Ströme von Blut und Qualen und erstickte schließlich – lange genug hatte es gedauert – an sich selbst. Der aufklärerische Geschichts-Gott, „Vernunft" genannt, hatte sich endgültig von ihr ab-, *Gott*, der Herr der Geschichte, wie ihn das Christentum erkennt, offenbar nie zugewandt: Aberglaube, der er nur sein sollte, Opium für das Volk. Heute stehen die vom Bolschewismus zerstörten Kirchen und Klöster in Russland wieder, belebt mit Priestern, Mönchen, Nonnen und Gläubigen vor und hinter den heiligen Ikonostasen, die die Revolution einst, so dachte und behauptete sie, für immer auf den Müllhaufen der Geschichte geworfen hatte.

Mit diesen Konvulsionen im Sinn mag man das, was sich 1989/1990 in Mittel- und Teilen Norddeutschlands abgespielt hat, nur ungern eine „Revolution" nennen. Unter anderem daher vielleicht hatte der schwächliche Tarnbegriff *Wende* zunächst Konjunktur, bis der unverstellte Blick auf die Wirklichkeit zu der einzig sachgerechten Bezeichnung führte: zu der der *Revolution*. Wie hätte man sonst den durch die „Gewalt" des sich erhebenden Volkes bewirkten Umsturz nennen sollen? Gewiss hat das häufig davor gesetzte Adjektiv *friedlich* Züge von Zaghaftigkeit, weil man das allzu unverhüllte Pathos des Substantivs Revolution fürchtete, dennoch trifft es in einem entscheidenden Punkt zu: *Kein Tropfen Blut ist geflossen!*

Sofort muss aber angefügt werden, dass diese Revolution kein harmlos-friedlicher Spaziergang gewesen ist. Blut hätte von Seiten der Staatsmacht – der deutschen und der sowjetischen – ja durchaus fließen können, ihrem Selbstverständnis und ihrer jahrzehntelangen Praxis gemäß. Angesichts der Wucht aber, mit der das Volk aufstand, wäre das für beide ein aussichtsloses Unterfangen gewesen – beide waren ja in ihrer Herrschaft unsicher geworden – und hätte schließlich doch nur zum eigenen chaotischen Versinken geführt. Denn was waren die unablässig und überall stattfindenden Demonstrationen und Kundgebungen mit ihren Sprechchören anderes als ein gegen die Macht gerichtetes zumindest implizites Drohen mit Gewalt? Oder war es vielleicht genau umgekehrt: friedliche Demonstranten-*Macht* gegen hochgerüstete Staats-*Gewalt*? Die Probe musste zum Glück nie gemacht werden, denn die Staatsmacht wollte es nicht auf den aussichtslosen Kampf ankommen lassen. Es ging friedlich zu, mit einer Friedfertigkeit aber, die sich ihrer Kraft bewusst war.

II

Wie kam es dazu? Viele Jahre schon hatten sich zumeist unter dem Dach der evangelischen Kirche Gruppen gebildet, die zunächst nur den Frieden und den Schutz der Umwelt anstrebten. Das geschah ohne und daher gegen die Allmacht der Partei, die

die Gesellschaft militarisiert hatte, mit der Möglichkeit militärischer Konflikte spielte und dabei war, die Umwelt zu vernichten. Später gab es die Einsicht, dass Frieden ohne die Wahrung der elementaren Menschenrechte nicht zu verwirklichen sei, daher kam die Forderung nach Freiheitsrechten hinzu. Die Friedens- und Menschenrechtsgruppen mussten halbverborgen arbeiten, wurden von der Staatsmacht beobachtet und verfolgt – und hatten keine Resonanz bei der Bevölkerung. Sie lebten in einer Welt, die von der des Volkes völlig verschieden war, sie gaben sich nach dem Vorbild der westdeutschen Grünen als eine Art *Bohème* und sprachen eine andere Sprache.

Etwas sehr Konkretes dagegen gab den Anstoß. Die politischen und wirtschaftlichen Verhältnisse wurden immer unerträglicher, so unerträglich, dass immer mehr zumeist jüngere Leute nur noch das sich als „erster Arbeiter-und-Bauern-Staat auf deutschem Boden" selbstqualifizierende System der diktatorisch herrschenden Sozialistischen Einheitspartei verlassen wollten, und weil die Staatsmacht das seit dem 13. August 1961 durch Grenztruppen, Minenfelder und scharfe Hunde zumeist verhindern konnte, blieb nur der Weg des untertänigen Bittens, also der Antragstellung und, da das zumeist nichts half, der der Demonstration. Mal eben eine Demo machen, das ging aber nicht und wurde bestraft. Daher gab es Umwege, die harmlos schienen und nicht geahndet werden konnten, die es aber in sich hatten und die jeder verstand: In Jena einen stummen Kreis von Leuten bilden, die sich an den Händen hielten; ein weißes Band an die Antenne binden; in Magdeburg mit der ganzen Familie langsam den Breiten Weg[1] vom Dom zum Rathaus hinuntergehen. Und als nichts mehr half, suchte man Asyl in den Botschaften der Bundesrepublik in Warschau, Prag, Budapest und in der Ständigen Vertretung in Ost-Berlin. Die immer mehr anschwellende Woge der Ausreiser war es, die die Existenzfrage an das Politbüro der SED stellte.

---

1 Damals noch und vorübergehend Karl-Marx-Straße.

Auch hier, nicht nur bei den Friedensgruppen, die allmählich zur Bürgerrechtsbewegung wurden, war es die Kirche, die einen ersten Resonanzboden schuf. Friedensgebete hatten sich entwickelt, die etwas anderes meinten als die staatliche verlogene Friedenspolitik, und in diesen Friedensgebeten konnten auch die vergeblich auf Ausreise Hoffenden inneren Halt finden, so vor dem Gefallenendenkmal Ernst Barlachs im Magdeburger Dom sowie in einer Unzahl weiterer Kirchen im ganzen Land. Weil im Lauf des Jahres 1989 die Unruhe auch bei den Dableibern angestiegen war, weil es die ersten Demonstrationen mit Verhaftungen gab, traten zu den Friedensgebeten allmählich die Fürbittgottesdienste für die Eingesperrten. Anlässe für Unruhe gab es außerdem mehr und mehr. Es gab Proteste gegen die Niederwalzung der Demonstration auf dem Platz des Himmlischen Friedens in Peking, gegen die täppische Wahlfälschung bei den Kommunalwahlen, die zwar nichts Neues war, die aber erstmals öffentlich an den Pranger gestellt wurde. Die Unsicherheit und Hilflosigkeit der Herrschenden im Umgang mit den Ausreisern und anderen Protesten wurde immer deutlicher, aber zunächst war es seltsamerweise wie in übersättigten Wohlstandsgesellschaften die Sommerpause, die erst einmal Ruhe einkehren ließ. Aber dann ging es Schlag auf Schlag, oder wie es im Vulgär-Hegelianismus heißt: Die immer mehr zunehmende Quantität des Widerstandes erlaubte sich einen Sprung, nämlich den qualitativen vom Protest zur Revolution.

Vor den Toren Berlins in einem Ort mit dem idyllischen und zutreffenden Namen Grünheide wurde Anfang September in einem kleinen Wochenendhaus eine lose Vereinigung namens *Neues Forum* gegründet. Harmlos. Man sehe gewisse Schwierigkeiten im öffentlichen Leben, die wolle man im Dialog mit der Macht ändern. Früher hätte die Partei sofort zugeschlagen, denn etwas, was Politik außerhalb von ihr betreiben wollte, war etwas Feindliches. Das aber war es tatsächlich, denn in einer Parteidiktatur ist alles Feind, was nicht Partei ist. Das wussten die Gründer auch, ihre Harmlosigkeit war gespielt, aber anders als früher schlug die Partei eben nicht zu, sondern finassierte. Und das bei einem die Initiatoren überraschenden und überwältigenden Zulauf in der Bevölkerung.

Einen Monat später gab es eine unverhüllte Kriegserklärung. Im Pfarrhaus des brandenburgischen Nestes Schwante nördlich von Berlin legte eine Gruppe evangelischer Pfarrer, angereichert durch einen Spitzel des Ministeriums für Staatssicherheit, nicht ohne provozierende List, die Gründung für etwas, was als Sozialdemokratismus früher mit Zuchthaus bestraft worden war. Sie hoben an diesem 7. Oktober 1989, dem 40. Jahrestag der Gründung der DDR, die *Sozialdemokratische Partei* aus der Taufe. Eine demokratisch-sozialistische *Partei* also dort, wo es nur eine einzige, die einheits-sozialistische geben durfte und gab, einige Hilfstruppen gerne dazugerechnet. Sie hießen in der DDR CDU, LDPD, NDPD und DBD. Sie verfügten sogar über eigene Fraktionen im Scheinparlament Volkskammer, wo sie allerdings nicht einmal mehr scheinbar Opposition spielen, sondern sich nur als „Blockparteien" verstehen durften. Man sehe sich im Internet das rote Ziegelhäuschen in Schwante an, und man genieße auf dieselbe Weise die gleichzeitige kettenrasselnde und Befehle donnernde Parade in der Hauptstadt. Das war Theaterdonner, denn zu energischer Bekämpfung dieser Sozialdemokraten kam es nicht mehr, genausowenig wie zu der des *Neuen Forums* und anderer plötzlich erscheinender Organisationen wie des *Demokratischen Aufbruchs* oder der *Demokratie Jetzt*. Die Staatsmacht war dazu nicht mehr in der Lage.

An jenem 7. Oktober, an dem der sklerotische Honecker seine Parolen krähte, war es außer der SDP-Gründung zu zwei weiteren paradigmatischen Ereignissen gekommen. Auch in Chemnitz[2] drängte die Unruhe zum Ausbruch. Dort war – wie etwa auch im großen Schwerin und im kleinen Rudolstadt – das Theater die Institution, an der sich der Widerstand konzentrierte. Auf der Jubelfeier wurde nach dem Beispiel des Staatstheaters Dres-

---

2 Damals noch und vorübergehend Karl-Marx-Stadt.

den statt zu jubeln eine oppositionelle Resolution verlesen, sodass sich von ganz alleine ein Demonstrationszug bildete. Der Zug bewegte sich eine Strecke weit durch die Stadt, bis er von den Sicherheitskräften zusammengeknüppelt wurde. Das funktionierte dort also noch. Anderswo, am selben Tag, tat es das nicht mehr.

In Plauen nämlich sollte es neben offiziellen Feiern auch ein SED-Volksfest mit Herrlichkeiten wie Bockwurst und Bier geben, dazu ein Kinderfest. Ein wenig hatte es allerdings auch in dieser schönen vogtländischen Stadt gegrummelt, Zettel tauchten auf, auf denen Unbekannte zu einer Kundgebung gleichzeitig mit dem Kinderfest riefen. Die Sicherheitsleute schliefen nicht und trafen ihre Vorbereitungen, man rechnete mit höchstens 400 Teilnehmern, eine Zahl, an die die Aufrufenden selbst nicht im Traum gedacht hatten. Aber es wurden weit mehr, 10.000 bis 20.000. Genaueres kann man nicht sagen, niemand war da, der in aller Ruhe mit geübtem Blick Teilnehmerzahlen schätzen konnte. Aber eins war sehr deutlich: Die Sicherheitskräfte waren hilflos. Zusammenschlagen ging nicht mehr. Plauen darf sich rühmen, die erste Stadt zu sein, in der der kommunistische Staat kapitulierte. Es waren jedoch keine westlichen Medien zur Stelle, und daher ist *Plauen* immer noch nicht im allgemeinen Bewusstsein, obwohl es doch den Titel *Heldenstadt* zuerst verdient hätte. Den hat, wenn es auf so etwas ankommen sollte, eine andere Stadt bekommen: *Leipzig*. Zwei Tage später, am 9. Oktober. Und zu Recht, das denn doch.

Seit vielen Monaten hatte es eine immer stärkere Unruhe gegeben, Woche um Woche gingen von der Nikolaikirche Demonstrationen aus, die immer größer wurden, zuerst mit dem Ruf „Wir wollen raus!", dann mit dem gefährlicheren „Wir bleiben hier!", und am 9. Oktober wollte die Staatsmacht ein Exempel statuieren. Ein für alle Mal sollte damit Schluss sein. Bürgerkriegsähnliche Planungen gab es, bewaffnete Kräfte aller Art gingen in Stellung, die Monopolpresse der SED verbreitete Drohungen, westliche Medien wurden durch scharfe Kontrollen ferngehalten. Und dann auch hier: Statt ein paar tausend Teilnehmer waren es auf einen Schlag 70.000. Die Staatsmacht kapitulierte abermals, nun aber in größerem Maßstab und, was entscheidend war, vor den Augen der Öffentlichkeit.

Mit List und Waghalsigkeit hatte der SED-Staat nämlich nicht gerechnet. Auf Initiative des im West-Berliner Exil lebenden Jenensers Roland Jahn hatten sich zwei DDR-Journalisten aus Ost-Berlin auf den Weg gemacht und tuckerten in ihrem Trabi unkontrolliert gen Leipzig. Aber sie führen, nur leicht versteckt, ein Instrument mit sich, das in der zweiten Hälfte des 20. Jahrhunderts in Mitteleuropa zur revolutionären Waffe geworden war: eine Fernsehkamera. In Leipzig angekommen fragen sie den Pfarrer der reformierten Kirche gleich neben dem Hauptbahnhof, ob sie mal mit dem Ding auf den Kirchturm gehen und die Demo aufnehmen könnten, der stimmt nach leichtem Zögern zu. Und so flimmern der Zug der 70.000 und die Hilflosigkeit der kommunistischen Staatsmacht alsbald in die Wohnzimmer des deutschen Volkes, des ganzen, in Ost und West.

Dann war kein Halten mehr. Im kleinen, durch mörderische Grenzanlagen eingekesselten Land, von der von der Volksmarine bewachten Ostsee bis zu den Höhen des Thüringer Waldes bildeten sich Bürgerkomitees, gab es auch in Kleinstädten und Dörfern Kundgebungen und Demonstrationen, das Land war flächendeckend in Aufruhr. Anklagen wurden gegen die terroristischen Kommunisten geschleudert, Forderungen nach den in zivilisierten Ländern selbstverständlichen Freiheiten wurden gerufen, besonders aktuell nach Reisefreiheit. Die Sicherheit konnte nichts mehr tun, dokumentierte nur durch ihre Spitzel dankenswerterweise alles, die Partei wurde zusehends hilfloser, sie war demoralisiert, die Rücktritte häuften sich. Auch das ist dokumentiert, das Tonband der Tagung des Zentralkomitees vom 8. bis zum 10. November ist erhalten, man kann alles Wort für Wort anhören und nachlesen. Ein faszinierendes Dokument vom Zerfall einer Diktatur, Stunde um Stunde immer weiter fortschreitende Auflösung. Nur auf dem Hintergrund der Rebellion des gesamten Volkes zu verstehen.

In allem Chaos traf die Partei doch eine Art Analyse, wenn sie auch falsch war. Wir müssen die Leute reisen lassen, die kommen ja wieder, dachten die Inhaber der allmählich schwindenden Macht. Deshalb erlauben wir es ihnen, mit ein bisschen Kontrolle, damit wir es auch in der Hand haben. Mit Blindheit geschlagen waren sie! Mauer und Grenzanlagen hatten am 13. August 1961 die Partei und ihren Staat im letzten Moment vom Abgrund zurückgerissen, jetzt taten sie sehenden Auges den ersten Schritt auf ihn zu, indem sie versuchten, ein Reisegesetz zu erlassen. Die klassisch gewordenen zwei Wörter Günter Schabowskis am Abend des 9. November aber entbanden die Kraft des souveränen Volkes und ließen die Partei in den Abgrund stürzen: Die Reisefreiheit trete in Kraft: „sofort, unverzüglich!"

Wie die Wassermassen eines brechenden Staudamms ergossen sich seit diesem Abend die Menschen durch die bröckelnden Absperrungen in den Teil des Landes und seiner Hauptstadt, den sie nie und nimmer hatten sehen dürfen. Sie kamen wieder, waren aber andere. Sie hatten ihre Macht erfahren und hatten gesehen, wie das Leben in allen seinen Facetten sein konnte, das man ihnen hatte vorenthalten wollen.

Dann ging es folgerichtig weiter, nicht überstürzt, Schritt für Schritt, kaum eine Etappe war bewusst ins Auge gefasst, sie ergab sich aus der Entwicklung. Das Volk nahm sich einfach die Freiheiten einer neuzeitlichen zivilisierten Gesellschaft und lebte sie. Die bisherige Macht war noch im Besitz der staatlichen Organisation, daher benutzte man sie durch Runde Tische. Es gab sie auch im kleinsten Dorf, und an ihnen durften die bisher Mächtigen den Revolutionären bei der Übernahme der staatlichen Gewalt helfen. Die Geheimpolizei, obwohl hilflos, war bisher vorsichtshalber ein wenig in Frieden gelassen worden. Sie schätzte die Entwicklung ausnahmsweise einmal richtig ein, sah ihren kompletten Machtverlust voraus, fürchtete, zur Verantwortung gezogen zu werden und begann, ihre sie belastenden Dokumente zu vernichten. So war das vom Volk nicht gemeint gewesen! Ab dem 4. Dezember, demselben Tag, an dem in Berlin der Zentrale Runde Tisch zusammentrat, wurden im ganzen Land die Gebäude der Staatssicherheit besetzt, Widerstand gab es kaum, in Schmalkalden läuteten die Glocken von St. Georg.

Die neuzeitliche Demokratie organisiert sich in Parteien und anderen einigermaßen festgefügten Gruppen, die sich einer Wahl durch das Volk stellen sollten. Daher bildeten sich jetzt in der DDR zum Teil aus den bisherigen Gruppierungen Parteien, daher entledigten sich die bisherigen SED-Hilfstruppen der Christdemokraten und Liberalen, der Nationaldemokraten und Demokratischen Bauern ihres korrupten Führungspersonals, daher hechelte die SED durch Umbenennung und Parteiausschlüsse hinterher, und, vor allem: Daher war die einstimmige Forderung die nach freien Wahlen für eine parlamentarische Demokratie. Einem Teil der Bürgerrechtsbewegung fiel das schwer, sie hätten eine unmittelbarere Demokratie vorgezogen, mussten sich aber der allgemeinen Stimmungslage anpassen und fügten sich. Ihre Vorstellungen wären allenfalls in einer als Staat erhalten gebliebenen DDR zu verwirklichen gewesen, das Volk wollte sich aber nicht auf rückwärtsgewandte Experimente einlassen und hatte einen realistischeren Blick auf die Verhältnisse. Es wollte eine ganz normale, gelegentlich langweilige, aber erprobte *parlamentarische Demokratie*.

Und noch etwas wollte es, was in der modernen Demokratie ein Selbstverständliches ist, nämlich die Einheit des gesamten Volkes in einem Staat, eine Republik *une et indivisible*, wie es in der Französischen Revolution hieß. Diese Wiedervereinigung stand anfangs noch nicht im Blickpunkt der Revolution, erst musste innerhalb der DDR die Machtfrage geklärt werden. Das war sie jetzt, und folgerichtig kam die Abschaffung dieses Teilstaates auf die Tagesordnung. Der westdeutsche Teil mit seinem durch Wohlstandsträgheit reduzierten Nationalbewusstsein folgte zögernd, aber dann doch entschieden, so dass bei den Wahlen für das Teilparlament Volkskammer am 18. März 1990 diejenigen Parteien die überwältigende Mehrheit bekamen, die die

Wiedervereinigung ohne Wenn und Aber vertraten. Noch gab es Hürden, die überwunden werden mussten und wurden, und seit dem 3. Oktober 1990 gibt es eine gemeinsame Bundesrepublik, die das Zusatzsubstantiv Deutschland erstmals wirklich verdient.

III

Die DDR war zu ihren Lebzeiten keine luftige Insel der Seligen, sondern Teil eines erratischen Festlands der Unseligen, es erstreckte sich von Wladiwostok am Pazifik bis Boizenburg an der Elbe, und genauso wenig war sie 1989/1990 eine Insel der Seligen. Überall in kommunistisch beherrschten Ländern regten sich Opposition, Widerstand, Revolution. Den Anfang hatte, wir wollen es nicht vergessen, Russland mit Sacharow und Solschenizyn gemacht; der von der UdSSR falsch kalkulierte Helsinki-Prozess 1975 hatte seitdem die ganze so plastisch *Lager* genannte sozialistische Welt langsam, aber sicher unterminiert. Die DDR-Bürgerrechtler und Friedensgruppen hatten vieles von den polnischen, tschechoslowakischen, ungarischen und russischen Gesinnungsfreunden übernommen, die erste organisierte Opposition gab es in Gestalt der tief christlich gestimmten Gewerkschaftsbewegung *Solidarność* in Polen, die Runden Tische in der DDR folgten dem polnischen und ungarischen Beispiel, ja sogar die Menschenkette durch das Land im Dezember 1989 war durch die baltische Menschenkette vom 23. August, zum Jahrestag des Hitler-Stalin-Paktes, angeregt worden. Die DDR war, böse gesprochen, zunächst nur die Variante einer größeren Entwicklung, oder hatte, kommunistisch gesprochen, lediglich einige nationale Besonderheiten aufzuweisen. Aber doch war im DDR genannten Teil Deutschlands einiges bedeutend anders.

Unübersehbar war bereits eben dieses: Die DDR war ja kein national definierter Staat. Polen und Ungarn gab es und würde es weiter geben, sie mussten sich nur vom Kommunismus befreien. Die baltischen Länder gab es zwar als Staaten, aber als Sozialistische Sowjetrepubliken waren sie Teil der UdSSR und mussten sich nicht nur vom Kommunismus, sondern auch von der Fremdherrschaft befreien. Die DDR musste die nationale Einheit mit der Bundesrepublik überhaupt erst wiederherstellen. Manche Bürgerrechtler wollten das nicht, aus einem antinationalen Bewusstsein – wie viele ihrer Gesinnungsfreunde im Westen – oder aus dem utopischen Bedürfnis, *erst einmal bei uns* die Dinge in Ordnung zu bringen. Das Volk hat beides geschafft, Befreiung vom Kommunismus *und* Wiedergewinnung der nationalen Identität.

Wie verschieden und ohne jedes Vorbild, weder außerhalb noch in unserer Geschichte, verlief auch sonst die Revolution! Die drei kleinen baltischen Länder vielleicht ausgenommen, wirkte die Revolution nur in der DDR überall im ganzen Land, keineswegs nur in großen, sondern auch in mittleren und kleinen Städten, ja auch Dörfern, und sei es lediglich dadurch, dass man von dort in die Nachbarschaft zu Demonstrationen und Kundgebungen ging, überall, unablässig und in die Tiefe wirkend. Wieder und wieder muss man das wiederholen, obwohl die Aussicht gering ist, dass es sich im allgemeinen Bewusstsein durchsetzt: Die DDR-Revolution fand zwar auch in großen Städten statt, in Berlin weniger intensiv als etwa in Rostock und natürlich Leipzig, aber für die Diktatur tödlich war, dass sie *überall* im Land aktiv war und die Verhältnisse flächendeckend umstürzte. In Arnstadt gab es am 30. September eine Demonstration, sie wurde noch niedergeknüppelt, die anschließenden dann nicht mehr, von Plauen wurde schon berichtet, in Magdeburg fand am 4. November, also am selben Tag wie die hochgerühmte Demonstration auf dem Berliner Alexanderplatz, eine Riesenkundgebung auf dem Domplatz statt, und so könnte man es über viele Seiten fortsetzen.

Nicht nur überall, sondern von allen getragen war unsere Revolution. Der wunderbare Ruf „Wir sind das Volk" war die reine Wahrheit. Alle Schichten nahmen teil, nicht nur an Kundgebungen und Demos, sondern an der Arbeit in den Bürgerkomitees und an den runden Tischen. Welch ein Versäumnis der an Versäumnissen jetzt schon reichen Geschichte der Aufarbeitung dieser Revolution ist es, dass es keine nüchterne wissenschaftliche Untersuchung des Flächendeckenden und des die gesamte Gesellschaft Umfassenden der Revolution gibt! Wenig Intellektuelle, wenig Studenten, aber als Beispiel unter kaum zu zählenden weiteren sei hier aus einer Teilnehmerliste des *Neuen Forums* aus Rudolstadt zitiert: Bauingenieur, Laborant, Diplomchemiker, Maurer, Sachbearbeiterin, Diplomökonomin, Diplomingenieur, Meister, Verkäuferin, Geschäftsführer, Fernmeldetechniker, Bankkauffrau, Laborantin, Former, Krippenerzieherin, Finanzkauffrau, Zimmerer, Fachinformator, Ingenieurin, Elektriker, FA-Verkäuferin, FA-Verkäufer, Kaufmann, Elektromonteur, Chemiefacharbeiterin, Elektromeister, Wasserbaufacharbeiter, Elektromeister, Elektromonteurin, Maurer, Elektromonteur, Schlosser, Berufskraftfahrer, Kfz-Schlosser, Fachverkäuferin, Kfz-Schlosser, Kfz-Schlosser, Sekretärin, Maurer, Sekretärin, Fachverkäuferin, Kraftfahrer, Ärztin, Arzt, Maler, Köchin, Dreher, Maurer, Anlagenfahrer, Lehrer.

Es war das Volk, ohne Volksführer oder Revolutionshelden. Die wenigen Namen, von denen man hörte und die zum Teil auch heute noch wirken, waren keine Anführer mit weithin schallender Stimme. Es gab keine Ideologie, keine über das Unmittelbare hinausgehenden inhaltlichen Slogans, denn wie soll man den einfachen Anschluss an das neuzeitliche Wertesystem durch besondere Formeln ausdrücken? *Keine Gewalt!* richtete sich vor allem an die Staatsmacht, gelegentlich an Heißsporne in den eigenen Reihen; *Jetzt oder nie, Demokratie!* war zündend, wenn es von Zehntausenden gerufen wurde, sagte aber nichts aus, was über das Selbstverständliche hinausgeht; *Wir sind das Volk* war eine kollektive Erfindung mit unterschiedlichen Entstehungsgeschichten; *Wir sind* ein *Volk* kam später hinzu und war richtig und bewegend, aber doch eher deskriptiv, ein revolutionäres, allgemeingültiges Programm war es nicht.

Was wurde gesungen? Wurde überhaupt gesungen? Dass ausgerechnet hier in Deutschland kaum gesungen wurde, war ein besonders trauriges Zeichen für den kulturellen Kahlschlag des Kommunismus. Im lutherischen Estland wurde vor und während der estnischen Selbstbefreiung in ganz großem Umfang gesungen, als Ausdruck und Bekräftigung der eigenen Identität, *Singende Revolution* heißt es gelegentlich sogar. Und natürlich hatten auch die deutschen Demonstranten und Kundgebungsteilnehmer das Bedürfnis des gemeinsamen verbindenden Singens, aber es gab nichts. Schrecklicherweise nahm man mangels eines Besseren gelegentlich Zuflucht zu etwas, was in der Schule gelernt worden war und was im Wortsinn durchaus auf die Revolution passte, aber anders eingesetzt worden war. Es war eine überaus holprige Strophe der *Internationale*: „Es rettet uns kein höh'res Wesen, kein Gott, kein Kaiser, kein Tribun, uns aus dem Elend zu erlösen, können wir nur selber tun." Die Schlussbehauptung, dass die Internationale etwas erkämpfe, traf allerdings den Kern der Sache: Es war *das Menschenrecht*, wenn auch wohl eher im Plural.

Kein Gott? Mit großer Erleichterung kann gesagt werden, dass die herrlichen protestantischen Choräle unüberhörbar waren und die Revolution begleiteten. Nicht auf den Riesendemonstrationen, aber immer in und im Umkreis der Kirchen. Einige thüringische Beispiele.

In Apolda erklang:

> „Wach auf, wach auf, du deutsches Land!
> Du hast genug geschlafen.
> Bedenk, was Gott an dich gewandt,
> wozu er dich erschaffen.
> Bedenk, was Gott dir hat gesandt
> und dir vertraut sein höchstes Pfand,
> drum magst du wohl aufwachen."

In Meiningen:

> „O komm, du Geist der Wahrheit,
> und kehre bei uns ein,

verbreite Licht und Klarheit,
verbanne Trug und Schein.
Gieß aus dein heilig Feuer,
rühr Herz und Lippen an,
daß jeglicher getreuer
den Herrn bedenken kann."

In Friedrichroda:

„Sonne der Gerechtigkeit,
gehe auf zu unsrer Zeit;
brich in deiner Kirche an,
daß die Welt es sehen kann.
Erbarm dich, Herr."

In Sonneberg:

„Nun danket alle Gott
mit Herzen, Mund und Händen,
der große Dinge tut
an uns und allen Enden,
der uns von Mutterleib
und Kindesbeinen an
unzählig viel zu gut
und noch jetzund getan."

Und, ein Blick über Thüringen und das evangelische Bekenntnis hinaus in das sächsische, katholische Oschatz mit dem kraftvollsten protestantischen Kirchenlied überhaupt:

„Ein feste Burg ist unser Gott,
ein gute Wehr und Waffen.
Er hilft uns frei aus aller Not,
die uns jetzt hat betroffen.
Der alt böse Feind,
mit Ernst ers jetzt meint;
groß Macht und viel List
sein grausam Rüstung ist,
auf Erd' ist nicht seinsgleichen."[3]

---

3   Ich zitiere diese Lieder aus meinem am 9. April 1976 in Greifswald gekauften

Dennoch: Im Zeichen des evangelischen, christlichen Glaubens hat, von außen gesehen, die Revolution in der DDR nicht stattgefunden. Die evangelische Kirche selbst hatte ja eine durchaus ambivalente Haltung gegenüber dem kommunistischen gottlosen Staat eingenommen, schwankend zwischen vermeintlich kluger politischer Diplomatie und Widerstand sowie unsichtbar gedrängt durch die geheimen Agenten der Staatssicherheit bis in die höchsten Ämter hinein. Aber, und damit sei geschlossen, es hat viele *einzelne* Geistliche als Helfer gegeben, deren Ruhm es ist, durch die Öffnung ihrer Kirchen und viele andere Hilfen die Revolution zum Erfolg geführt zu haben. Viele sind von mir hier und andernorts genannt worden. Jetzt beschränke ich mich darauf, die zu nennen, die mir bei meiner Forschungsarbeit zur Geschichte der Revolution geholfen haben und denen ich dankbar bin: Hans-J. Borchert (Neubrandenburg), Karsten Christ (Rudolstadt), Christian Führer (Leipzig), Reinhard Glöckner (Greifswald), Friedemann Großlau (Quedlinburg), Martin Gutzeit (Berlin), Thomas Küttler (Plauen), Heiko Lietz (Güstrow), Giselher Quast (Magdeburg), Alfred Radeloff (Dessau), Heinrich Rathke (Schwerin), Jürgen Reiche (Sonneberg), Walter Schilling (Dittrichshütte), Traugott Schmitt (Rudolstadt), Christoph Victor (Weimar).

Hat in ihnen allen nicht doch *Gott* gewirkt? Friedrich Schiller meinte es. Die zu Anfang schon erwähnten „Drei Worte des Glaubens" nennen nach der „Freiheit" und der „Tugend" unübersehbar *ihn*:

---

und in der Evangelischen Verlagsanstalt, Berlin, erschienenen Evangelischen Kirchen-Gesangbuch für die Evangelische Landeskirche Anhalt, Evangelische Kirche Berlin-Brandenburg, Evangelische Kirche des Görlitzer Kirchengebietes, Evangelische Landeskirche Greifswald, Evangelische Kirche der Kirchenprovinz Sachsen.

„Und ein Gott, ein heiliger Wille lebt,
Wie auch der menschliche wanke,
Hoch über der Zeit und dem Raume webt
Lebendig der höchste Gedanke.
Und ob alles im ewigen Wechsel kreist,
Es beharret im Wechsel ein ruhiger Geist."

Gottfried Küenzlen

„Um Mensch zu sein, sich weigern, Gott zu sein"
Revolte oder Revolution:
Camus mittelmeerisches Denken

I

Zur konzeptionellen Deutungsperspektive des vorliegenden
Bandes gehört: Wer „1989" verstehen will, darf von „1789" nicht
schweigen. Hier ist vorweg die Einsicht entscheidend,[1] dass die
Französische Revolution von 1789 und all die revolutionären
Bewegungen des 19. und 20. Jahrhunderts nicht als bloße äu-
ßere politische Umwälzungen zu begreifen sind, sie sind im
Kern nur zu verstehen als Vollzug einer politisch-messianischen
Idee: nämlich, dass Heil und Erlösung in Zeit und Geschichte
durch politisch-revolutionäres Handeln sich realisieren ließen.
Es ist dies das Programm einer säkularen Religion: der Religion der Revolution, deren offenes oder geheimes Dogma der
innerweltlich-eschatologische Glaube an das diesseitige, universale Glück der Menschheit war, das im revolutionären Prozess
herstellbar sei. Die Verkünder und Träger der neuen Eschatologie
wussten sich als Vorkämpfer des Reiches Gottes auf Erden. Die
Revolution von 1789 war für revolutionäre Geister wie Turgot,
Condorcet oder Proudhon die Erfüllung aller vorhergegangenen
revolutionären Anstrengungen und Fanal der neuen Zeit. Die in
der futurischen Eschatologie der jüdisch-christlichen Tradition
auftretenden Topoi: Reich Gottes, Himmlisches Jerusalem, Erlösung von dieser Welt der Verderbnis, Ende der Geschichte und

---

1   Zu den folgenden Ausführungen siehe: G. KÜENZLEN: Der Neue Mensch,
München 1994 (Frankfurt am Main 1997), S. 76ff.

Anfang der Königsherrschaft Jesu Christi, bekommen nun in der „Religion der Revolution" ihren zentralen Ort, in freilich säkular-diesseitsorientierender Transformation. Die neuen Namen sind nun zum Beispiel „Ende des Reiches der Notwendigkeit" und „Anfang des Reiches der Freiheit", oder wie Heinrich Heine den neuen Glauben prägnant formulierte: „Wir wollen hier auf Erden schon das Himmelreich errichten." Die Priester und Propheten der modernen revolutionären Bewegungen, „diese Doktoren der Revolution und ihre mitleidlos entschlossenen Schüler" (Heinrich Heine) verstanden sich als Träger, Verkünder und Beweger der säkularen Heilsgeschichte. „L' avenir est à nous" (St. Simon) ist das Losungswort des politischen Messianismus.

II

Jeder, der auch nur von ferne noch mit dem politisch-philosophischen und literarischen Werk Camus' vertraut ist, hat zumindest in Erinnerung, dass Camus zu seiner Zeit zu den hellsichtigsten Kritikern der „Religion der Revolution" gehörte und diese Kritik in einen ideengeschichtlichen und existentialen Horizont stellte. Doch gerade auch dann ist vor einer vorschnellen Aktualisierung, gar Instrumentalisierung Camus' zu warnen; vielmehr gilt es, seine Texte neu zu lesen und deren zentrale Aussagen zu rekonstruieren, um so erst wieder zu begreifen, warum Camus die Zeit, in der er schrieb, überdauerte und uns zu einer kostbaren Stimme werden kann, die in den Irrungen und Wirrungen *unserer* Gegenwart neu Gehör verdient. Um dieser vorgängigen These aber überhaupt Plausibilität und Kontur zu verleihen, gilt es, gleichsam hinter sie zurückzutreten und mit der Frage einzusetzen: Warum überhaupt Camus neu sich nähern? Was hätte eine Neuvergewisserung seines Werkes uns zu sagen – heute? Die Flut an Veröffentlichungen zu seinem 100. Geburtstag vor zwei Jahren war (nahezu) durchweg von dieser Frage bestimmt, von dem Bemühen also, uns die Stimme Camus' für das Verstehen unserer geistig-kulturellen und politischen Lagen neu nahezubringen. Es blieb freilich weithin bei bloß postulatorischen Beteuerungen und der vagen Ahnung, Camus müsse für uns heute irgendwie „wichtig" sein. Jedoch: So sicher das Faszinosum „Camus", des großen Schriftstellers und philosophischen Essayisten, uns immer neu in seinen Bann schlagen kann, so wenig einfach ist es, seine gegenwartsdiagnostische Bedeutung zu benennen.

Gewiss: Der politische Denker der Freiheit Camus hat in seinem unbestechlichen Antitotalitarismus hellsichtig in allem Recht behalten, und Jean-Paul Sartre[2], der Camus eben wegen dieses Antitotalitarismus in öffentlich-publizistischer Hinrichtung zur Unperson erklärt hatte und der etwa die stalinistischen Lager im Namen einer emanzipatorischen Fortschrittsgeschichte rechtfertigte, ist in allem widerlegt – will man von dem tristen Lager einer sektiererischen linken Orthodoxie absehen. Doch dies heute festzustellen ist zwar ein notwendiger Akt historisch-politischer Gerechtigkeit, in seiner Evidenz aber selbst schon fast historisch. Auch sind die „Mandarins von Paris" (S. de Beauvoir), zu denen, in freilich eigenständiger Prägung, auch Camus gehörte, ein abgeschlossenes, schon fernes Kapitel der Geschichte der französischen Kulturintelligenz.

Zweifelsohne waren Christentumskritik und Christentumsferne Camus' wie seine Feier radikaler Diesseitigkeit zu ihrer Zeit Texte von existentiell-provokativer, teils verstörender Kraft, die – in Widerspruch oder Zustimmung – zu eigener Stellungnahme, womöglich Entscheidung zwangen. Heute, in einem an seiner Herkunftsreligion so müde gewordenen Europa, in dem eine schiere, ganz unbegriffene Diesseitigkeit, die von einem Anderen ihrer selbst nichts mehr weiß, zur alleinigen Lebensführungsmacht geworden scheint, hat der provokative Ernst dieser Texte Camus' ihren kulturellen Adressaten weitgehend verloren:

Meursault („Der Fremde"), der in totaler Gleichgültigkeit und Fremdsein in der Welt das ihm allein mögliche Glück findet; Dr. Rieux („Die Pest"), der seinen Kampf gegen die Pest führt

---

2 Siehe u.a.: J.-P. SARTRE: Antwort an Albert Camus, in: Portraits und Perspektiven, Reinbek 1971, S. 73ff.

im Wissen um dessen Vergeblichkeit und ohne den Trost eines religiösen Glaubens; Jean Clamence („Der Fall"), der sich selbst illusionslos anklagt, sein Leben in der Wüste bürgerlicher Hohlheit zu führen, ohne Ausweg – alle diese großen Gestalten der Camusschen Romane vergessen sich nicht und behalten ihren bestimmenden Platz in der Geschichte der Literatur, und doch ist ihnen ihre Zeitgenossenschaft einverwoben, die so nicht mehr die unsere ist und sein kann und die sich so bruchloser Aktualisierung entziehen. Bruchloser Aktualisierung entziehen sich gewiss auch die Essays, die Camus unter dem Titel „Der Mensch in der Revolte" („L' Homme Révolté", 1951) zusammengeführt hat. Auch sie sind in die Strömungen und Stimmungen ihrer Zeit hineingestellt. Gleichwohl ist der folgende Rekonstruktionsversuch zentraler Aussagen des „Menschen in der Revolte" von der vorgängigen Überzeugung bestimmt, dass darin wieder- und neu zu entdeckende Einsichten formuliert sind, die zumindest zu einer *Klärung* unserer gegenwärtigen geistig-kulturellen und politischen Lagen beitragen. Dies gilt insbesondere für die knappfragmentarische Skizze über das „Mittelmeerische Denken", mit der Camus das Buch beschließt und die, als (vorläufige) Summe seines Denkens, einen Zugang zum Kern seiner Menschen- und Weltauffassung eröffnet. Bevor freilich die Frage nach der „Aktualität" des „Menschen in der Revolte" sinnvoll gestellt werden kann,[3] ist es notwendig, die zentralen Aussagen des Textes selbst zu erschließen. Dieser Aufgabe stellt sich der folgende, in vielem skizzenhafte Versuch.

III

Das Absurde ist für Camus die eigentliche Lebensrealität des Menschen. Es tritt unverstellt dann auf, wenn alle Botschaften

---

3 Diese Frage ist Aufgabe eines weiteren Beitrages, den ich demnächst vorzulegen hoffe. Hierin gilt es auch, die (unüberbrückbare) Distanz und (mögliche) Nähe Camus' zu Positionen christlicher Theologie zu thematisieren. Hinzuweisen ist etwa auf Martin Luthers bekanntes Dictum: „Wir sollen Menschen und nicht Gott sein. Das ist die Summa".

von Sinn, von religiöser Geborgenheit, von metaphysischem Behaustsein, wenn aber auch alle säkularen Verheißungen, etwa ein innerweltlicher Fortschrittsglaube, ihre haltende und bergende Kraft verloren haben. Die schließlich vollendete Sinnlosigkeit bezeichnet Lage und Schicksal, in die Camus den Menschen seiner Gegenwart gestellt sieht. Dem in die Sinnlosigkeit und so in das Nichts geworfenen Menschen bleibt nur die Alternative: (bewusst vollzogener) Selbstmord oder ein Leben in ebenso bewusster Akzeptanz des Sinnlosen. So wird Sisyphos zum „Helden des Absurden", der seinen Stein wälzt und doch um die Vergeblichkeit seines Tuns weiß und so, in trotziger Verachtung seines sinnlosen Geschicks, sein „Glück" findet. Diese unausweichliche Realität des Absurden war Thema und Botschaft des „Mythos des Sisyphos" und des Romans „Die Pest". Wie aber *leben* in der Wirklichkeit des Absurden? Noch schärfer: Warum dann überhaupt leben und warum sollte dies sinnhaft sein? Das ist die Grundfrage, die Camus im „Menschen in der Revolte" stellt. Um einer Antwort eine feste Grundlage zu sichern, bedarf es eines unbezweifelbaren Ausgangspunktes, der in aller Sinnlosigkeit des Absurden nicht selbst sinnlos ist. In bewusster Rückbeziehung auf Descartes und dessen erkenntnistheoretischen methodischen Zweifel, nach dem an allem zu zweifeln ist, nur nicht am Zweifel selbst und der so die Selbstgewissheit des Denkens begründet, gilt für Camus: „Ich rufe, daß ich an nichts glaube und daß alles absurd ist, aber ich kann an meinem Ausruf nicht zweifeln, und mindestens muß ich an meinen Protest glauben. Die erste und einzige Gewißheit, die mir so im Inneren der absurden Erfahrung gegeben ist, ist die Revolte"[4] (13). In der Revolte also liegt das Unbezweifelbare, das in der Sinnlosigkeit des Absurden zur einzig übrigbleibenden Antwort wird auf die Frage: Wie kann ich, dem Absurden ausgesetzt, dennoch leben? Dass diese Antwort überhaupt denkbar ist, liegt in

---

4 Die folgenden Zitate entstammen nahezu ausschließlich der hier zu Grunde gelegten Schrift: A. CAMUS: Der Mensch in der Revolte. Essays, Reinbek bei

ihrer geradezu anthropologischen Grundierung: „Der Mensch ist das einzige Geschöpf, das sich weigert zu sein, was es ist" (12). In solcher Auffassung vom Menschen als dem *revoltierenden Wesen* geht es also nicht darum, dass der Mensch je und dann in historisch-kontingenten Lagen revoltiert, vielmehr ist die Revolte Merkmal des Menschseins überhaupt und ist deshalb „eine Bewegung des Lebens selbst", die „man nicht leugnen kann, ohne auf das Leben zu verzichten" (246f.).

Wenn aber die Revolte die Bewegung des Lebens *selbst* ist, verbindet sie uns mit unseren Mitmenschen, deren Geschick auch das unsere ist: zu revoltieren, um in der Unentrinnbarkeit des Absurden überhaupt leben zu können. „In der Erfahrung des Absurden ist das Leid individuell. Von der Bewegung der Revolte ausgehend, wird ihm bewußt, kollektiver Natur zu sein; es ist das Abenteuer aller" (21). Die Revolte als einer Grundtatsache der menschlichen Existenz, deren Erfahrung wir mit den Anderen teilen, „entreißt den Einzelnen seiner Einsamkeit" (21) und wird so ein Weg hin zu menschlicher Solidarität: „Die Solidarität der Menschen gründet in der Bewegung der Revolte, und sie findet ihrerseits die Rechtfertigung nur in dieser Komplicenschaft" (21). Wie Descartes' „cogito ergo sum" die begründende Voraussetzung für die Möglichkeit des Denkens war, ist für Camus die Revolte gegen die Sinnlosigkeit des Absurden, deren Erfahrung wir mit den Anderen teilen, die begründende Voraussetzung menschlicher Existenz überhaupt: „Ich empöre mich, also sind wir" (21).

IV

Wenn nun Camus in ideen- und realgeschichtlicher Durchdringung den Weg nachzeichnet, den die Revolte im Denken Europas und in seiner Geschichte genommen hat, heißt das trostlose Ergebnis: Die ideelle und reale geschichtliche Realisation der

---

Hamburg 1953. Die im *laufenden Text* in Klammern genannten Seitenzahlen beziehen sich durchgehend auf dieses Buch.

Revolte ist die Geschichte von „Europas Hochmut" (13) – eines Hochmutes, der Maßlosigkeit, vielfachen Mord, Staatsterror und die Erniedrigung von Menschen zu seiner Konsequenz hatte. Dies zeigt schon die Geschichte der metaphysischen Revolte: *Metaphysische Revolte* hieß Abschaffung des Himmels, Zerbrechen aller metaphysischer Gewissheiten, Inthronisierung des Menschen anstelle des für tot erklärten Gottes. Diese metaphysische Revolte begriff Camus stets als unhintergehbar, ihre Antriebe waren immer auch die seinen, und die Diesseitigkeit des Menschen, als dessen letzte Wirklichkeit, blieb ihm unbezweifelbar. Doch sieht er auch die Wirkungsgeschichte der metaphysischen Revolte, deren schreckliche Logik in den vollendeten Nihilismus und dann in die Maßlosigkeit, die Verbrechen und Feier des Mordes in Europa führte.

Dostojewskijs Iwan Karamasow empört sich gegen einen Gott, der selbst unschuldige Kinder sterben lässt. Selbst wenn dieser Gott *Wahrheit* wäre und in seiner Schöpfung auch das Leid der Unschuldigen aufgehoben wäre, würde Iwan diese Wahrheit revoltierend ablehnen, „selbst wenn ich unrecht hätte". Doch was mit solcher Revolte gegen Gott und den Glauben an eine Unsterblichkeit der Seele begann, endet für Iwan in einer letzten Konsequenz in der Losung: „Alles ist erlaubt!" „Mit diesem ‚Alles ist erlaubt' beginnt in Wahrheit die Geschichte des zeitgenössischen Nihilismus" (49).

An dessen Ende aber steht die humane Katastrophe Europas im 20. Jahrhundert: „Wo Gott tot ist, bleiben die Menschen übrig, d.h. die Geschichte, die es zu verstehen und zu machen gilt" (86). Der Nihilismus aber, der zur bestimmenden Macht über die Revolte wurde, „fügt einzig hinzu, man könne sie (i. e. die Geschichte) mit allen Mitteln machen. Den Verbrechen des Irrationalen wird der Mensch auf einer Erde, die er fortan einsam weiß, die Verbrechen der Vernunft zugesellen, die auf dem Weg ist zum Reich des Menschen. Dem ‚Ich rebelliere, also sind wir' fügt er hinzu, über fabelhafte Pläne und selbst den Tod der Revolte meditierend: ‚Und wir sind allein'" (86).

So wie die „*metaphysische Revolte*" in ihrer Logik im Nihilismus des „Alles ist erlaubt" endet, so führt die „*historische Revolte*", verwirklicht in den Revolutionen des 19. und 20. Jahrhunderts, in den politischen Totalitarismus und seine Schrecken. Die „historische Revolte" begann im Namen der Freiheit und der Befreiung des Menschen und ist als solche für Camus stets ein nicht aufzugebender, humaner Antrieb geblieben. An die Stelle der Freiheit trat freilich zunehmend die Idee revolutionär herzustellender Gerechtigkeit, in deren Namen und mit deren Legitimation unzählige Menschen als Opfer künftiger universaler Gerechtigkeit liquidiert wurden: geschichtsprovidentieller Terror!

> „Die Freiheit [...] steht am Anfang aller Revolutionen. Ohne sie scheint die Gerechtigkeit den Rebellen unvorstellbar. Es wird indessen eine Zeit kommen, wo die Gerechtigkeit die Aufhebung der Freiheit fordern wird. Der Schrecken, klein oder groß, krönt dann die Revolution. Jede Revolte ist eine Sehnsucht nach Unschuld und ein Ruf nach dem Sein. Die Sehnsucht jedoch ergreift eines Tages die Waffen und nimmt die totale Schuld auf sich: den Mord und die Gewalttat" (86).

So also mündet die historische Revolte, geschichtlich realisiert in den revolutionären Bewegungen, schließlich den Mord rechtfertigend in den politischen Totalitarismus, der im 20. Jahrhundert seine blutige Spur durch Europa zog. Die zentrale geistigideelle Grundierung dieser Entwicklung heißt: *Vergöttlichung von Mensch und Geschichte.* Deren entscheidende geistige Wegbereiter sind die Vertreter des „*deutschen Denkens*": Allen voran Hegel und Marx!

Wie aber kann Camus gerade in Hegel den zentralen geistigen Wegbereiter der europäischen Revolutionen und deren schließlichen Terrors sehen? Hegels Philosophie schien (und scheint) nach gängiger Lesart eher zur Begründung politischer Restauration denn zu revolutionärer Aktion zu dienen. Camus selbst stellt fest: „Es ist [...] seltsam, Hegels Werk an dieser Etappe des Geistes der Revolte vorzufinden. In gewissem Sinn ist ja sein ganzes Werk erfüllt vom Abscheu vor der Spaltung: er wollte der Geist der Versöhnung sein" (110). Aber dies ist nur ein vordergründiger Anschein. Dahinter erhebt sich – Hegel folgend – die Möglichkeit, sich in revolutionär-ideologischem Zugriff der Wirklichkeit zu bemächtigen: „Insofern für ihn (Hegel) real ist, was rational ist, rechtfertigt er alle Übergriffe des Ideologen auf das Reale" (110). Gerade in der Hegelschen Dialektik von Vernunft und Wirklichkeit, liegt die Möglichkeit, Hegel als Denker der Revolution zu beanspruchen: War die bestehende politische Ordnung vernünftig, weil existent, so muss dies auch für die Negation dieser Ordnung gelten, so sie in revolutionärem Umbruch zu ihrer neuen Wirklichkeit gelangt. Vor allem aber ist in der Geschichtsdialektik des Hegelschen Systems die „Vergöttlichung der Geschichte" begründet. Denn es bleibt ja nur die Geschichte, in die hinein das Absolute sich entäußert und zur Verwirklichung seiner selbst findet. In immer neuen Anläufen entfaltet Camus seine These von Hegel als des entscheidenden Wegbereiters des europäisch-revolutionären Denkens, dessen zentrierende Grundlage die „Vergöttlichung der Geschichte" ist und das gerade so, im Namen der Verheißungen und Rechtfertigungen der Geschichte, den Weg in den Terror des Totalitarismus bahnen konnte. Das Ergebnis, zu dem das Hegelsche Denken führt, lautet:

> „Der Zynismus, die Vergöttlichung der Geschichte und der Materie, der individuelle Terror oder das Verbrechen des Staates, diese maßlosen Konsequenzen gehen nun aus einer zweideutigen Weltanschauung hervor, die der Geschichte allein die Sorge überlässt, die Werte und die Wahrheit hervorzubringen. Wenn nichts klar erkannt werden kann, bevor am Ende der Zeiten die Wahrheit zutage tritt, ist jede Handlung willkürlich, und die Gewalt regiert am Schluss" (120).

Es ist hier nicht der Ort, die (gewiss fragliche) Haltbarkeit des Camusschen Hegel-Verständnisses zu erörtern. Geschöpft hat Camus zweifellos aus der Hegel-Interpretation Alexandre Kojèves, dessen Pariser Hegel-Vorlesungen zwischen 1933 bis 1938 nahezu eine ganze Generation französischer Intellektueller in ihren Bann zogen, darunter Jean-Paul Sartre, Raymond Aron, Georges Bataille, Maurice Merleau-Ponty und viele andere. Eine zentrale Aussage der Hegel-Auslegung Kojèves – den Camus auch ausdrücklich erwähnt (11, A1) – war die These von der Legitimität der Gewalt als notwendigem Element in der geschichtlichen Entfaltung des absoluten Geistes.

Wie fraglich die Hegel-Beanspruchung durch Camus auch immer sein mag: Im Blick auf die *reale* Wirkungsgeschichte des Hegelschen Denkens konnte er zu Recht festhalten: „Von Hegel haben die Revolutionäre des 20. Jahrhunderts ihre Waffen bezogen" (111). Und nicht nur des 20. Jahrhunderts! So war etwa die vorrevolutionäre Russische Intelligenzija (um 1850) in ihren geistigen Antrieben fundamental von der Hegelschen Philosophie bestimmt; für eine ihrer Zentralgestalten, Alexander Herzen, den Camus auch anführt (125), galt Hegel geradezu als „Algebra der Revolution".[5] Vor allem aber stand Camus der Beleg für seine These in Gestalt der Pariser Intellektuellenszene, zu der er in eigener Weise ja selbst gehörte, unmittelbar vor Augen: Hier wurden von Sartre, Merleau-Ponty und vielen anderen der damaligen Pariser Intelligenzija, unter Berufung auf die Hegelsche Geschichtsdialektik, zum Beispiel die stalinistischen Verbrechen als notwendiges, vom progressiven linken Bewusstsein zu akzeptierendes Durchgangsstadium der emanzipatorischen Fortschrittsgeschichte legitimiert. In der Logik solcher Vergöttlichung der Geschichte aber liegt die *Vergöttlichung des Menschen* selbst. Wo die rein diesseitige Geschichte, aller transzendentalen Verortung entledigt, zur letzten Instanz wird, in der Glück oder Unglück, Heil oder Unheil, Wahrheit oder Unwahrheit sich entscheiden: da tritt der die Geschichte herstellende Mensch an die Stelle Gottes – als Produzent und Regisseur seines Heils oder Unheils. Diese Selbstvergöttlichung des Menschen ist nun wiederum vorgebildet in bestimmenden Strömungen der Aufklä-

---

5   Siehe hierzu: G. KÜENZLEN: Die Macht der Ideen und das Leben. Alexander Herzen und die russische Intelligenzij, in: M. KÜHNLEIN (Hrsg.): Das Politische und das Vorpolitische. Über die Wertgrundlagen der Demokratie, Baden-Baden 2014, S. 425–439

rung und im Aufkommen der bürgerlichen Fortschrittsgewissheit des 19. Jahrhunderts, findet ihren exemplarischen Ausdruck aber bei Karl Marx:

> „Der marxistische Atheismus [...] setzt doch das höchste Wesen auf der Ebene des Menschen wieder ein. ‚Die Kritik der Religion mündet in die Lehre ein, wonach der Mensch dem Menschen das höchste Wesen ist'. Unter diesem Gesichtspunkt ist der Sozialismus somit ein Unternehmen zur Vergöttlichung des Menschen und hat einige Merkmale der traditionellen Religionen angenommen." (156)

Vergöttlichung von Mensch und Geschichte ist somit Ausdruck und Prozess *säkularer Religion*[6] oder auch „horizontaler Religion" (159), deren innerweltliche Verheißungen und Erlösungshoffnungen einzulösen nun zur Aufgabe allein des politischen Handelns des Menschen wird: *Politischer Messianismus!* „Marx hat [...] verstanden, daß eine Religion ohne Transzendenz sich eigentlich Politik nennt" (159). In all dem ist die Einsicht entscheidend: Camus geht es nicht um bloße ideen- oder ideologiegeschichtliche Rekonstruktionen, vielmehr um politisch-moralische Aufklärung und um die notwendige neue Selbstbesinnung des Zeitalters, in dem er sich vorfand. Vergöttlichung von Mensch und Geschichte als das geistige Erbe der „deutschen Ideologie": dies sind die ideellen und ideologischen Grundlagen, ohne die der Totalitarismus des 20. Jahrhunderts mit all seinen Schrecken nicht zu denken ist. Wer sich auf der Seite allein der Geschichte weiß, wer sich gottgleich als Beauftragter der historischen Vernunft sieht, wem „Klasse" oder „Rasse" Kategorien eines politischen Messianismus werden: für den sind all die blutigen Opfer gerechtfertigt und die Liquidation derer, die solch historischer Vernunft im Wege stehen.

---

6   Siehe hierzu: G. KÜENZLEN: Der Neue Mensch. Zur säkularen Religionsgeschichte der Moderne, München ²1995 (Neuaufl. Frankfurt 1997). Vom Begriff der „säkularen Religion" ausgehend, sind in diesem Buch auch zentrale Aussagen und Einsichten Camus' – in freilich eigenem Zugriff – thematisiert.

V

Dem Wortsinn nach bedeutet „Revolution" (lat. *revolutio*) „Umdrehung" und zielt als solche in politischer Anwendung auf die Übertragung einer Herrschaftsform in eine andere. So konnten die im Namen der Geschichte vollzogenen Revolutionen immer wieder in neue (Gewalt-)Herrschaft umschlagen. Die „Revolte" hingegen ist nicht einfach eine Vorstufe einer Revolution, sondern etwas *kategorial* anderes: Anthropologisch verankert ist sie die Auflehnung gegen die Sinnlosigkeit und Absurdität der menschlichen Existenz. Sie kennt ein Jenseits der Geschichte und ist eine Bejahung „einer allen Menschen gemeinsamen Natur" (203) und widerspricht schließlich der Verabsolutierung der Geschichte und deren Annahme „einer absoluten Formbarkeit der menschlichen Natur" (203). Das Elend Europas aber ist, dass es einem solchen Denken der Maßlosigkeit verfallen ist. Die Revolte jedoch ist immer auch ein Denken des „Maßes und der Grenze" (238). Das Symbol des Maßes und der Grenze ist die griechische Göttin *Nemesis,* deren Rache denen gilt, die von keinem Maß ihrer selbst und der Welt mehr wissen und die von der Natur gesetzte Grenze leugnen. „Der eigentliche Konflikt" dieses Jahrhunderts besteht „zwischen den deutschen Träumen und der mittelmeerischen Tradition" (242). Aus den deutschen Träumen wurde die Verachtung von Maß und Grenze geboren. Doch die „deutsche Ideologie" mit ihrer Verabsolutierung der Geschichte und ihrer Leugnung von Maß und Grenze war selbst Erbin: Sie ist hineingestellt in einen „20 Jahrhunderte" währenden „Kampf gegen die Natur" (242). Ihr Geschichtsdenken – Hauptquell der Unheilsgeschichte Europas – ist mit dem *Christentum* in die Welt gekommen. Freilich erst dort, wo Gott „aus dieser geschichtlichen Welt vertrieben" wird, „entsteht die deutsche Ideologie", als Ideologie der „reinen Eroberung" (243). Dagegen ruft Camus das *mittelmeerische* Denken auf, als ein Denken des Maßes und der Grenze, dem nicht mehr der „ewige (i. e. deutsche) Jüngling" mit seinen maßlosen Träumen das leitende Vorbild ist, sondern „die männliche Stärke" als der „Geist, der dem Leben Maß gibt" und der die „lange Überlieferung dessen erfüllt, was man das Sonnendenken nennen kann" (242). „Das Geheimnis Europas ist, dass es das Leben nicht mehr liebt" (247). Gefangen in ihrem Absolutismus der Geschichte, der die Freude und Schönheit des Lebens und auch sein Leid vergessen lässt, weil sie die Gegenwart der geschichtlichen Zukunft opfern, sind die Menschen Europas zu Blinden geworden: Sie haben „sich vergöttlicht, und ihr Elend begann: diese Götter haben blinde Augen" (247). So können sie die Sonne nicht mehr sehen, weil sie sich in der Geschichte und der Hybris ihrer Maßlosigkeit verloren haben. Weil sie die Revolte verraten haben, die „die Bewegung des Lebens selbst" ist, können sie auch das Leben selbst, in der Fülle seiner Gegenwart, nicht mehr lieben. Das Maß der Revolte aber ist das „Sonnendenken", das über die bloße Geschichte und die Leugnung der Natur hinaussehen lässt. „Die Sonne lehrte mich, dass die Geschichte nicht alles ist" (Vorwort zu „Licht und Schatten", 1958).[7] Der „geschichtliche Absolutismus", konnte, in all seiner kulturellen Mächtigkeit, nie ganz die „unbezwinglichen Forderungen der menschlichen Natur" unterdrücken, „deren Geheimnis das Mittelmeer mit seiner Verschwisterung von Geist und hartem Licht bewahrt" (243).

Wie aber können und sollen die leben, die der Revolte treu bleiben? Sie werden die Endlichkeit bejahen, bestimmt von Maß und Grenze des Lebens selbst. Die weder die Absolutheit eines Gottes, noch die der Geschichte akzeptieren, bedürfen des Mutes zur Unvollkommenheit und Relativität der eigenen Existenz und der Weltgestaltung. Sie wählen ihren Platz „zwischen Gott und der Geschichte, zwischen Yogi und dem Kommissar" (235) und werden nie anerkennen, dass ein noch so ideales Ziel verbrecherische Mittel rechtfertigt. So eignet dem Revoltierenden eine eigene Ethik: Ohne die Jenseitsgewissheiten, sei es des Christentums, sei es einer vergöttlichten Geschichte, lebt er, „fern von den alten und neuen Doktoren" (246), an der Seite de-

---

7   A. CAMUS: Kleine Prosa, Reinbek 1961, S. 31.

rer, denen nur das Leid geblieben ist: „Das Leid nützt die Hoffnung und den Glauben ab; es bleibt allein und ohne Erklärung" (246). So kommt die Revolte nicht aus ohne eine „sonderbare Liebe": „Die weder in Gott noch in der Geschichte ihren Frieden finden, verurteilen sich dazu, für die zu leben, welche, wie sie, nicht leben können: die Gedemütigten" (246). So lehnt der Revoltierende in bewusster Wahl „die Göttlichkeit ab, um die gemeinsamen Kämpfe und das gemeinsame Schicksal zu teilen" (248). Der Erde und der endlichen Diesseitigkeit treu „bleibt die Welt unsere erste und letzte Liebe. [...] Dann erwacht die sonderbare Freude, die zu leben und zu sterben hilft und die auf später zu verschieben, wir uns fortan weigern" (248). Wo kein Gott ist und keine Göttlichkeit von Mensch und Geschichte, bleibt als einziges Fundament humaner Existenz: „Leben und sterben lernen und, um Mensch zu sein, sich weigern, Gott zu sein" (248).

VI

Es kann nicht Aufgabe der folgenden knappen und fragmentarischen Schlussbemerkungen sein, die „Aktualität" Camus' für uns heute aufzuweisen – genauso wenig, wie die obige Darstellung eine umfassende Wiedergabe oder gar Interpretation des „Menschen in der Revolte" leisten wollte. Doch drängen sich, im Kontext der Fragestellung des vorliegenden Buches, weitere Überlegungen auf, die hier – ohne nähere Ausführung und nur in Auswahl – wenigstens benannt seien: Camus und „1989". Die Friedliche Revolution von 1989 bedeutete, was immer sie ansonsten *auch* gewesen sein mag, im Kern und Ergebnis den Abschied von einem totalitären System mit vielen seiner Merkmale, die wir aus der Geschichte des 20. Jahrhunderts kennen und die Camus zu seiner Zeit schon vor Augen standen: staatliche Willkürherrschaft, Erniedrigung und Verfolgung derer, die den Heilsweg von Kommunismus und Sozialismus nicht mitgehen wollten. Dieser Weg hat nicht nur in eine ökonomische Zerrüttung geführt und die Implosion dieses Systems unausweichlich gemacht, vielmehr: dass der kommunistisch-totalitäre Versuch einer „Vergöttlichung des Menschen" in die Abschaffung des Menschen als humaner Existenz in vielfach geistige und seelische Zerrüttung notwendig führen muss – das hat Camus vor über 60 Jahren schon diagnostiziert. Camus, der – sehr im Gegensatz zur Mehrheit der moskautreuen französischen Intelligenzija jener Zeit – die brutale Niederschlagung des Aufstandes von 1953 verurteilte, hätte ohne Zweifel die „Wende" von 1989 enthusiastisch begrüßt. Auch wenn Camus kaum zu den unmittelbaren geistigen Wegbereitern der Friedlichen Revolution gezählt werden kann, wäre doch die Frage einer Untersuchung wert, ob und in welcher Intensität das Werk Camus' die geistigen Orientierungen und existentiellen Antriebe einiger der Protagonisten dieses Um- und Aufbruchs von 1989 (mit-)geprägt hat – und dies nicht nur in Deutschland, sondern auch in den betreffenden Ländern Mittel-, Ost- und Südosteuropas.

In eher analytisch-theoretischer Perspektive ließe sich die Frage stellen: War „1989" eine *Revolte* im Camusschen Verständnis? Eine nähere Untersuchung dieser Frage – ob in ihrer (teilweisen) Verneinung oder (teilweisen) Bejahung – wäre nicht nur in sich reizvoll: Sie könnte, manche politischen und soziologischen Oberflächenerklärungen übersteigend, horizonterweiternd zu einer diagnostischen Tiefenschärfe des politischen und geistig-kulturellen Verstehens dessen führen, was 1989 geschah. Und schließlich: Welch unterschiedliche geistig-ideellen und existentiellen Antriebe in die Friedliche Revolution auch im Einzelnen eingeflossen sein mögen: deren *christliche* Signatur ist offenkundig.

Deshalb abschließend wenige Stichworte zu: *Camus* und das *Christentum*. Das Verhältnis Camus' zur Religion, zu Christentum und christlichem Glauben ist freilich vielschichtig und entzieht sich einer schnellfertigen, gar plakativen Deutung. Auch steht eine gültige, theologisch-reflektierte, philosophisch begründete und literaturwissenschaftlich belehrte Untersuchung zum Thema „Camus und das Christentum" noch aus. Hier nur so viel: Für Camus war die Absage an Christentum und christlichen Glauben eindeutig und endgültig. Diese Absage gründet weniger in seiner Kritik der christlichen Kirche, die für ihn in ihren Dogmen immer „zu viel wusste" und politisch zu oft an der Seite der Unterdrücker stand; seine Kritik war fundamentaler und existentiell begründet; so etwa: Die human unabdingbare Ablehnung eines Gottes, der in seiner durch keine Theodizee auflösbaren Ungerechtigkeit das Leid der Unschuldigen zulässt. Oder: Die Feier radikaler Diesseitigkeit und der Abschied von aller jenseitigen Transzendenz, die für ihn in der „penséé du midi" ihren Ausdruck fand. Eigens – gerade wegen der konzeptionellen Perspektive dieses Sammelbands – ist die Absage Camus' an das christliche Geschichtsdenken zu nennen, die in den obigen Kapiteln unseres Beitrags schon benannt wurde. Hier zeigt sich der wohl fundamentalste und nicht überbrückbare Gegensatz zwischen dem Denken Camus' und dem Christentum, das im Glauben an den menschgewordenen und damit in die Geschichte eingetretenen Gott in einem eschatologisch-heilsgeschichtlichen Horizont lebt.

Diese wenigen Hinweise und Bemerkungen machen schon deutlich: alle Versuche, Camus schnellfertig christlich zu „vereinnahmen" oder ihn gar zu einem „anonymen Christen" zu erklären, sind verfehlt und verletzen zudem *post mortem* die Dignität von Werk und Person. Auch verstellt man sich so die Möglichkeit, die An- und Rückfrage an das Christentum und die Christen zu entdecken, die Camus' Werk, gerade in seiner Radikalität, Illusionslosigkeit und seinem humanem Ernst, andrängend stellt. Aber: So fern Christentum und christlicher Glaube Camus auch standen, so nah ist er uns als Christen doch auch: Treue zur Diesseitigkeit (Bonhoeffer; Eberhard Bethge spricht in diesem Zusammenhang von einer Korrespondenz „in der Tiefe" zwischen beiden), ohne billige Jenseitsvertröstung. Bejahung der Endlichkeit des Menschen: die Theodizee-Frage als stetige Beunruhigung unseres Gottesglaubens – Einer Ethik verpflichtet, die denen Stimme verleiht, die ohne Stimme sind und danach strebt, „für die zu leben, welche […] nicht leben können: die Gedemütigten". Überwindung des Nihilismus durch immer neues Wälzen des Steins, und so dem Absurden, in das wir gebannt sind, standhaltend. Solche Losungen sind dem christlichen Glauben nicht fremd, sie rühren an das Zentrum christlicher Existenz.

Dazu gehört schließlich und elementar Camus' Absage an jede „Vergöttlichung" des Menschen. „Um Mensch zu sein, sich weigern, Gott zu sein": In diesem Ausruf treffen sich, nahezu ununterscheidbar, der humane Agnostizismus eines Camus und die Humanität christlichen Glaubens; eines Glaubens, der weiß, dass der Mensch nicht sein eigener Gott, sondern das auf Gott *angewiesene* Wesen ist. Camus' Feier von Leben, Meer, Sonne, Licht, Revolte und Freiheit war Ausdruck einer tiefen Frömmigkeit: er war ein „Frommer ohne Gott". Sein Werk bleibt – ob in Widerspruch oder Aneignung – eine kostbare Stimme. Wir täten gerade heute gut daran, sie nicht zu überhören. Im Echo der Friedlichen Revolution von 1989 kann sie dauerhaft mitgehört werden.

Anhang

Personenregister

Sperna Weiland, Jan 71
Stalin, Josef Wissariano-
    witsch 7, 47, 50, 52, 65, 86,
    112
Stapel, Wilhelm 126
Stoph, Willi 163, 165
Sutz, Erwin 54
Sviták, Ivan 70

T
Talleyrand-Périgord, Charles
    Maurice de 140, 142,
Talmon, Jacob L. 25
Tamchina, Rainer 44
Tamcke, Martin 52
Tetzner, Thomas 49
Thamer, Hans-Ulrich 140, 141
Thielicke, Helmut 8, 85
Thuykdes 108
Tischner, Jòzef 92, 93
Tocqueville, Alexis de 57
Tödt, Heinz Eduard 60, 71, 72
Torke, Hans-Joachim 47
Torres, Camilo 71
Toynbee, Arnold B. 87
Trotzki, Leo 109
Tse-tung, Mao 64, 65, 75, 78
Turgot, Anne Robert Jacques
    209

U
Ulbricht, Walter 63, 151,

V
Veselý, Ludvik 67, 80

Victor, Christoph 208
Voegelin, Eric 18, 44, 97, 109
Voß, Peter 9, 146

W
Walesa, Lech 91, 92
Walser, Martin 111
Weber, Max 132
Weichmann, Elsbeth 48
Weichmann, Herbert 48
Weingart, Peter 31
Weiss, Hermann 54
Weissmann, Karlheinz 44
Weizsäcker, Carl Friedrich v.
    27
Wendland, Heinz-Dietrich 61
Wesel, Uwe 144
Whitehead, Alfred North 33,
    178, 179, 182
Wieland, Karin 27
Winter, G. 71
Wolf, Markus 116
Wolff, Hans Werner 133
Wolff, Uwe 49
Wyszinski, Stefan 94

Z
Zagajewski, Adam 185
Ziegenborn, Rudi 168, 169,
    170, 172

Die Autoren

Sebastian Kleinschmidt, Dr. phil., geb. 16.05.1948 in Schwerin, Studium der Philosophie 1970–1974 an der Humboldt-Universität in Berlin, Forschungsstudium Ästhetik 1974–1977 in Berlin, Promotion 1978, Wiss. Mitarbeiter am Zentralinstitut für Literaturgeschichte der Akademie der Wissenschaften der DDR 1978–1983, 1984–1987 Redakteur, 1988–1990 stellvertretender Chefredakteur, 1991–2013 Chefredakteur der Zeitschrift „Sinn und Form", lebt als Herausgeber und Essayist in Berlin, ist Mitglied des PEN-Zentrums Deutschland.

Veröffentlichungen u. a.: Botho Strauß, Allein mit allen. Gedankenbuch. München 2014 (Hrsg.); Requiem für einen Hund. Ein Gespräch (zusammen mit Daniel Kehlmann). Reinbek bei Hamburg 2010; Das Angesicht der Erde. Brechts Ästhetik der Natur. Berlin 2009 (Hrsg.); Gegenüberglück. Essays. Berlin 2008; Pathosallergie und Ironiekonjunktur, Zürich 2001; Stimme und Spiegel. Fünf Jahrzehnte Sinn und Form. Eine Auswahl. Berlin 1998 (Hrsg.); Walter Benjamin, Beroliniana. Berlin 1987 (Hrsg.); Georg Lukács, Über die Vernunft in der Kultur. Ausgewählte Schriften 1909-1969. Leipzig 1985 (Hrsg.); Walter Benjamin, Allegorien kultureller Erfahrung. Ausgewählte Schriften 1920-1940, Leipzig 1984 (Hrsg.).

Gottfried Küenzlen, Dr. theol., geb. 03.02.1945 in Calw, Studium der Evangelischen Theologie, Soziologie und Philosophie in Tübingen und Mainz. 1. Theologische Dienstprüfung Tübingen 1971, 2. Theologische Dienstprüfung Stuttgart 1972. Promotion Tübingen 1979 (Prof. Friedrich H. Tenbruck). Habilitation an der Kulturwiss. Fakultät der Universität Bayreuth 1992. Ordination zum Pfarrer der Evangelischen Landeskirche Württemberg 1972, Gemeindepfarrer 1974–1979; Hochschulassistent Universität Tübingen (Lehrstuhl Prof. Tenbruck) 1979–1981, Wiss. Referent und stellvertretender Leiter der Evangelischen Zentralstelle für Weltanschauungsfragen Stuttgart 1982–1994, Lehrstuhlvertretung Universität Bayreuth 1994–1995, Lehrstuhl für Evangelische Theologie und Sozialethik an der Universität der Bundeswehr 1995–2010, seit 1995 Vorsitzender des Beirats für Weltanschauungsfragen der Evangelischen Landeskirche in Württemberg.

Veröffentlichungen u. a.: Die Religionssoziologie Max Webers, Berlin, 1981; Der Neue Mensch. Zur säkularen Religionsgeschichte der Moderne, München 1995(2 Aufl.; Neuauflage: Frankfurt am Main 1997); Die Wiederkehr der Religion. Lage und Schicksal in der säkularen Moderne, München 2003; Religion im säkularen Verfassungsstaat (Hrsg. zusammen mit Th. Bohrmann), Berlin 2012.

Martin Leiner, Dr. theol., geb. 30.11.1960 in Homburg/Saar., Studium der Philosophie und Evangelischen Theologie an der Universität Tübingen. Promotion an der Theologischen Fakultät der Universität Heidelberg 1994 bei Gerd Theißen, 1998 Habilitation an der Johannes-Gutenberg-Universität Mainz, von 1998–2002 zunächst Assistenzprofessor, anschließend Professur für Systematische Theologie und Hermeneutik an der Universität in Neuchâtel, seit 2002 Professur für Systematische Theologie mit Schwerpunkt Ethik an der Universität Jena; 2008–2010 war er Dekan der Theologischen Fakultät, er ist Leiter des Jena Center for Reconciliation Studies (JCRS) der Friedrich-Schiller-Universität Jena und hatte Gastdozenturen in Fribourg, Kinshasa und Kyoto inne.

Veröffentlichungen u. a.: Gottes Gegenwart: Martin Bubers Philosophie des Dialogs und der Ansatz ihrer theologischen Rezeption bei Friedrich Gogarten und Emil Brunner, Gütersloh 2000; Psychologie und Exegese: Grundfragen einer textpsychologischen Exegese des Neuen Testaments, Gütersloh 1995; mit Michael Trowitzsch (Hrsg.): Karl Barths Theologie als europäisches Ereignis, Göttingen 2008.

Ulrich Schacht, geb. 09.03.1951 in Stollberg/Erzgebirge, aufgewachsen in Wismar, 1968/1969 Lehre und Diakonisches Praktikum, 1970–1973 Studium der Evangelischen Theologie in Rostock und Erfurt, 1973 Verhaftung wegen „staatsfeindlicher Hetze", MfS-Haft in Schwerin, Prozess und Verurteilung zu sieben Jahren Freiheitsentzug, 1974–1976 Strafvollzugsanstalt Brandenburg-Görden. November 1976 Entlassung in die Bundesrepublik Deutschland, 1977–1998 wohnhaft in Hamburg, dort Studium der Politikwissenschaften und Philosophie an der Universität Hamburg, 1984–1998 Feuilleton-Redakteur, Leitender Redakteur, Chefreporter Kultur bei „Die Welt" und „Welt am Sonntag", seit 1998 freischaffender Autor und Publizist in Schweden, Mitglied des PEN, 1987 Mitbegründer der Evangelischen Bruderschaft St. Georgs-Ordens, seit Gründung der Bruderschaft in der Funktion des Großkomturs.

Veröffentlichungen u. a.: Lyrik: Traumgefahr, Pfullingen 1981; Scherbenspur, Zürich 1983; Lanzen im Eis, Stuttgart 1990; Bell Island im Eismeer, Berlin/Hörby (Schweden) 2011; Platon denkt ein Gedicht, Berlin/Hörby (Schweden) 2015. Prosa: Brandenburgische Konzerte. Erzählungen, Stuttgart 1989; Verrat. Die Welt hat sich gedreht. Erzählungen, Berlin 2001; Vereister Sommer. Auf der Suche nach meinem russischen Vater, Berlin 2011; Kleine Paradiese. Erzählungen, Berlin/ Hörby 2013; Grimsey. Novelle, Berlin 2015. Essays: Über Schnee und Geschichte. Notate 1983–2011, Berlin 2012; Gewissen ist Macht, München 1992. Herausgaben: Maria. Evangelisch (zusammen mit Thomas Seidel), Leipzig 2011; Die selbstbewusste Nation (zusammen mit Heimo Schwilk), Berlin 1994; Hohenecker Protokolle. Aussagen zur Geschichte der politischen Verfolgung von Frauen in der DDR, Zürich 1984.

Wolfgang Schuller, Dr. jur., geb. 03.10.1935 in Berlin, Studium der Rechtswissenschaften, Klassischen Altertumswissenschaften, der Ägyptologie und Geschichte in Heidelberg, Lausanne und Hamburg, nach Assessorexamen 1965–1967 Assistent an der Juristischen Fakultät der Universität Hamburg, 1967 Promotion in Hamburg, 1971 in Habilitation in Alter Geschichte in Berlin, 1972 Professur für Alte Geschichte an der PH Berlin, 1976 Ruf auf den Lehrstuhl für Alte Geschichte an der Universität Konstanz, seit 2004 emeritiert.

Veröffentlichungen u. a: Politisches Strafrecht in der DDR 1945–1953, Hamburg 1968. Die Herrschaft der Athener im Ersten Attischen Seebund, Berlin 1974; Geschichte und Struktur des politischen Strafrechts der DDR, Ebelsbach 1980; Griechische Geschichte, München 1980; Frauen in der römischen Geschichte, Konstanz 1987; Einführung in die Geschichte des Altertums, Stuttgart 1994; Das Erste Europa. 1000 Jahre v. Chr.–500 n. Chr., Stuttgart 2004; Die Welt der Hetären, Stuttgart 2008; Die Deutsche Revolution 1989, Berlin 2009; Cicero oder der letzte Kampf um die Republik, München 2013.

Thomas A. Seidel, Dr. theol., geb. am 15.09.1958 in Neukirchen/ Sachsen, Berufsausbildung, 1979–1986 Studium der Evangelischen Theologie am Theologischen Seminar Leipzig, 1986–1988 Vikariat, 1988 Ordination, ab 1989 Gemeindepfarrer, 2002 Promotion bei Kurt Nowak an der Universität Leipzig, 1995–2005 Direktor der Evangelischen Akademie Thüringen, Neudietendorf, ab 2005 als Oberkirchenrat Beauftragter der Evangelischen Kirche bei Landtag und Landesregierung in Thüringen; Vorsitzender der Gesellschaft für Thüringische Kirchengeschichte, seit 2004 Spiritual der Evangelischen Bruderschaft St. Georgs-Orden, seit 2007 Geschäftsführender Vorstand der Internationalen Martin Luther Stiftung, seit 2010 Beauftragter der Thüringer Landesregierung zur Vorbereitung des Reformationsjubiläums Luther 2017, seit 2014 Vorstandsmitglied der Stiftung christliche Collegiate.

Veröffentlichungen u. a.: Im Übergang der Diktaturen. Eine Untersuchung zur kirchlichen Neuordnung in Thüringen 1945–1951, Stuttgart 2003. Mit Heinz Stade: Unterwegs zu Luther, Weimar/Eisenach 2010. Mit Ulrich Schacht: Maria. Evangelisch, Leipzig 2011. Mit Steffen Raßloff: Lutherland Thüringen, Erfurt 2013. Mit Steffen Raßloff und Volker Leppin: Orte der Reformation. Erfurt, Leipzig 2012. Als Herausgeber: Gottlose Jahre? Rückblicke auf die Kirche im Sozialismus der DDR, Leipzig 2002.

Harald Seubert, Dr. phil., geb. 12.05.1967 in Nürnberg, 1987–1992 Studium der Philosophie, Literaturwissenschaft, der Evangelischen Theologie und Neueren Geschichte in Erlangen-Nürnberg, Promotion 1998 über Heidegger und Nietzsche, Habilitation 2003 über Platons Rechtslehre an der Martin-Luther-Universität Halle/Wittenberg. Nach akademischen Stationen u. a. in Halle/Saale, Erlangen, Poznan (Polen) und Bamberg seit 2012 Professur für Philosophie und Religionswissenschaft an der STH Basel, Herausgeber (zusammen mit Barbara Gerl-Falkowitz) des Edith-Stein-Lexikons, Mitherausgeber der Reihe: Philosophische Perspektiven im Springer-Verlag Wiesbaden.

Veröffentlichungen u. a.: Ästhetik – Die Frage nach dem Schönen, Freiburg 2015, Gesicherte Freiheiten. Eine politische Philosophie für das 21. Jahrhundert, Baden-Baden 2015; Zwischen Religion und Vernunft. Vermessung eines Terrains, Baden-Baden 2013; Europa ohne Christentum? Woraus wir im 21. Jahrhundert leben können, Friesenheim-Schuttern; Zwischen Sozialismus und Liberalismus. Politik und Moral im 21. Jahrhundert, Gräfelfing 2011; Religion. Eine philosophische Einführung, München 2009; Schelling interkulturell gelesen, Nordhausenn 2006; Max Weber interkulturell gelesen, Nordhausen 2006; Nikolaus Cusanus interkulturell gelesen, Nordhausen 2005; Spekulation und Subjekt. Studien zur Philosophie des deutschen Idealismus, Hamburg 2003; Polis und Nomos, Berlin 2005; Zwischen erstem und anderem Anfang. Heideggers Auseinandersetzung mit Nietzsche und die Sache seines Denkens, Köln 2000.

Peter Voß, geb. 10.02.1946 in Stralendorf/ Kreis Schwerin, 1962–1965 Berufsausbildung, 1972–1978 Studium der Evangelischen Theologie in Erfurt (1. theol. Examen), Ordination zum Gemeindepastor in Groß Luckow/Meckl., 1981 2. theol. Examen an der Mecklenburgischen Landeskirche Schwerin, 1987 Übersiedlung nach Hamburg, Mitarbeiter an der Theologischen Fakultät der Universität Hamburg (bei Klaus Michael Kodalle), zusammen mit Ulrich Schacht 1987 Gründung der Evangelischen Bruderschaft St. Georgs-Ordens, bis 2000 Ordenskanzler.

Kurze Geschichte
der Evangelischen Bruderschaft
St. Georgs-Orden (St. GO)

„Die Restauration der Kirche kommt gewiss
aus einer Art neuen Mönchtums,
das mit dem alten nur die Kompromisslosigkeit
eines Lebens nach der Bergpredigt
in der Nachfolge Christi gemeinsam hat.
Ich glaube, es ist an der Zeit,
hierfür die Menschen zu sammeln."

Dietrich Bonhoeffer,
in einem Brief vom 14.1.1935

Die Evangelische Bruderschaft St. Georgs-Orden wurde im Frühjahr 1987 auf der dänischen Ostseeinsel Falster gegründet. Die
Gründungsmitglieder, zu denen auch einer der beiden Herausgeber der Reihe „GEORGIANA. Neue theologische Perspektiven", Ulrich Schacht, zählt, der seit Langem als Großkomtur an
der Spitze der Bruderschaft steht, stammten in der Mehrheit aus
der damals noch existierenden zweiten deutschen Diktatur und
kannten sich zum überwiegenden Teil aus der Jugendarbeit der
Evangelisch-Lutherischen Landeskirche Mecklenburgs. Sie hatten ausnahmslos im Widerstand zu den politischen Verhältnis-
sen des SED-Staats gestanden und waren in unterschiedlicher
Weise politischer Verfolgung ausgesetzt und aus diesem Grunde
zu unterschiedlichen Zeiten in den Westen Deutschlands ausge-
reist oder im Zuge des Freikaufs politischer Häftlinge dorthin
gelangt. Zu den Erfahrungen in der Bundesrepublik der 70er
und 80er Jahre gehörte ein Kirchenalltag vor Ort, der sich zu
nahezu allen Zeitfragen primär linksliberal bis linksradikal kon-
notiert äußerte und nicht bereit war, von seinen kritiklos vorge-
tragenen Sozialismus-Hoffnungen durch vermittelte Erfahrun-

241

gen mit dem „real existierenden Sozialismus" abzulassen oder auch nur hinzuhören. Das bewirkte Entfremdungen, die dazu führten, dass sich die Gründungsmitglieder der Bruderschaft entschlossen, sozusagen auf neutralem, in diesem Falle auf dänisch-lutherischen Boden, christliche Gemeinschaftsformen zu entwickeln und zu praktizieren, die an ihre Erfahrungen in und mit der Kirche in der SED-Diktatur anschlossen und zugleich ältere Traditionen streitbarer christlicher Gemeinschaft wie dem Deutschen Orden oder der Bekennenden Kirche der NS-Zeit aufnahmen.

Mit dem Fall der Mauer und dem Zusammenbruch des SED-Staats veränderten sich die Rahmenbedingungen für die Entwicklung der Bruderschaft, die sich bis dahin nach einem symbolischen Ort in Mecklenburg benannt und als „geistig-geistliche Gemeinschaft ritterlicher Tradition" definiert hatte, grundlegend. Mithilfe früherer kirchlicher Verbindungen kehrte die Bruderschaft nach (Ost-)Deutschland zurück und nahm Quartier auf dem Pfarrhof ihres heutigen Ehrenkomturs Hans-Joachim Schwarz in Mecklenburg, dem ein Rüstzeitheim der Jugendarbeit angeschlossen war. Bald darauf trat die Bruderschaft in Konsultationen mit dem Oberkirchenrat der Evangelisch-Lutherischen Landeskirche Mecklenburgs ein, um den kirchenrechtlichen und kirchenorganisatorischen Status der Bruderschaft innerhalb der Landeskirche abzusichern. Die sich daraus ergebenden Verhandlungen, u. a. auch auf Bischofsebene, führten zu zweierlei Ergebnissen: Der endgültige Ordensname „Evangelische Bruderschaft St. Georgs-Orden", wurde, anknüpfend an das Patrozinium einer der Hauptkirchen Wismars, der Heimatstadt des Ordensgründers, gefunden. Außerdem konnte die Ordensverfassung und die Ordensregel im brüderlichen Gespräch weiterentwickelt und gebilligt werden. Auf diesem Wege wurden das Selbstverständnis der Bruderschaft und ihr missionarischer Auftrag als biblisch gegründet, bekenntnisgemäß orientiert und als gemeindepraktisch legitim anerkannt. In diese Phase fielen auch weitere Verhandlungen zu einer festen Übernahme des mittlerweile vakant gewordenen Pfarrhofes, die aber am Ende nicht erfolgreich abgeschlossen werden konnten. In der Folge verließ die Bruderschaft Haus und Gelände. Vorübergehend schlug sie ihr Quartier in Berlin auf und suchte zugleich nach einer längerfristigen Alternative, einer konkreten lokalen, landeskirchlichen Beheimatung.

Nach Kontaktaufnahme mit dem vormaligen Direktor der Evangelischen Akademie Thüringen im Zinzendorfhaus Neudietendorf, Dr. Thomas A. Seidel, entschied sich die Leitung der Bruderschaft zu einem Neustart ihrer Arbeit mit Schwerpunktsetzung im Bereich *intellektuelle* Basisarbeit und *geistig-geistliche* Missionstätigkeit in Thüringen. In diesem Zusammenhang fand vom 26. bis zum 28. April 2002 das I. „Neudietendorfer Gespräch zur geistigen Situation der Zeit" statt. Das Generalthema lautete: „Gottlos, Wertlos, Sinnlos? *Die Krise der materialistischen Gesellschaften des Westens und die Antwort des Christentums*". Die Tagung, eingebettet wie alle weiteren „Neudietendorfer Gespräche" in die regulären Konvente der Bruderschaft, geriet zu einem als Gottesgeschenk dankbar wahrgenommenen, ermutigenden Erfolg.

Zu weiteren Erfahrungen dieser Art gehörte auch das gemeinsam mit der Evangelischen Akademie Thüringen und der Stiftung Aufarbeitung der SED-Diktatur veranstaltete IV. „Neudietendorfer Gespräch" zum Thema: „„Man muss Gott mehr gehorchen als den Menschen': *Christlicher Widerstand in zwei deutschen Diktaturen*", das vom 7. bis 9. Mai 2004 stattfand und u. a. Gespräche mit Zeitzeugen umfasste, darunter der letzte Überlebende des Hitler-Attentats vom 20. Juli 1944, Freiherr Philipp von Boeselager, sowie Franz von Hammerstein, Theologe und Mitbegründer der *Aktion Sühnzeichen*, der nach dem 20. Juli 1944 als Mitglied einer unter Verdacht der Beteiligung am Staatsstreichversuch stehenden Familie in Sippenhaft geriet. Zu den bleibenden Ergebnissen gehört eine gemeinsame Publikation der wichtigsten Beiträge dieser und einer zeitgleichen, thematisch ähnlich angelegten Tagung der Universität Jena in einem Sammelband des Verlagshauses Vandenhoeck & Ruprecht, der

2005 unter dem Titel „Gott mehr gehorchen als den Menschen. Christliche Wurzeln, Zeitgeschichte und Gegenwart des Widerstands" erschien.

Vom 25. bis 28. Mai 2006 konnte zum VII. „Neudietendorfer Gespräch" eingeladen werden. Aus Anlass des 100. Geburtstages von Dietrich Bonhoeffer beschäftigte es sich mit der „Ethik" des 1945 von den Nationalsozialisten hingerichteten christlichen Widerstandskämpfers und ihrer Relevanz für das 21. Jahrhundert. Am Vorabend fand in der Erfurter Predigerkirche ein durch umfangreiches Sponsoring ermöglichtes Gedenkkonzert für Dietrich Bonhoeffer statt. Unter Leitung von Prof. George Alexander Albrecht brachten die Weimarer Staatskapelle und der MDR-Rundfunkchor das „Deutsche Requiem" von Johannes Brahms zu einer einzigartigen Aufführung.

Seit Herbst 2006 lädt nun die Bruderschaft ihre Mitglieder zu den Klausurkonventen und weitere interessierte Zeitgenossen zu den öffentlichen Tagungen in das Evangelische Augustinerkloster nach Erfurt, dem Kloster Luthers, ein. Die „Neudietendorfer Gespräche" werden seitdem als „Erfurter Gespräche zur geistigen Situation der Zeit" fortgeführt. So fand beispielsweise vom 16. bis 18. November 2007 das VIII. „Erfurter Gespräch" statt zum Thema „Protestantismus. *Quellen und Horizonte einer christlichen Konfession*" mit bekannten Theologen, Philosophen, Politikern und Journalisten, darunter Landesbischof Prof. Dr. Christoph Kähler, Landtagspräsidentin Prof. Dr. Dagmar Schipanski und Dr. Michael J. Inacker, dem Vorsitzenden der Internationalen Martin Luther Stiftung. 2008 folgte im Rahmen des XXXIV. Konvents die *ökumenisch* angelegte Tagung „Gottesmutter und Seelenbraut. *Evangelische Annäherungen an Maria*" mit Referaten u. a. von Prof. Martin Leiner (Jena), dem Journalisten und Verfasser einer Marienbiografie Alan Posener, Dr. Thomas A. Seidel, Ulrich Schacht und SR Katharina Klara Schridde (CCR). Ein wesentliches Ziel aus Sicht der Bruderschaft war dabei eine protestantische Positionsbestimmung und Wiederannäherung an jene die weltweite Christenheit verbindende *Credo*-Aussage:

„geboren von der Jungfrau Maria". 2011 erschien der Ertrag der Tagung, erweitert um zusätzliche Beiträge essayistischer, fotografischer und bildkünstlerischer Art, unter dem Titel „Maria. Evangelisch" als ökumenisch ausgerichtete Publikation der Evangelischen Verlagsanstalt und ihrem Kooperationspartner, dem Bonifatius Verlag Paderborn, unter Federführung von EVA-Verlagsleiterin Dr. Annette Weidhas. Zugleich war dies der Beginn einer fruchtbaren Zusammenarbeit zwischen Bruderschaft und Evangelischer Verlagsanstalt, die auch zur Vereinbarung über die Herausgabe der Schriftenreihe „GEORGIANA. Neue theologische Perspektiven" durch die Bruderschaft geführt hat, deren erster Band „Wenn Gott Geschichte macht! *1989 contra 1789*" für den Herbst 2015 geplant wurde. Der Band enthält vor allem Beiträge jener Konferenz (18.–20. September 2009) im Rahmen des XXXVI. Konvents des St. GO, die aus Anlass des zwanzigsten Jahrestages der Friedlichen Revolution in der DDR gemeinsam mit der Konrad-Adenauer-Stiftung und der Landesbeauftragten für die Unterlagen des Ministeriums für Staatssicherheit der ehemaligen DDR unter der Überschrift „Geist und Revolution. *Geschichtstheologische Fragen an die Umbrüche 1789 und 1989*". Ihr X. „Erfurter Gespräch" vom 12. bis 14. November 2010 stellte die Bruderschaft unter das Generalthema „Tod, wo ist dein Stachel? *Todesfurcht und Lebenslust im Christentum*. Antworten aus Theologie, Philosophie und Literatur". Die hier präsentierten Vorträge und Reflexionen bilden den Hauptanteil des zweiten Bandes der Reihe „GEORGIANA", dessen Erscheinen für den Herbst 2016 vorgesehen ist.

Im Jahre 2012 blickte die Bruderschaft auf fünfundzwanzig Jahre evangelisch-lutherische Weggemeinschaft zurück. Der XLII. Jubiläumskonvent vom 16. bis zum 18. November 2012 thematisierte im Evangelischen Augustinerkloster zu Erfurt die selbstgewählte Aufgabe des Ordens: „Vom Sinn gemeinsamen Lebens. *Tradition – Symbolik – Auftrag*". Die Eröffnungsrede hielt der Rektor der Friedrich Schiller Universität Jena, Prof. Dr. Klaus Dicke. Die Ergebnisse dieser Tagung wurden, ergänzt um weitere für das Selbstverständnis und den Auftrag der Bruderschaft relevante Aufsätze, persönliche Zeugnisse von Georgsbrüdern und Ordensdokumente unter der Überschrift „Dienet einander …' Die Evangelische Bruderschaft St. Georgs-Orden" in einer reich bebilderten Jubiläumsbroschüre gebündelt und 2014 in Druck gegeben und veröffentlicht.

Diese durchweg positiven Erfahrungen, zu denen sowohl die konstruktiven Gespräche mit Christoph Kähler in seiner Amtszeit als Bischof der Evangelisch-Lutherischen Kirche in Thüringen als auch finanzielle Zuschüsse zu offenen Konventen der Bruderschaft durch den Landeskirchenrat gehören, haben dazu geführt, dass sich die Ordensleitung und das Ordenskapitel zwischenzeitlich entschlossen haben, den Freistaat Thüringen, die mitteldeutschen Lutherländer und die seit 2009 gebildete Evangelische Kirche in Mitteldeutschland (EKM) als kirchenorganisatorische Ausgangsbasis für die öffentliche wie interne Tätigkeit der Bruderschaft in Zukunft dauerhaft zu nutzen. Zu dieser Perspektive gehörte die feste Absicht, die zukünftige Arbeit der Bruderschaft, deutschlandweit orientiert, von einem festen Haus aus vor Ort intensiv zu betreiben sowie die Kontakte zu den Brüdern und Schwestern anderer Geistlicher Gemeinschaften und Kommunitäten auszubauen.

Das Anknüpfen der Bruderschaft an die *trikonfessionelle* Tradition des Deutschen Ordens sowie ihr konsequenter Bezug auf Theologie, Persönlichkeit und Folgewirkungen Martin Luthers sowie Dietrich Bonhoeffers geben den Mitgliedern der Bruderschaft zusätzliche spirituelle Gründe und Anregungen, ihre Anwesenheit in Thüringen, dem Land, in dem der Deutsche Orden schon früh eine starke kirchliche und diakonische Stellung innehatte und wo die lutherische Reformation sich rasch und nachhaltig etablieren konnte, nicht einfach als Zufall, sondern als Fügung und Führung Gottes anzusehen.

Seit Ende 2010 ist nun auch diese Etappe der „Heimatsuche" abgeschlossen, indem die Bruderschaft ihren festen Sitz in der Erfurter Georgenburse (Luthers Studentenquartier 1501–1505), unweit der weltweit bekannten Lutherstätte Augustinerkloster (1505–1511) und der Elisabeth-Kapelle im Nikolaiturm (vormalig zur Deutschordens-Komturei Erfurt gehörig) genommen hat. Dort verwaltet sie in Kooperation mit dem Augustinerkloster und im Auftrag eines Trägervereins, zu dem auch der ihr angeschlossene Bonhoeffer-Haus e.V. gehört, eine ökumenische Pilgerherberge sowie die öffentliche Nutzung der in der Georgenburse errichteten kleinen musealen Präsentation „Studienort der Lutherzeit". Die Leitungsaufgaben vor Ort hat der Ordenskanzler der Bruderschaft, Axel Große, übernommen, der damit zugleich das Amt eines ständigen Repräsentanten in Thüringen ausfüllt. Die *praxis pietatis,* das regelmäßige geistliche Leben der Brüder in der Bruderschaft erhielt unter Leitung von Pfarrer Thomas A. Seidel, der seit 2004 als Spiritual des Ordens fungiert, weitere Impulse. Dazu zählt die tägliche Lesung der Herrnhuter Losung, das abendliche Bruderschaftsgebet und die Meditation des *Stundenbuchs* des Ordens, das 2013, mit Illustrationen seines der Ordensleitung angehörenden Ersten Landkomturs Jürgen K. Hultenreich versehen, neu herausgegeben wurde. Der Spiritual des St. GO bildet das *ordensverfassungsgemäß* wie *landeskirchlich* legitimierte Bindeglied zwischen der Bruderschaft und der Landeskirche.

Die Bruderschaft besteht aus Mitgliedern in abgestuften Bindungsgraden (Orden, Ordensschild) und einem breiten Freundeskreis (Gastbrüder), der deutschlandweit wohnhaft ist. Seit 2012 ist sie zusätzlich durch die horizontale Ebene von *Regionalkonventen* (Nord, Ost, Süd) strukturiert, die das Ordensleben zwischen den zentralen Haupt- und Klausurkonventen in Erfurt zum einen intensivieren, zum anderen aber auch die Missionsarbeit am Lebensort der einzelnen Brüder zu erhöhter Wirksamkeit kommen lassen. Seit dem 20. Dezember 2010 ist die Evangelische Bruderschaft St. Georgs-Orden in die Liste der geistlichen Gemeinschaften und Kommunitäten der Evangelischen Kirche in Deutschland (EKD) aufgenommen. Die Approbation der *Evangelischen Bruderschaft St. Georgs-Orden* als anerkannte geistli-

che Gemeinschaft der Evangelischen Kirche in Mitteldeutschland (EKM) wurde durch den Landeskirchenrat am 7. Dezember
2013 beschlossen.

U. Sch./Th. A. S.

Kontakt und weitere Informationen:
Evangelische Bruderschaft St. Georgs-Orden (St.GO)
& Bonhoeffer-Haus e.V.
Georgenburse zu Erfurt – Studienort der Lutherzeit
Augustinerstraße 27
99084 Erfurt

www.georgsbruderschaft.de